Deutsch

ドイツ語を考える
ことばについての小論集

三瓶裕文／成田 節 編

SANSHUSHA

は　し　が　き

　本書は現代ドイツ語にさまざまな角度から光を当てる26編の論文から成っています。各論文はそれぞれの執筆者が日頃研鑽を積んでいる研究分野の中からテーマを一つ選びコンパクトにまとめたものです。純粋な学術論文というよりは，ドイツ語学や言語学の諸問題について考えるきっかけとなるようなもの，またドイツ語やことば一般について理解を深められるようなものを目指しました。テーマの関連性という観点から3〜4編を1グループにまとめて配列してあります。

　読者には一通りのドイツ語の知識があることを前提としていますが，ドイツ語について十分な知識のない読者も想定して，例文には原則として和訳を付けました。

　　　＊　＊　＊　＊　＊　＊　＊　＊　＊　＊　＊

　本書の刊行は，巻頭論文の執筆者である在間進先生が2008年3月に東京外国語大学を定年退職される記念として企画されました。在間先生はご自身のドイツ語学研究に加え，独和辞典，教科書，参考書の編著によって日本のドイツ語教育に多大な貢献をされてきました。さらに1970年代半ばから30数年にわたり，私たちを含む数多くの後進を育ててこられました。本書の執筆者はいずれも在間先生から直接・間接に教えを受け，現在は中堅・若手として各地の大学でドイツ語の研究と教育に従事しています。本書を通じて，一人でも多くの方にドイツ語研究の面白さを感じていただけるならば，私たち執筆者一同としてこれ以上の喜びはありません。また，そのような形で在間先生に小さな恩返しができればと願っています。

　本書の刊行にあたり三修社編集部の菊池暁氏に大変お世話になりました。感謝申し上げます。

　　　　　　　　　　　　　執筆者を代表して　三瓶裕文・成田　節

目　次

はしがき ………………………………………………………………… 1
凡　例 …………………………………………………………………… 5

I　言語研究とドイツ語研究

1. 在間　進　　ドイツ語研究の一構想 ……………………………… 9
2. 荻野蔵平　　文法の出現——文法化とは何か—— ……………… 20
3. 清野智昭　　ドイツ語における「人」と「もの」の表示について
　　　　　　　——有情性はドイツ語でも関与的か?—— ………… 30

II　動詞と名詞：目的語の周辺——できごとの表し方(1)——

4. 納谷昌宏　　デキゴト名詞の創造性——機能動詞構造の働き—— … 43
5. 島　憲男　　同族目的語の特性とその構文的機能について ……… 51
6. 時田伊津子　二重目的語構文——無生物与格の場合—— ………… 63

III　再帰代名詞・状態変化動詞・感情動詞——できごとの表し方(2)——

7. 大矢俊明　　再帰代名詞研究の問題点 ……………………………… 75
8. カン・ミンギョン　状態変化動詞の語彙化に関する意味的考察
　　　　　　　——使役交替をめぐって—— ……………………… 83
9. 三宅洋子　　ドイツ語の感情動詞における格枠組みの文意味機能
　　　　　　　について ………………………………………………… 92

IV　ヴォイス——できごとの表し方(3)——

10. 小川暁夫　　事象の捉え方：態（ヴォイス）……………………… 103
11. 成田　節　　werden 受動文の意味と用法 ——Bernhard Schlink
　　　　　　　„Der Vorleser" の受動文を例に—— ……………… 111
12. 鈴村直樹　　sein の領域 ——ゲルマン語の受動態にみる助動詞 sein の
　　　　　　　「動作」表現可能性—— ……………………………… 120
13. 大薗正彦　　もう一つの受動態?—— bekommen 受動—— …… 129

V　モダリティと時制をめぐって

14. 井口　靖　　話し手の心的態度を表す副詞 ……………………… 141

15.	板山眞由美	*werden* + Infinitiv 構文の意味と用法
		——その多義性の構造—— 149
16.	末松淑美	話法の助動詞の過去形 ——konnte が表す〈過去の可能性〉とその解釈をめぐって—— 159
17.	瀬川真由美	現代ドイツ語における「モダリティ」を担う表現形式の可能性 169

VI 文からテクストへ

18.	藤縄康弘	補文の統語論と意味論 181
19.	三瓶裕文	体験話法——作中人物の心情の共体験—— 191
20.	田中 愼	代名詞使用から見たドイツ語テクスト構成のしくみ 202

VII 動詞の用法を探求する

21.	湯淺英男	非人称存在文のコミュニケーション的機能について ——„Es gab eine Zeit, wo ..." などの構文をめぐって—— 215
22.	渡辺伸治	*kommen* の使用条件 ——ダイクシスと意味の観点から—— 223
23.	黒田 廉	分離・非分離動詞 *durchfahren* と対応する基礎動詞表現について 231

VIII 語の意味と辞書,そしてドイツ語教育へ

24.	堀口里志	修飾の一タイプについて 241
25.	中村哲夫	辞書記述・構成の将来的可能性の一考察 248
26.	田中一嘉	日本で日本人にドイツ語を教えるために 257

執筆者一覧 266

凡　例

1. ドイツ語の正書法は原則として 1998 年に施行された「新正書法」に依拠しています。ただし，「旧正書法」で書かれた文章などからの引用は，そのまま「旧正書法」としています。
2. 日本のドイツ語教育では一般に「1格，2格，3格，4格」という名称が通用していますが，本書では，ドイツ語以外の言語を専門とする読者の便を考えて「主格，属格，与格，対格」という名称を用いています。
3. 各論文末の文献は和文文献 – 欧文文献の順に挙げてあります。

I 言語研究とドイツ語研究

1. ドイツ語研究の一構想

在 間 　 進

1. はじめに

　本稿では，まず（a）ドイツ語研究は，ドイツ語の（文形成の規則体系だけではなく）言語使用も分析対象に入れるべきであること，次に（b）言語使用を分析対象に入れることによって，ドイツ語研究に，因果関係に基づく新たな研究分野が開かれること，そして最後に（c）（一般的な社会的行為と同じように）ドイツ語研究の場合も，その目的を明確にすべきであることについて述べる。

2. 研究対象としての言語使用

2.1. 従来，ドイツ語文の形成には一定の規則体系が根底にあるとの仮説に基づき，具体的な事例からドイツ語文形成の規則体系の抽出を行ってきた。しかし，このような規則体系の抽出によって，ドイツ語研究の課題がすべて解決されることにはならない。言語は，人間のコミュニケーション手段として使用されることに，その存在意義がある。したがって，ドイツ語研究には，上述のようなドイツ語の規則体系が実際どのように使用されているかの分析も含まれるであろう。

　現在，このような認識に基づき，ドイツ語研究の目標は（個別言語を分析対象にする必然的結果として，言語の普遍性よりもドイツ語の個別性に重点を置きつつ）ドイツ語の母語話者が，どのような規則体系に基づき，どのように言語使用を行っているのかを明らかにすることであると考えている。より具体的に言えば，ドイツ語の文をどのように形成し，使用し，かつそれをどのように理解するのかを分析することになる。このような問題設定の中で，当面の課題としては，より未知の分野であるとの理由から，ドイツ語の規則体系の分析よりも，ドイツ語の言語使用（ドイツ語母語話者がドイツ語の規則体系をどのように使用しているか）の分析に重点を置いたドイツ語研究を行っている。

　なお，このような，言語使用中心のドイツ語研究を行う場合，語彙，統語形式などの，言語単位の使用が分析の対象になるため，（抽象的規則の抽出を目指し，サンプル的事例を軸に分析する従来の方法と異なり）使用実例を大量に

必要とする。これを可能にしたのが IT 技術による大規模な電子コーパスの出現である。この点で，言語使用中心のドイツ語研究は，時代の流れに合致したものと言えよう。

2.2. 現在，言語使用中心のドイツ語研究の構想を全体的に提示することはできないが，言語使用を研究の中心に移すことによって分析方法がどのように変わるのかについて，具体的な事例とともに，二点ほど述べることにする。第一点は，分析対象が（文の文法性から）文の容認性に移るということであり，第二点は，分析対象として「頻度」が付け加わるということである。

2.2.1. 第一の，分析対象が文の容認性に移るということであるが，これは，言語使用にとって（文法レベルで文法的か否かというよりも）言語表現として使用しうるか否か，すなわち容認性が第一義的な問題になるからである。分析対象が文法性から容認性に移ることによって研究の方法などがどのように変わるのかを，具体的な例で示す。

たとえば他動詞の絶対的用法という言語現象を分析する場合，（狭義の）文法性中心の従来的な方法論に基づけば，対格目的語の削除が可能かどうかを問い，削除可能とされた動詞に共通する意味特徴を抽出するという，文法性の核を成す結合価（動詞と補足成分）の範囲内で分析が行われる。しかし，他動詞の絶対的用法には，動詞の結合価を記述した Schumacher et al（2004: 301）の，動詞 drucken（印刷する）に関する以下の記述 (1) に見られるように，副詞的語句というような，結合価外の語句（すなわち添加成分）も関与するのであり，したがって，他動詞の絶対的用法がそもそもどのような条件で容認されるかを問うためには，結合価内の語句のみを分析対象にしていては不十分である。

(1) Die AKKE kann weggelassen werden, wenn die Handlung betont wird: (12) *Sie haben sich angesehen, wie wir setzen und drucken. …* In diesem Fall wird häufig eine modale AdvG hinzugefügt: (13) *Wir drucken [für Sie] [zuverlässig, schnell und preiswert]!*[1]

   対格補足成分は，行為が強調される場合，削除することができる：(12) あなたは私たちがどのように活字を組み，印刷をするのかを見ていた…。このような場合しばしば様態の副詞的語句が付加される：(13) 私たちは［あなたたちのために］［確実に，すばやくそして割安なお値段で］印刷をします

---

[1] AKKE は対格補足成分，AdvG は副詞的語句の略。斜字体は筆者による。

このように，ある言語形式が容認されるか否かを問う場合，結合価外の語句，たとえば添加成分も分析対象に入れる必要があるのであり，したがって，容認性という観点から言語現象を分析しようとするならば，まず当該現象の事例を，文を構成するすべての語句を含んだ形で「素直に」収集し，使用されている動詞の意味特徴はもちろんのこと，結合価外の語句も含め，その成立条件を分析することになる。すなわち，実際に使用された文から「素直に」分析を始めるのである。[2]

　なお，上掲の，動詞 drucken の例文 (13) の絶対的用法が容認可能になっているのは（対格目的語が削除されていても）副詞的語句の付加によって当該の文にテーマ・レーマ構造（テーマは「私たちのする印刷」，レーマは「確実で，すばやくそして割安である」）が形成されているためと考えられる（この点については Zaima（1996））。

2.2.2. 第二の，分析対象として「頻度」が付け加わるということであるが，これは，「使用」という出来事にとって「頻度」が必然的な随伴現象であるからである。言語使用においてすべての言語形式が同じ頻度で用いられるわけではなく，使用頻度の高いものもあれば低いものもある。このような使用頻度の傾向を知ることは，当該言語を効率的に学習する上でも，当該母語話者の表現上の傾向を知る上でも，有益な情報であろう。

　現在，私の研究プロジェクトの一環として試行的に行っている使用頻度分析の具体事例を三つほど挙げる。その一つは，語句の結合である。たとえば動詞 gehen（行く）が結び付く方向の前置詞の頻度を，「ドイツ語研究所」（Institut für deutsche Sprache）の Public コーパスから収集した 3690 の事例を調査した結果，上位3つの前置詞は，以下のようになる（阿部一哉氏による調査報告）。

(2) a. in（…の中に）　　　　　　　頻度：約 7%（262 例）
　　　　für solche Leute ging meine Mutter sogar in den Keller …
　　　　このような人々のために母は地下室にさえ入って行った…
　　b. zu（…に）　　　　　　　　　頻度：約 7%（261 例）
　　　　manchmal ging ich abends zum Sportplatz …
　　　　時折私は夕方スポーツ広場に行った…

---

[2] 井口英子（1984）によれば，自動詞 fliegen（飛ぶ）の受動文は容認されないが，以下のような，副詞的語句が付加されたものは容認される。
　Nach London *wird nur einmal in der Woche* geflogen. ロンドン便は週に一便のみである。

    c. nach（…の方に）   頻度：約 2%（80 例）
       er ging nach oben …   彼は上に行った…

　また，前置詞 in と結合する名詞を，その頻度とともに挙げると，以下のようになる（総数は 262 例）。

(3) a. Zimmer（部屋，合成語も含む）   頻度：約 10%（25 例）
       ich ging ins Wohnzimmer …   私は居間に入った…
    b. Küche（キッチン）   頻度：約 8%（20 例）
       als Hanna in die Küche ging …   ハンナが台所に入ったとき…
    c. Kino（映画館）   頻度：約 7%（17 例）
       Gehen wir ins Kino!   映画を見に行きましょう

　以上の結果によれば，ins Zimmer gehen という語結合が最も高い頻度で用いられていることになるが，ドイツ語語彙全般に関して，どのような語彙がどのような語句とどのような頻度で結合し用いられているかに関して，体系的に十分調査・分析されているとは言えないであろう。
　もう一つは，文法的な変形である。たとえば受動文が可能とされる動詞も，言語使用上，同じような頻度で受動文を形成しているわけではない。受動文の形成頻度を分析した須田佳寿子（2007）に基づき，受動文として好まれて使われる動詞を 4 つ，受動文としてあまり使われない動詞を 5 つ挙げると，以下のようになる（各動詞の事例を 120 収集した中での結果である）。

(4) a. wählen（選ぶ）   頻度：59%（71 例）
       Ein neues Parlament wird in Italien … im Oktober gewählt
       werden.   新しい議会がイタリアで…10 月に選ばれるでしょう。
    b. verhaften（逮捕する）   頻度： 58%（69 例）
       Der Täter wurde jetzt verhaftet.   犯人はもう逮捕されていました。
    c. ehren（栄誉をたたえる）   頻度： 57%（68 例）
       Nach der Flut wurden in Peking die Soldaten geehrt …
       洪水の後北京で兵士たちは栄誉をたたえられた…
    d. behandeln（扱う）   頻度：56%（67 例）
       Dabei wurden verschiedene Themen behandelt.
       その際に様々なテーマが扱われた。
(5) a. lernen（学ぶ）   頻度：0%（0 例）

b. prüfen（試験する）　　　　　　頻度：0%（0例）
c. geben（与える）　　　　　　　　頻度：2%（5例）
d. lieben（愛する）　　　　　　　　頻度：3%（4例）
e. zahlen（支払う）　　　　　　　　頻度：3%（4例）

　このように文法的な変形の使用頻度も，動詞ごとに異なる。受動文の存在理由，使用意図などに関する様々な研究があるが，このような文法的カテゴリーの分析を行う場合，ふつうサンプル的に収集した事例を受動文の代表例として扱う手法が取られる。しかし本来は（一部この種の研究が始まっていると聞くが）動詞ごとに受動文形成の要因を分析した後，それらの分析結果の総括として初めて，「受動文」という文法カテゴリーについて論じることができるのであろう。一部の動詞が高い頻度で受動文として用いられ，一部の動詞がほとんど受動文として用いられないとすると，この差異は当然，受動文の意味的語用論的機能と密接に絡んでいると考えられる。

　最後の一つは，表現様式の使用頻度である。たとえば除去動詞 schälen（むく），scheuern（こする），spülen（すすぐ），waschen（洗う），wischen（ぬぐう）の場合，同一の出来事を移動表現（「汚れなどを取り除く」）としても状態変化表現（「汚れなどを取り除いてきれいにする」）としても表現できるのであるが，その使用頻度を調査した黒田廉（2006）によれば，schälen, scheuern, spülen, waschen の場合，約9割が状態変化表現で，wischen の場合，約7割が移動表現である。状態変化表現の方が多く用いられる schälen と移動表現の方が多い wischen の具体例を挙げる。

(6) a. ..., die Maiskolben aus *den Blättern* zu **schälen**.
　　　　トウモロコシの穂軸を葉からむいて取ること…
　　b. ..., *eine Kartoffel* zu **schälen**.　　ジャガイモの皮をむく（こと）…
(7) a. Ich **wische** mir den Schweiß von *der Stirn* ....
　　　　私は汗を額からぬぐい…
　　b. der Dichter muß sich in der ... Schwüle *die Stirn* **wischen**,
　　　　詩人は…蒸し暑さの中で額をぬぐわなければならない，

　このように同一の出来事を表すが，複数の表現様式が存在する場合，どちらを好むかに一定の差異が認められる。文法上の可能性に対して，言語使用上の「好み」があるのである。表現様式が，現実界の出来事を当該母語話者がどのように認識しているのかを示すものであるとするならば，このような調査によ

って，当該母語話者の認識様式の「好み」を知ることができることになる。

なお，以上のような，個々の語彙の，使用頻度上の差異にまで及ぶ調査は，IT技術の進歩，電子コーパスの出現によって初めて可能になったものと言える。従来のカード方式でも，このような調査は，可能と言えば可能であるが，現実的には不可能である。言語としてのドイツ語を研究すると言う場合，どのような形であれ，ドイツ語の使用実態を十分に把握することが研究の前提であり，それがIT技術の進歩とともに可能になったとすれば，それに早急に取り組むことは，時代的にもきわめて意義あることと言えよう。

3. 文形成規則と言語使用

次に，言語使用を研究対象に組み入れることによって，ドイツ語研究に，因果関係に基づく新たな研究分野が開かれることを述べる。

3.1. ドイツ語の規則体系に基づく文法的な文が実際にも使用されるのは当然のことであろうが，それらの文がすべて実際の言語使用で（等しく）使用されるとは限らない。実際の言語使用が，たとえば人間の理解能力の限界，あるいは発話者の，発話の経済性を求める「怠惰」などによって一定の影響を受けることが考えられるのである。

このような，言語使用に伴う「言語外」の要因が，文法的に可能とされる文に「制限」を課すという形で影響を与え，文法的に可能な文と実際に使用される文との間に「ずれ」を生じさせているとするならば，どのような「言語外」の要因がどのような「ずれ」を生じさせているのかということも一つの研究課題になろう。

このような「ずれ」の事例には，たとえば一文の持つ情報の絶対量に関するもの，一文における未知情報の量に関するものなどがある。

《一文の絶対量》

不定詞を内在的に含む知覚動詞構文の事例をコーパスで収集し分析した山田寛明（2001）によれば，(8) aのような，不定詞が自動詞の事例は数多く見つかるのに対して，(8) bのような，不定詞が他動詞で，意味上の主語を対格で表す事例，すなわち他動的行為を内在的に含み，意味上の主語としての対格と不定詞の目的語としての対格が共起する知覚動詞構文は（インフォーマントによってきわめて自然と判断されるにもかかわらず）ほんのわずかしか見つからなかったとのことである。

(8) a. Ich sehe ihn *davonlaufen*.　　私は彼が走り去るのを見る
　　b. Ich sehe seinen Sohn *das Auto waschen*.
　　　　私は彼の息子が車を洗うのを見る

　また lassen（させる）構文の事例をコーパスで収集し分析した藤縄康弘（2002）によれば，不定詞が他動詞の場合，(9) a，b のような，不定詞の意味上の主語が省略された事例や von 前置詞句によって表示される事例は数多く見つかるのに対して，(9) c のように，意味上の主語を対格で表示した事例，すなわち意味上の主語としての対格と不定詞の目的語としての対格が共起する lassen 構文は（インフォーマントによってきわめて自然と判断されるにもかかわらず）ほんのわずかしか見つからなかったとのことである。

(9) a. Er lässt das Auto waschen.　　彼は車を洗わせる。
　　b. Er lässt einen Brief *von seiner Tochter* schreiben.
　　　　彼は娘に手紙を書かせる。
　　c. Er lässt *seinen Sohn* das Auto waschen.　　彼は息子に車を洗わせる。

　これらの事例は，他動的行為を内在的に含むことに関して，――知覚動詞の場合は，それが実際上ほぼ使用されないという形で，lassen 構文の場合は，対格主語の省略あるいは前置詞句化によって他動性の構造的明示が避けられるという形で――，一定の制限があることを示している。より一般的に言えば，一つの文が含みうる情報の絶対量にある種の制限があるということである。[3]

《未知情報の量》
　schenken は「贈る」の意味用法において主語，間接目的語，直接目的語の3項をとる。文法的には，これらの3項を形態的にどのように表示すべきか，すなわち名詞で表示すべきなのか，代名詞で表示すべきなのかについて規則は

---

[3] 納谷昌宏（1993）によれば，機能動詞 bringen の場合，a 文のような，他動的動作名詞の目的語を対格目的語にする（すなわち機能動詞構文全体が単一使役構文を形成する）書き換えは可能であるが，b 文のような，他動的動作名詞の主語を対格目的語にする（すなわち他動的行為を内在的に含む二重使役構文への）書き換えは，インフォーマントも容認しないとのことである。
　a. Er bringt das Stück zur Aufführung.
　b. *Er bringt jemand zur Aufführung des Stückes.
a 文は，逐語的に訳すと，「彼はその作品を上演に持っていく（＝彼はその作品を上演する）」，b 文は，逐語的に訳すと，「彼はある人をその作品の上演に持っていく」となる。このような制限も，一つの文が含みうる情報の絶対量にある種の制限があるためと考えられる。

ない。

(10) a. 名詞が三つの事例
　　　Oliver Kahn ..., schenkte seine Handschuhe einem kleinen Fan
　　　…オリバー・カーンは彼のグローブを一人の小さなファンに贈った
　　b. 名詞が二つの事例
　　　er wollte den Bürgern 24 Milliarden Euro schenken ...
　　　彼は市民たちに 240 億ユーロ贈ろうとした
　　c. 名詞が一つの事例
　　　... schenken wir Ihnen gerne ein Buch.
　　　…私たちはあなたに喜んで本を贈ります
　　d. 名詞がゼロの事例
　　　・・・・

　また，情報的に既知情報を担わすのか，未知情報を担わすのかについて規則はない。しかし，それぞれの項が既知情報を担うのか未知情報を担うのかに関して，上で既に触れた「ドイツ語研究所」の Public コーパスから収集した 27 事例を分析した結果，3 項のそれぞれの組み合わせ頻度は，以下のようであった（黒田廉氏による調査報告；なお，人称代名詞，固有名詞，定冠詞の付いた名詞を既知情報として扱う）。

(11) a. 既知が 3（未知が 0）＝ 06/27（約 22%）
　　　Breschnew hatte das Blatt ... Bundeskanzler Willy Brandt geschenkt.
　　　ブレジネフはその文書を…連邦首相のヴィリー・ブラントに贈っていた。
　　b. 既知が 2（未知が 1）＝ 19/27（約 70%）
　　　Wir haben den Sängern vor Weihnachten eine CD geschenkt ...
　　　私たちは歌手たちにクリスマスの前に CD を贈った…
　　c. 既知が 1（未知が 2）＝ 02/27（約 7%）
　　　Eins seiner Teams hat ihm mal cincn Lachsack geschenkt ...
　　　彼のチームの一つが彼に一度笑い袋を贈った…
　　d. 既知が 0（未知が 3）＝ 00/27（約 0%）
　　　・・・・

　この事例は，動詞 schenken の「贈る」の意味用法において，未知の情報を

二つ同時に表示することに制限があることを示していると言えよう。より一般的に言えば，一つの文で表示する未知情報の量にある種の制限があるということである。

3.2. 以上の研究で重要なことは，これらの制限の存在が新たな問題提起を可能とするとともに，新たな方法論的可能性を開くということである。すなわち，これらの制限が人間の認識能力に起因すると考えられるのである。

英語の分野では，言語使用上の制限と人間の認識能力との関連に関する研究がいくつもの現象について先行的に行われている。たとえば，主語文の語数と，*it* による枠外配置（To make a fool of yourself is a pity. に対する It's a pity *to make a fool of yourself.*）の間の因果関係に関して，Hoffmann (2002) は，コーパスを用いて統計的に，主語文の語数が少ないほど，枠外配置が見られず，主語文を構成する語数が多くなるほど，枠外配置が多く見られるようになることを示し，これは，主語文が長くなればなるほど，動詞句の認識が難しくなるからとの仮説を提示している。これは，言語表現の表出および理解に際し，複数の表現様式が可能な場合，言語使用的には理解が容易なものの方がそうでないものよりも好まれるとする Hawkins (1994) の Early Immediate Constituents（早期直接構成素）という定式に基づくものである。[4]

このように，コーパス分析で得られる言語使用の諸特性を人間の認識能力と関連づけられるとするならば，人間の認識能力を原因，言語使用上の諸特性を結果とするという因果関係に基づく言語研究が可能になることになる。これは，言語のあり方を言語外の要因から検証可能な形で説明するということである。言語研究が一つの「科学」になることを目指すのであるならば，言語現象がなぜそうなっているかを検証可能な形で説明できる方法論が確立することの持つ意味は，きわめて大きいと言えよう。

4. ドイツ語研究の目的

次に，ドイツ語研究に課せられるべきもう一つの側面について述べる。それはドイツ語研究を何のために行うのかということである。人間の営みにはすべてなんらかの目的がある。私は，ドイツ語研究に関しても，何を目的としているかを明確にすべきであると考える。

ドイツ語研究の目的は何かとの問いに対する一つの答えは，「絶対真理」を

---

[4] 「早期直接構成素」という定式は，動詞句や前置詞句といった基本的な構成素が最も認識しやすいように文が組み立てられる（あるいは構成素が並べられる）という仮説である。

明らかにするというものであろう。しかし，私はこの立場に立たない。それは，普遍的な「絶対真理」に到達することは人間にはできないと考えるからである。別の言い方をすれば，「絶対真理」として提示されたものが「絶対真理」であるということを証明することが不可能であると考えるからである（この点については在間進（2006）；しかし「絶対真理」を追究する研究の意義そのものを否定するものではない）。

　ドイツ語研究の目的は何かとの問いに対するもう一つの答えは，ドイツ語に関して，ある目的を設定し，その目的との関わりで，ドイツ語を研究するという応用的なものである。ドイツ語研究をこのように捉えると，「想定した目的にとってドイツ語をどのように捉え，記述するのが最もよいのか」という形で研究がなされることになる。研究成果も当然，想定した目的との関連で評価されることになる。私は現在この立場に立っている。

　では，私がドイツ語研究において，どのような目的を想定しているのかということになるが，——歪曲化されることを恐れずに言えば——私の現在想定する目的は，ドイツ語学習用教材等を作成する上で最も効果的な，広義のドイツ語文法を提示することである。言語は，使用されるところにその存在意義があるのであり，言語使用の実態を分析し，言語の運用能力の獲得を求める学習者に最も効果的な教材などを提供すること（すなわち言語教育への応用）は，言語研究にとって重要かつ不可避な課題の一つである。本稿の冒頭で述べた私のドイツ語研究の目標，すなわち「ドイツ語の母語話者がどのような規則体系に基づき，どのように言語使用を行っているのかを明らかにする」ことも当然，「ドイツ語教育への応用」という目的に沿った形でなされることになる。そして私のドイツ語研究によって得られる結論は（当面は従来の知見に基づき，合理的であるか否かなどの観点から評価することになろうが）最終的には，効果的なドイツ語教育にとって有益であるか否かという観点から評価されることになる。そして研究成果としての結論が効果的なドイツ語教育を実現する上で有益でないということになれば，研究そのものを，方法論も含めて，見直すことになる。なぜそれが有益でなかったかを検証し，新たなデータ収集・分析を行い，そして新たな仮説を立てるのである。

　なお，このように応用的側面を導入することによって，データ収集・分析，仮説設定，実証的評価，新たなデータ収集・分析，新たな仮説設定というような，一つのサイクル的方法論がドイツ語研究においても可能になるが，これは，ドイツ語研究が一つの「科学」になりうることを示していると言えよう。

5. 終わりに

　以上，私が今追及しているドイツ語研究のあり方について述べた。私が夢見るのは，日本のドイツ語研究者が「情熱」を持って取り組むことのできるドイツ語研究の確立である。この夢を実現する一つの可能性として，ドイツ語研究の，ドイツ語教育への応用を挙げた。ドイツ語研究もその目的を明確にすべきであるとの認識に基づいたこの構想が果たして将来的に実を結びうるものなのかどうかは分からない。しかし，ここで述べたことは，私が40年以上に渡り，ドイツ語研究に携わってきた結果，今日のこの時点でたどり着いた素直な結論である。私の「学問」は，これ以上でも，これ以下でもない。

参考文献

井口英子（1984）「非人称受動の用法」東京外国語大学大学院ドイツ語学文学研究会『DER KEIM』8, 3-16.
黒田　廉（2006）「言語運用から見た除去動詞の「場所格交替」」『富山大学人文学部紀要』第45号, 167-174.
在間　進（2006）「言語使用に基づくドイツ語研究方法論」東京外国語大学語学研究所『語研論集』第11号, 45-65.
須田佳寿子（2007）「ドイツ語動作受動文の，コーパスに基づく頻度分析」東京外国語大学大学院地域文化研究科修士論文.
納谷昌宏（1993）「機能動詞構造の生成メカニズム」日本独文学会『ドイツ文学』第90号, 129-139.
藤縄康弘（2002）「コーパスによる不定詞付き対格構文分析：lassen の下における事例を対象に」井口靖編『コーパスによる構文分析の可能性』（日本独文学会研究叢書009）, 60-75.
山田寛明（2001）「「知覚動詞＋AcI」構文の意味的特徴——知覚動詞表現の頻度分析をとおして——」東京外国語大学大学院地域文化研究科修士論文.
Hawkins, J. A. (1994) *A performance theory of order and constituency* (Cambridge studies in linguistics 73). Cambridge: University Press.
Hoffman, C. (2002) "Early immediate constituents" — ein kognitiv-funktionales Prinzip der Wortstellung(svariation). In: Köhler, R. (Hg.) *Korpuslinguistische Untersuchungen zur quantitativen und systemtheoretischen Linguistik*, 31-74. Universität Trier: Linguistische Datenverarbeitung.
Schumacher, H./Kubczak, J./Schmidt, R./de Ruiter, V. (2004) *VALBU — Valenzwörterbuch deutscher Verben* (Studien zur Deutschen Sprache Bd. 31). Tübingen: Narr.
Zaima, S.(1996) Einige Überlegungen zum „Generativen Mechanismus" für die Generierung der deutschen Sätze. 渡瀬嘉朗編『言語研究Ⅵ』（東京外国語大学教育研究学内特別経費研究報告書), 21-30.

2. 文法の出現
——文法化とは何か——

荻 野 蔵 平

1. はじめに

本稿では次の3つの問題を設定する。
① 「文法化 (Grammatikalisierung) とは何か」
② 「文法化はなぜ起こるのか」
③ 「文法はどのようにして出現するのか」

文法化の基本的な考え方を解説する前に，まず文法化とはどのような現象を対象としているのかを見ておこう。

(1) 　Ich *habe* geliebt.　　　私は愛した。
　　　Ich *werde* geliebt.　　　私は愛される。

ドイツ語は，(1) のように，時制や態を [助動詞 haben/werden ＋過去分詞] の組み合わせで表示する。ところで，haben と werden には「完了助動詞」，「受動助動詞」としての機能の他に，「持つ」「なる」という意味の「本動詞」の用法もある。では両者の関係はどのようなものであろうか。歴史的には，本動詞の語義が希薄化・漂白化し，時制・態といった文法カテゴリーを表示する助動詞が生まれてきたと説明できる。このように語彙項目が文法項目に変化する現象を「文法化」と呼ぶ。文法化現象は，名詞 Angesicht（見ること）の属格が前置詞となった angesichts（…に直面して）や動詞 währen（続く）の現在分詞が前置詞・接続詞となった während（…の間に，…している間に）など文法体系の広範囲に及んでいる。

それでは haben を例に文法化現象をもう少し詳しく眺めてみよう。出発点となる構文は，9世紀前半の古高ドイツ語による (2) のような用例である。これを現代ドイツ語に訳すと (3) となる：

(2) 　phigboum *habeta* sum *giflanzotan* in sinemo wingarten (Tatian『タティアーン』102, 2)

(3) Einen Feigebaum *hatte* einer (als) *gepflanzten* in seinem Weingarten.　一本のイチジクの木をある人がブドウ畑に植えて持っていた。

　(2) の古高ドイツ語の habeta はまだ「持つ」の意味の本動詞で，［［haben ＋対格目的語］＋目的格補語］の構造を成していた。つまり，(3) の訳からもわかるように「イチジクの木を植えたものとして持っていた」の意味であった。目的格補語の過去分詞 giflanzotan に，対格目的語との一致を表わす形容詞語尾 -an (= -en) が付与されているのもそのためである。ところで，完了を表わす形式には［haben＋過去分詞］と並んで［sein＋過去分詞］があるが，歴史的には後者のほうが古く，前者を生み出すモデルとなったと考えられる。さて［［haben＋対格目的語］＋目的格補語］は，その後，対格目的語が haben ではなく過去分詞の動詞 (pflanzen) の目的語に解釈され，［haben＋［対格目的語＋過去分詞］］として「再分析」(Reanalyse) された。10 世紀から 11 世紀にかけて文法化がさらに進むと，haben が他動詞であるが故に本来不可能であった自動詞の完了時制も可能となり，現在見られるドイツ語の完了時制体系が完成する。

2. 文法化のプロセス

　「文法化」という用語を最初に用いたのは 20 世紀初頭のフランスの言語学者メイエ (A. Meillet) である。メイエは「文法化」を「自立語が文法的要素の役割に移行すること」あるいは「かつての自立語に文法的特徴が付与されること」と定義している。しかし，文法化が一つの自立した研究テーマとして言語普遍論・言語類型論の観点から盛んに議論されてきたのは 1980 年以降のことである。今日見られる最も代表的な定義は，例えばレーマン (Ch. Lehmann 1985: 303) による「語彙項目を文法項目に変え，文法形式をさらに文法的にするプロセス」というものである。

　文法化のプロセスについての考え方は，そのアプローチの仕方により以下の 3 種類に区別できる:

(4) a) 「形態・文法的アプローチ」
　　　 談話（Diskurs）＞統語（Syntax）＞形態（Morphologie）＞形態音韻（Morphonologie）＞ゼロ（Null）
　　b) 「認知論的アプローチ」
　　　 人（Person）＞もの（Objekt）＞活動（Aktivität）＞空間（Raum）

　　　　＞時間（Zeit）＞質（Qualität）
　c) 「語用論的アプローチ」
　　命題的（propositional）＞テキスト的（textual）＞感情表出的（expressiv）

　(4a) の「形態・文法的アプローチ」は古典的な文法化理論といえるもので，形態上に現れる文法化のスケールを示している。まず「談話」のレベルで統語規則により作られた自由な統語的結合は，次の「統語」では固定的・義務的な統語構造となる。例えば先に見た haben の助動詞化などがそれに該当する。文法化がさらに進行すると，形態的にも自立性を失い，「形態」や「形態音韻」のレベルで接辞や音韻特徴（例えば変母音）として現れる。最後に音声的磨耗を引き起こしながら限りなく「ゼロ」の要素に近づいていく。名詞の複数表示を例にとれば，接辞（Auto － Autos 自動車），変母音（Vater － Väter 父），ゼロ接辞（Wagen － Wagen 車）の順で文法化の程度が高くなる。
　次の (4b) の「認知論的アプローチ」は文法化を意味的な観点から捉えるもので，語彙項目は「人」から「質」の順に「概念領域」を移行していく。この変化は特に名詞において典型的に現れる。例えば, Tisch*bein*（机の脚）は「人」＞「物」の転用例であるし，副詞 *zurück*（後ろへ）は本来 (zu) Rücken（背中）に由来するが，その用法は「空間」＞「質」（「(成長が) 遅れて」）にまで移行している。この転用を可能にしているのは，概念間の「類似性」つまり「隠喩」(Metapher) の関係である。このスケールは，意味変化が「具体的なもの」から「抽象的なもの」へと進むことのみならず，自然言語においてはカテゴリーそのものが「人間中心的」な観点から構造化されていることをも示している。
　最後の (4c)「語用論的アプローチ」は，近年その重要性が益々指摘されてきたもので，それによると記号の持つ意味は「命題的＞テキスト的＞感情表出的」の順に変化していく。ここでは接続詞 aber（しかし）を用いてそのプロセスを説明しよう。aber は，語源的には副詞 ab（離れて）の比較級に遡る。つまり「より離れて」を意味する空間的な概念であった。それがやがて時間にも転用され，「後で，再び」という意味の副詞が生まれた。なおこの用法は，aber und abermals（幾度も）といった慣用句に残存している。さてこの副詞としての aber は，さらに「反復＞反対」と変化し，逆接の接続詞 aber を生み出している。時間副詞は文命題の一部であるのに対し，接続詞は文の境界を越えテキストに関連するので，ここまでに生じたのは「命題的＞テキスト的」への変化といえる。

次に、「テキスト的＞感情表出的」への移行の例としては、Du bist *aber* groß geworden.（それにしても随分大きくなったね。）に見られるような心態詞 aber のケースがある。出発点となるのは逆接の接続詞 aber である。接続詞としての aber は、それを含む後続文の内容が先行文から予想・推論される内容とは異なっていることを表示する。しかし、心態詞 aber の場合、関連するコンテクストにそのような先行文は存在しない。このような場合、聞き手は「話し手は関連のないことは言わない」との前提に立ち（これをグライス (H. P. Grice) は「協調の原理」と呼んでいる）、有意味な「言外の意味」を推し量ろうとする。すなわち、言語表現（このケースでは aber）とそれがその一部分であるコンテクストとの間に設定される「喚喩」(Metonymie) 的な関係に基づき、aber が含意する逆接的関連をコンテクスト（これには話し手も含まれる）を頼りに推論しようとする。これを「語用論的推論」と呼び、これによって聞き手は「aber は予想・期待が外れたことに対する話し手の驚きを表す」といった「会話の含意」(konversationelle Implikatur) を導き出す。心態詞の aber は、このように「語用論的推論」によって得られた「会話の含意」が言語慣習化されたものである。つまり「会話の含意」が「習慣の含意」(konventionelle Implikatur) に変化したわけである。aber の「副詞＞接続詞＞心態詞」への変化は、「命題的＞テキスト的＞感情表出的」のスケールに対応している。

　文法化はこのように「語彙＞文法」へと進むが、(4) に挙げた3種類のアプローチから、文法化は次のような個別的な方向性の変化とまとめることができる：1) 形式的：「自立性の強いもの＞自立性の弱いもの」、2) 概念的：「具体的＞抽象的」、3) 事態把握：「客観的＞主観的」。その際特に注目されるのは、「より実体的な意味はより自立的な形式によって担われる」という形式と意味の間の「イコン的関係」である。言語一般において、語彙項目より文法項目（例えば屈折語尾）のほうが短く、拘束的な形式をしているのは偶然ではない。

3. 文法化の「パラメーター」と「原理」

　ここでレーマン（Ch. Lehmann 1995[1982]）の「文法化のパラメーター」(5) とホッパー（P. J. Hopper 1990）の「文法化の原理」(6) に簡単に触れておきたい。

(5)　Lehmann の「文法化のパラメーター」

	範列的 (paradigmatic)	統合的 (syntagmatic)
重　み（weight）	完全性 (integrity)	作用域 (scope)
結束性（cohesion）	範列性 (paradigmaticity)	結合性 (boundedness)
可変性（variability）	範列的可変性 (paradigmatic variability)	統合的可変性 (syntagmatic variability)

　ここでは再び動詞 haben を用いてレーマンの6つのパラメーターを説明してみよう。文法化は進行するにつれ，表 (5) 左欄のパラメーター「重み」と「可変性」が減少する一方，「結束性」は逆に増加していく。まず「重み」のパラメーターでは，haben の助動詞化が進むにつれて「もつ」という語彙的意味の消失に応じて範列的「完全性」つまり自立性は減少し，統語的な「作用域」も同様に狭くなる。そして「可変性」のパラメーターでも，[haben+ 過去分詞]の使用が時制の動詞体系において義務的になるので「範列的可変性」は減少し，語順も固定化して「統合的可変性」もやはり減少していく。
　反対に助動詞 haben は，時制のパラダイムに組み込まれていくに従って「結束性」の系列の「範列性」の強さは増していく。一方，ドイツ語の haben には形態的融合の度合いを表す「結合性」に変化は見られない。しかし，同じ助動詞でもドイツ語の haben と英語 have を比べてみると，後者に She's done it. のような「接語」（Klitikum）が見られるという点で英語の方がドイツ語よりも結合性の度合いが進んでいることがわかる。ところで，さらにより徹底した結合性は，フランス語の未来時制に見られる。フランス語の chanterons（我々は歌うだろう）は中世ラテン語の cantare habemus (=singen + [wir] haben) に由来するが，二つの動詞が完全に融合し，助動詞 habemus の文法化は接辞（Affix）にまで達している。ドイツ語でこれに相当するものがあるとすれば過去形の接尾辞 -te であろう。この接辞は本来 tun（する）の過去形 tat に由来し，それが動詞の語幹と融合して規則動詞の過去形となった（mach*te* < mach- + tat）という説がある。

続いてホッパー(P. J. Hopper 1990)が提唱した「文法化の原理」を概観する。

(6) Hopperの「文法化の原理」

原理	I	II	III	IV
	重層化 (accumulation)	分岐化 (divergence)	特殊化 (specialization)	保持化 (persistence)

　ホッパーは文法化のプロセスにおいて特徴的な4種類の原理を挙げている。これらの原理は，通時的変化の普遍的な方向性を示すものだが，共時態レベルでの分析にも有効である。簡単に説明すれば，I「重層化」は，ある文法カテゴリーを表示する新旧2つの要素が共存することをいう（例：単純過去と［haben+過去分詞］の共存）。II「分岐化」は，一つの形式が本来の意味を持つ形式と文法化しつつある形式に機能が分裂することを指す（例：本動詞と助動詞の共存）。III「特殊化」は，ある文法カテゴリーの表示が競合する諸形式のうちのどれか一つに固定され，場合によっては義務化されていくことをいう（例：未来を表す助動詞ではwerdenと話法の助動詞（sollen/wollen）が競合し，前者が15世紀以降浸透したこと）。[1] 最後の「保持化」は，文法化した後でも本来の意味の痕跡が文法化された形式に残り，影響力を保持しつづけることを意味する（例：habenが他動詞であるがゆえに，完了時制において当初は他動詞の過去分詞しか許容しなかったこと）。以上，レーマンの「文法化のパラメーター」とホッパーの「文法化の原理」を援用することで文法化の度合いがかなり正確に捉えられるようになった。

4.　文法化の一般的な特徴

　ここでこれまでの議論を踏まえて「文法化理論」の一般的な特徴を(7)にまとめておこう。

(7) a) 辞書と文法にまたがる現象を扱う
　　b) 共時態と通時態にまたがる現象を扱う
　　c) ラングとパロールにまたがる現象を扱う
　　d) 「一元的方向性」（Unidirektionalität）の仮説
　　e) 言語現象を動的に捉える

---

[1] 助動詞としてのwerdenについては，本書でも板山眞由美「werden+Infinitiv構文の意味と用法——その多義性の構造——」が詳しく論じている。

文法化は，まず語彙的項目を文法的項目に変えることから「辞書」と「文法」にまたがる現象である (7a)。また文法化現象は，通時的にも共時的にも研究することができる (7b)。これは文法化のある段階ではいくつかのヴァリアントが共時態において共存するからであるが，先に見たホッパーの「重層化」はこれと関連する概念である。さらに言語変化は，パロールのレベルで試みられ，ラングに組み込まれていくという筋道をたどるとすれば，文法化現象は文法形式が生まれる現場を垣間見せてくれる (7c)。

　(7d) の「一元的方向性」とは，文法化は「非可逆的」であって，(4) に挙げた a)，b)，c) 3つのスケールの矢印が逆にはならないこと，つまり「文法的＞語彙的」の変化は存在しないことを示している。しかし，反例ではないかとされるケースについても議論され，「脱文法化」（Degrammatikalisierung）と呼ばれている。その場合 Ismus（主義），sich outen（同性愛者であることを公表する）といった例が挙げられる。前者は「接辞（-ismus）＞名詞」，後者は「副詞（英語 out に由来）＞動詞」と変化し，一見文法化の方向性に反するように思われる。しかし，上の2例はあくまで辞書内部に留まる現象あるいは品詞転換の例であり，文法化の反例とはいえないであろう。

　以上 (7) で述べた諸特徴をまとめて言えば，文法化理論の最大の特徴は，(7e) に示したように「文法化理論は言語を動的に捉える」ということになる。それはソシュール以来なされてきた共時態・通時態の区別あるいは言語形式の恣意性などの前提に対しても修正を迫るものであるし，さらには言語領域間の相互作用を視野に入れた言語研究の必要性も示している。[2]

5. 現代ドイツ語の文法化現象

　文法化は遥か昔の現象であるだけでなく，現代ドイツ語においても進行している。代表的な例としては「機能動詞」(Funktionsverb) や「bekommen 受動」などがあるが，[3] ここでは Lehmann (1991) に拠りながら，「brauchen ＋不定詞」，「sein ＋〈am 名詞化不定詞〉」，「〈im ＋名詞〉による前置詞句」の3例を取り上げる。

---

[2] 文法化理論を概観するには Hopper/Traugott (1993)，Diewald (1997)，『文法化とは何か――言語変化の謎を解く――』（月刊言語 2004 年 4 月号）などが便利である。また，Lehmann (2004) は，文法化理論への諸批判を再検討し，文法化理論を擁護している。

[3] 本書では，機能動詞については納谷昌宏「デキゴト名詞の創造性――機能動詞構造の働き――」が，bekommen 受動については大薗正彦「もう一つの受動態？――bekommen 受動――」が詳しく論じている。

まず brauchen は，「必要とする」という語義的意味を持つ動詞であると同時に，「brauchen ＋（zu）不定詞」で話法の「準助動詞」としても用いられる。ところで最近の口語では，話法の「助動詞」に近づきつつあることを示唆する現象が観察されるという：a) zu を媒介とせず不定詞と共起する，b) 接続法Ⅱ式で変母音を伴う（bräuchte, vgl. könnte），c) 直説法現在 1・3 人称単数の語尾がゼロとなる（ich/er *brauch*, vgl. ich/er kann）。

(8) Das *brauch* er nicht zweimal sagen. それを彼は二度言う必要はない。

次に「sein ＋〈am 名詞化不定詞〉」は，英語の進行形「be ＋ ~ing」に似た働きをする。本来ドイツ語には英語の進行形のような動詞形態がないため，「進行（継続）相」は (9a) のように jetzt や gerade といった副詞によって表示される。しかし，最近の（特にケルンなどドイツ北西部の）口語では (9b) のような「sein ＋〈am 名詞化不定詞〉」の増加が報告されている。しかし，この用法はまだ自動詞に限定されていて，(9c) のように他動詞との結合には制限があるようだ。

(9) a) Ich arbeite *jetzt / gerade*.　　私は今 / ちょうど仕事をしているところだ。
　　b) Ich bin *am Arbeiten*.　　私は仕事の最中だ。
　　c) (?)Er ist sich die Haare *am Waschen*.　彼は髪を洗っている最中だ。

最後の「〈im ＋名詞〉による前置詞句」は，im と名詞が一体となり前置詞として機能するタイプを指す。例えば，im Vorfeld は Vorfeld（陣地前方の野）を含むが，文法化によって「…に先立って」の意味に用いられる。

(10) *Im Vorfeld* seiner Reise hatte der Minister vor einigen Tagen erklärt, ...　旅行に先立ち大臣は数日前に…と説明していた。

同様の例としては im Zuge（…によって，の間に），im Wege（…によって），im Anschluss（…に引き続き），im Gefolge（…の結果として），im Verfolg（…の間に）などがある。[4]

---

[4] 文法化理論の応用例を知るには次の論文集・雑誌特集号が参考になる：秋元実治編（2001），Neue Beiträge zur Germanistik. Band 3/Heft 2 (2004), Zeitschrift für germanistische Linguistik 32 (2004), Leuschner/Mortelmans/De Groodt (Hrsg.)(2005)。

6. おわりに

冒頭に設定した問題についてまとめておきたい。

① 「文法化とは何か」 これには「具体的語彙項目から抽象的文法形式を産み出すこと」と答えることができる。それでは文法を産み出す素材はどんなものかといえば，何らかの「関係」を表わす語彙項目となる。「空間」や「身体部分」を表わす名詞，「方向」を表わす動詞など，文法化の対象となるものは共通して「関係概念」である。

② 「文法化はなぜ起こるのか」 言語は文法化が進むと習慣化され自動化される。つまり文法化は，言語コミュニケーションの確保に寄与することを目指す。しかし，人間はそのような習慣化された言語世界に飽きたらず，（ちょうどファッションの流行のように）しばしば「目立ち度」（extravagance）の高い新たな言語形式を求めていく。このようにして文法化は循環していく。

③ 「文法はどのようにして出現するのか」 文法化理論の「一元的方向性」の仮説が正しければ，「文法形式の起源は語彙にある」という結論になろう。そしてこれは言語進化論との関連で興味深い仮説を提示することになる。なぜならば，ヒトの原初言語には動詞や名詞といった実質的な品詞しかなく，格変化や語尾変化のような文法形式は文法化によってそれらの品詞から生まれてきたと推論されるからである。

［付記］本稿は，「助動詞表現と文法化の歴史」（重藤実編『ドイツ語助動詞構造の歴史的発展をめぐって』日本ドイツ独文学会研究叢書 015，2003 年，57-66 頁）を大幅に書き改めたものである。

参考文献

秋元実治（2001）『文法化——研究と課題——』英潮社.
月刊『言語』2004年4月号，特集：「文法化とはなにか——言語変化の謎を解く——」大修館.
Diewald, G. (1997) *Grammatikalisierung. Eine Einführung in Sein und Werden grammatischer Formen.* Tübingen: Niemeyer.
Hopper, P. J. (1990) Principles of Grammaticalization: Towards a Diachronic Typology. In: Lehmann. W. P. (ed.) *Language Typology 1987. Systematic Balance in Language,* 157-170. Amsterdam / Philadelphia: Benjamins.
Hopper, P. J. / Traugott, E. C. (1993) *Grammaticalization.* Cambridge: Cambridge University Press.（邦訳：P.C.ホッパー，E.C.トラウゴット『文法化』日野資成訳，九州大学出版会，2003年）
Lehmann, Ch. (1985) Grammaticalization: Synchronic Variation and Diachronic Change. In: *Lingua e Stile* 20, 303-318.
Lehmann, Ch. (1991) Grammaticalization and Related Changes in Contemporary German. In: Traugott, E. C. / Heine, B. (eds.) *Approaches to Grammaticalization. Vol. II,* 493-535. Amsterdam: Benjamins.
Lehmann, Ch. (1995 [1982]) *Thoughts on Grammaticalization.* München: LINCOM Europa.
Lehmann, Ch. (2004) Theory and method in grammaticalization. In: *Zeitschrift für germanistische Linguistik 32. Themenschwerpunkt Grammatikalisierung,* 152-187.
Leuschner, T. / Mortelmans, T. / De Groodt, S. (Hrsg., 2005) *Grammatikalisierung im Deutschen.* Berlin/New York: Walter de Gruyter.
Neue Beiträge zur Germanistik. Band 3 / Heft 2 (2004) „Grammatikalisierung im Deutschen —typologisch gesehen—". Japanische Gesellschaft für Germanistik.
Zeitschrift für germanistische Linguistik 32 (2004). „Themenschwerpunkt Grammatikalisierung". Berlin / New York: Walter de Gruyter.

3. ドイツ語における「人」と「もの」の表示について[1]
——有情性はドイツ語でも関与的か？——

清野智昭

1. 問題提起

　言語によっては，ある項の指示するものが有情物[2]か無情物かで文中の様々な要素の実現のされかたが大きく異なることがある。日本語では，存在を表す動詞が主語の有情性によって，「いる」と「ある」という二つの形式をとるが，ドイツ語のsein動詞にはこのような使い分けはない。それでは，ドイツ語では，有情性は文の形成にまったく関与的ではないのだろうか？
　本稿は，ドイツ語において「人」と「もの」が項として実現される場合に形態・統語的な差があるか，ある場合にはどのようなものかを観察し，ドイツ語においても有情性は文の形成において関与的であることを示していく。具体的には，存在・所有構文，無生物主語構文，身体部位への行為を表す構文の３つの構文を取り上げる。

2. 存在・所有構文と有情性——sein, haben, es gibt の形式

　存在と所有の構文は多くの言語で交換可能であり，少なくとも非常に密接な関係にある。「本を持っている」という所有関係は，ラテン語では所有者を与格にしたコプラ文で表され，フランス語も同様の構文を有している（Heine 1997: 32）。

(1) ラテン語： mihi est liber.
　　　　　　　DAT.me is book「私は本を持っている」

---

[1] 本稿は Seino (2001) の一部を日本語に訳すとともに加筆・訂正したものである。
[2] 一般言語学的には生物であることを示すには「有生」（英：animate，独 belebt）と，有生であることを「有生性」（animacy, Belebtheit）と呼び，筆者自身もこれまでその用語を用いてきた。しかしながら，日本語文法で使われる「有情」は，単に有生であるだけでなく，感情を持つ主体（sentient）であることを含んでおり，それがドイツ語の記述にも有効であると考えるに至り，本稿では「有情物」，「有情性」という用語を用いる。なお，日本語で読める有生性に関しての包括的記述として，コムリー（1992）の第９章およびウェイリー（2006）の第10章がある。

(2) フランス語： Le livre est à moi.
　　　　　　　the book is DAT me「その本は私のものである」

　フランス語ではもちろんドイツ語の haben に相当する avoir を使った所有構文もある。

(3) J'ai un livre.
　　I have a book　「私は一冊の本を持っている」

　ドイツ語においても，存在と所有の形式は複数存在する。ここでは，動詞 sein, haben, es gibt を用いた構文を眺めてみよう。次の例は，いずれも「庭に美しい花がある」という事象を表すものである。[3]

(4) a. Im Garten sind schöne Blumen.
　　b. Der Garten hat schöne Blumen.
　　c. Im Garten gibt es schöne Blumen.

(5) [AT X] BE Y → X HAVE Y

　ここで存在する場所を X とし，存在するものを Y として，(4)a の sein を使った存在表現を [AT X] BE Y，(4)b の haben を使った所有表現を X HAVE Y と抽象的に表示することにする。(5) は二つの構文の関係を表す。矢印は，この例の場合，存在表現の方を無標と見なしていることを示し，必ずしも派生関係を表しているわけではないが，所有表現が，存在場所 X を所有者 X として捉えている構文であることを示している。また，これまでの類型論研究によって，多くの言語で歴史的に見て存在表現が古くから存在し，所有表現が後から形成されたことが明らかになっている。ここではドイツ語の所有表現の歴史的成立には立ち入らず，現在の haben を使った構文の特徴を〈有情性〉に限って論じる。当然ながら，sein を使った存在構文がすべて haben を使った所有構文に書き換えられるわけではない。存在構文の場合は存在場所（X）と存在物（Y）のどちらも有情性の制限はない。「うちに客がいる」は，Bei uns ist ein Gast. と Wir haben einen Gast. の両方で表される。これに対して，所有構文においては，無情物の主語（X）の実現には大きな制限がかかっている。「私の部屋に私の兄がいる」という事柄は存在構文でしか表されない。

---

[3] es gibt 構文については，本書の湯淺英男「非人称存在文のコミュニケーション的機能について——„Es gab eine Zeit, wo ..."などの構文をめぐって——」で詳しく論じられている。

(6) a. In meinem Zimmer ist mein Bruder.
　　b. *Mein Zimmer hat meinen Bruder.

　これに対して，たとえ，存在物（Y）が有情物でも無情物の主語（X）と共起する場合もある。

(7) a. In der Stadt sind 5000 Einwohner.　　その町には5千人の住人がいる。
　　b. Die Stadt hat 5000 Einwohner.　　　その町は5千人の住人を持つ。

　(6)と(7)の違いは，存在物（Y）が存在場所（X）を構成するものかどうか，つまり，〈全体－部分関係（Teil-von-Relation）〉が成り立つかどうかによる。「私の兄」は「私の部屋」を構成するものとは見なされないが，「住民」は，「町」の構成要素である。これは，次の例でも確認できる。

(8) a. Der Kühlschrank hat einen starken Motor.
　　　　この冷蔵庫は強力なモーターを持っている。
　　b. *?Der Kühlschrank hat noch zwei Flaschen Bier.
　　　　この冷蔵庫はまだビールを2本持っている。

　(8)aにおいて，強力なモーターは冷蔵庫の構成物であるが，(8)bのビール瓶は冷蔵庫の構成物として見なされないので，この文の容認度は非常に低くなる。構成物かどうかは，実のところ，それが主語の特徴付けに寄与するかどうかという問題である。たとえば，同じ「部屋」を主語にした文でもインフォーマントテストによると容認度が異なる例がある。

(9) a. Das Zimmer hat ein großes Fenster.　　その部屋には大きな窓がある。
　　b. ??Das Zimmer hat ein Bild.　　　　　その部屋には1枚の絵がある。
　　c. Das Zimmer hat ein Bild von Picasso.　その部屋にはピカソの絵がある。

　(9)aにおいて，「大きな窓がある」ことはその部屋の特徴付けに寄与するが，bのように「絵」は特徴付けには弱く，その部屋の構成物だとは見なされない。それに対して，cのように「ピカソの絵」ならば，部屋の特徴としては十分機能し，文の容認度は上がる。
　このように，無情物が主語の所有構文は，単なる所有というよりも，〈全体－部分関係〉がある「所属関係」を表すと言える。これは，有情物が主語の所有構文には見られない制約である。人間が主語の場合は，親族関係（Ich habe einen Bruder. 私には兄がいる。），社会関係（Er hat eine Assistentin. 彼

にはアシスタントがいる。），所有関係（Ich habe einen Computer. 私はコンピューターを持っている。），全体－部分関係（Sie hat blaue Augen. 彼女は青い目をしている。）のいずれもが表される。Brinkmann（1971: 560ff.）が，„Das Subjekt von *haben* ist im Regelfall eine Person. Schon darin liegt, daß es sich um eine persönliche Sehweise handelt, die von der Sache her nicht gegeben zu sein braucht."「haben の主語はふつう人間である。ここにすでに人間のものの捉え方が表れている。事柄自体が決めるというわけではないのだ」と述べるように，haben を使った文は人間を中心とした見方が表されている。

3. 無情物を主語にする構文
3.1. 名詞句階層性

前節で見たように，haben を使った所有構文では，主語と目的語の間に〈全体—部分関係〉が見られる場合にだけ，無情物が主語になることができるという制限がある。一般に，名詞句が二つある場合にどちらがより主語として実現されるかは，Silverstein（1976）の「有生性の階層（Animacy Hierarchy）」として知られている。ここでは，それを改良した角田（1990：39 ff.）の「名詞句階層」のモデルを元にこれからの議論を進める。

(10) 角田による「シルバースティーンの名詞句階層」

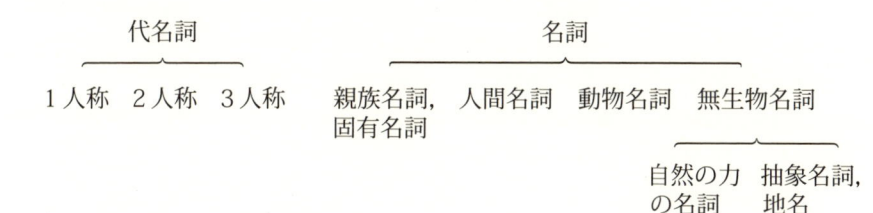

```
        代名詞                        名詞
   ┌─────────────┐    ┌──────────────────────────────┐
1人称  2人称  3人称   親族名詞，  人間名詞  動物名詞  無生物名詞
                    固有名詞
                                          ┌─────────────┐
                                          自然の力   抽象名詞，
                                          の名詞     地名
```

この階層性が示すのは，主語としての実現は，項の論理的な意味役割よりも，意味特徴が決定的であるということである。たとえば，

(11) a. 私は熊に襲われた。
　　 b. 熊が私を襲った。
(12) a. 私は熊を襲った。
　　 b. ??熊は私に襲われた。

という二組の文では，階層上，上位にある「私」を主語にしたaの文の方がより自然に感じられるという。とくに，階層上，下位にある「熊」を主語とした受動文(12)bは，非常に奇異である。

この階層性は傾向を示すもので，絶対的な規則を表すものではない。しかしながら，やはり，下位の項が主語になる文は有標であり，何らかの条件が課されることを予測させるだろう。所有構文の場合はそれが〈全体－部分関係〉だったわけであるが，所有構文に限らず，無情物が主語の文全体を観察したとき，どのような制限および条件が課されているかをこれから見ていくことにしよう。なお，以下，項が2つの文，典型的には，他動詞文を考察の対象とする。

3.2. 無情物主語構文

ドイツ語は，日本語に比べ，無情物の主語を持つ他動詞文が多く見られ，〈有情性〉は文の形成に関与的でないという印象を多くの人は持つかもしれない。しかしながら，Seino (1999:86ff.) が示すように，これらの文はいくつかのタイプに分かれ，それぞれに，その文を成り立たせる認知的枠組みがあることがわかる。まず，無情物は，多くの場合，メトニミー的に，その行為を行う人間を代表している。

(13) a. Der Richter/Der Betrieb/Das Gesetz berücksichtigt die Rentner.
　　　裁判官 / 企業 / 法律は，年金生活者を考慮する。
　　b. Der Redner/Der Staat/Dieser Gedanke stellt den Zusammenhang her.　講演者 / 国家 / この考えは，関連を明らかにする。
　　c. Der Polizist/Die Polizei/Die Diskussion klärt den Sachverhalt.
　　　警察官 / 警察 / 議論は，その事柄を明らかにする。
　　d. Der Junge/Das Regime/Die Kritik reizte ihn.
　　　その少年 / その政治体制 / その批判は，彼を苛つかせた。
　　e. Der Lehrer/Die Organisation/Die These vertritt unsere Meinung.
　　　その教師 / その組織 / そのテーゼは，私たちの意見を支持している。

これらの例を見ると，〈人間〉－〈人間の集合：組織〉－〈人間の生成物・行為〉が連続体を構成していることがよくわかる。(13)aでは，「年金生活者を考慮する」のは，「裁判官」という人間から，「企業」という組織，そして，「法律」という人間が作ったものへと拡張している。メンタルスペース理論の用語を借りれば，「法律」はTriggerとして，それを作った人間をTargetとして惹

起するのである。
　次は，文が〈状態変化〉を表す意味構造をもち，無情物の主語がその「原因」となっている場合である。このタイプの例は非常に多い。

(14) a. Das Erdbeben erschütterte die Stadt.　　地震が町を揺らした。
　　 b. Der Sturm hat die Bäume geknickt.　　　嵐で木々が折れた。
(15) a. Die Wärme dehnt das Metal aus.　　　　熱が金属を膨張させる。
　　 b. Ein Unfall beendete ihre Karriere.
　　　　ある事故が彼女のキャリアを終わらせた。
(16) a. Die Sonne hat die Straße schnell abgetrocknet.
　　　　太陽がその通りをすぐに乾かした。
　　 b. Die Tabletten haben die Schmerzen nicht gelindert.
　　　　錠剤は痛みを和らげはしなかった。

　無情物が主語の場合，名詞句の階層性から当然予想されるように，人間が目的語になる文は少ない。唯一の例外が，人間が心理的変化を被る対象として表現されている場合である。[4]

(17) a. Ihre Nähe beängstigte ihn.　　彼女のそばにいると，彼は不安になった。
　　 b. Seine Worte haben uns tief berührt.
　　　　彼の言葉は私たちを深く感動させた。
(18) a. Ein Schreck durchfährt ihn.　　驚きが彼の身体を貫く。
　　 b. Uns durchlief ein Grauen.　　私たちはぞっとした。

　この場合も無情物の主語は，その心理的な変化を引き起こす〈原因〉となっている。人間の目的語はそれにより非常に影響を受けている。つまり，無情物は，人間の拡張として捉えられる場合，もしくは，〈変化〉を引き起こす〈原因〉として捉えられるときに，他動詞文の主語になれるということである。このことから，他動詞文の主語はやはり人間を典型とする有情物が基本であり，その拡張と捉えられる限りにおいて無情物が許されると言える。それが完全に無情物と捉えられる場合は，目的語への影響度が一定の値を超え，他動性が確保されるときにその無情物の主語が容認される。主語の動作主性を補うように，目的語への影響度が高まるのである。

---

[4] これらの表現については本書の三宅洋子「ドイツ語の感情動詞における格枠組みの文意味機能について」で詳しく論じられている。

このことから次のように述べることができる。ある事象を他動詞構文で表現するためには，当然，主格の項と対格の項の間に一定の関係を想定しなければならない。典型的には主語が目的語に対して行為を行い，その結果，目的語が物理的に影響を受けるという因果関係が想定される。行為性を持つ〈有情物〉とくに〈人間〉が主格の場合は，結果性がなくとも行為性だけで他動詞構文は成立するが，〈無情物〉主語の場合は行為性が認められないので，結果性が認められる場合のみ因果関係が想定できるのである。

4. 身体部位に対する行為を表す文

無情物が主語のときに haben が使えるのは，〈全体－部分関係〉が主語と目的語の間に存在するからだということはすでに述べた。このことからもわかるように，〈全体－部分関係〉の存在は特殊な構文も可能にする。人間において，この関係が最も顕著に現れる構文は，身体部位に対する行為を表すものである。本節ではこの構文を観察していく。

他者の身体部位に対する行為を表す構文には，その働きかけのみを表す構文（Aタイプ）とそれが身体部位の状態変化までを含む構文（Bタイプ）があり，その二つの構文は規則的に使い分けられる。

(19) A. Er sieht dem Kind ins Auge.　　彼はその子の目を見る（覗き込む）。
　　　B. Er wäscht dem Kind die Hände.　彼はその子の手を洗う。

両タイプともに，身体部位の所有者はいわゆる「所有の与格」で表されている。この〈全体－部分関係〉は〈有情物〉しか持ち得ない。〈無情物〉の所有の与格は通常容認されない。

(20)　a.*Er sieht der Wand ins Loch.　彼は壁の穴を覗き込む。
　　　b.*Er wäscht dem Auto die Fensterscheibe.
　　　　　彼はその車の窓ガラスを洗う。

ある項が〈全体〉として機能するためには，その〈部分〉に与えられた行為にでも，それが〈全体〉に影響を受けることが認識されなければならない。池上（1993）は，これを「感じる主体（sentient）としての人間」として英語の例を観察している。これを踏まえた上で，(19)に挙げたAタイプとBタイプを観察してみよう。

Aタイプでは，「子供の目」は物理的には何らの影響をも受けないのに対

し，Bタイプでは，「子供の手」は状態変化の担い手として捉えられている。sehenには他動詞用法はもちろん存在するが，Bタイプで用いることは不可能である。

(21) *Er sieht dem Kind das Auge. 彼はその子の目を見る。

　つまり，Aタイプは「行為中心」，Bタイプは「結果中心」の意味構造を持つと規定できる。いずれのタイプでも〈有情物〉が〈全体－部分関係〉の担い手になっていることがこれらの構文を可能にしている。
　この現象はもちろん与格の出現の制約として説明することもできる。すなわち，身体部位の所有者が一定の限度以上に影響を受けないと与格としてコード化できないという説明である。Wegener（1985: 166ff.）は，Intensität（強度）とIntentionalität（意図性）という二つの尺度が与格の実現を可能にしていると述べている。しかしながら，Aタイプを構成する動詞が表す行為の強度はさまざまである。sehenのようになんらの影響をも与えない行為からschlagenのようにかなりの強度を持つものまでこのタイプで表現できる(22a)。さらに，schlagenほどの強度であれば，身体部位の所有者を対格でコード化することも可能になってくる。いわゆる「所有の対格」(Pertinenzakkusativ)である(22b)。

(22) a. Er schlägt dem Kind auf die Schulter.　彼はその子の肩を叩く。
　　　b. Er schlägt das Kind auf die Schulter.　彼はその子の肩を叩く。

　身体部位の所有者が対格で表れる構造は，ドイツ語の格枠組み（Kasusrahmen）としてはきわめて特殊である。一般に，「対格目的語＋方向規定句＋動詞」という格枠組みは，対格目的語が方向規定句の表す場所に移動させられることを表し，それは本来移動を表さない動詞の意味をも変容・拡張するものである。しかし，身体部位が関与する構文では，「所有の対格」は「移動の担い手」ではなく，被動作主である。これはschlagenのような接触・打撃動詞が，有情物は対格目的語にできるが，無情物はできないことと密接に関係している。

(23) a.　Er schlägt den Hund.　　　彼は犬を叩く。
　　　b.*Er schlägt den Tisch.　　　彼は机を叩く。
　　　c.　Er schlägt auf den Tisch.　彼は机を叩く。

　日本語で「犬を叩く」と「机を叩く」には統語的・意味的な違いが認めら

れないが，ドイツ語では，(23)a に対し，(23)b は非文である。無情物は，(23)c で示されるように方向規定句で表されなくてはならない。抽象的にいえば，schlagen（打つ・叩く）という動詞は，Schlag（打撃）がある方向に向けられることを表していると言えよう。これは，一般に接触・打撃動詞において認められる特性であり，Levin (1993) では英語の接触・打撃動詞について同様の観察が見られる。ただし，英語においては有情性の制限は認められないようである（cf. He hit the fence. / He hit at the fence. の両者が可能）。

　ドイツ語においては，無情物がこの種の動詞の対格目的語になるには，状態変化を被る対象にならなければならない。次の例文が示すように，いわゆる結果挙述の形容詞をつけ，動詞の意味を〈行為中心〉から〈結果中心〉へと変化させれば，無情物も対格になる。

(24) Er schlug den Tisch kaputt.　　彼はその机を叩いて壊した。

　有情物は，これに対し，たとえ状態変化を被らなくても，動詞が表す行為によって多大な影響を受けると見なされる。schlagen は，有情物には影響を与えるが，無情物にはさしたる変化を与えないという中間的な強度の行為だと捉えられるのだろう。これは，schlagen に ein- という前綴りをつけると，主語の行為性が強調されることになり，有情物も前置詞句で表されることからも言える。

(25) Der Mann schlug auf den Polizisten ein.　　その男は警官に殴りかかった。

　まとめると，身体部位に対する行為を表す構文では，有情性と〈全体－部分関係〉の相互作用により，ドイツ語の統語構造の中でも特殊な一群を形成しており，〈有情性〉が対格目的語の実現を決定する要因になる例が見られることを述べた。

5.　結　語

　以上の考察から，〈有情性〉はドイツ語においても格枠組みの決定においてある程度関与的であることがわかる。それはつきつめると，主語になる項は意志的に動作を行うものであり，対格目的語になる項は動詞の行為に影響を受けるものがなるのがプロトタイプであることに起因するのであろう。また，〈有情性〉を述べる際には，〈全体－部分関係〉が大きく関わることもわかった。本稿では３つの構文を取り上げたが，ドイツ語のすべての構文においてどの程

度〈有情性〉が関与的であるかという問題はまだ課題として残っている。

参考文献

池上嘉彦（1993）「〈有情の被動者としての人間〉の文法」Sophia University『Sophia Linguistica. Working Papers in Linguistics』33, 1-19.

ウェイリー，J. リンゼイ（2006）『言語類型論入門』岩波書店.

コムリー，バーナード（1992）『言語普遍性と言語類型論』第2版. ひつじ書房.

清野智昭（1992）:「ドイツ語における「人」と「物」——有生性と動作主性——」日本独文学会西日本支部『西日本ドイツ文学』4号, 25-35.

清野智昭（1998）:「ドイツ語の存在・所有構文について」日本独文学会西日本支部『西日本ドイツ文学』10号, 1-13.

角田太作（1990）『世界の言語と日本語』くろしお出版.

Brinkmann, H. (1971) *Die deutsche Sprache. Gestalt und Leistung*. Düsseldorf: Schwann.

Hopper, P. J. / Thompson, S. A. (1980) Transitivity in Grammar and Discourse. In: *Language* 56/2, 251-299.

Heine, B. (1997) Possession. Cognitive sources, forces, and grammaticalization. Cambrige University Press. (Cambrige Studies in Linguistics 83)

Seino, T. (1999) Transitive Sätze mit einem unbelebten Subjekt im Deutschen. In: Nitta, H. / Shigeto, M. / Wienold, G.: *Kontrastive Studien zur Beschreibung des Japanischen und des Deutschen*, 85-94. München: iudicium Verlag.

Seino, T. (2001) Semantische Kategorien — Semantische Merkmale. In: Shigeto, M. / Wienold, G. (Hgg.) *Kategorien der Sprachbeschreibungen in der heutigen Linguistik des Deutschen*, 41-57. （日本独文学会研究叢書001号）

Silverstein, M. (1976) Hierarchy of features and ergativity. In R.M.W. Dixon (ed.) Grammatical categories in Australian languages, 112-171. Canberra: Australian Institute of Aboriginal Studies, and New Jersey: Humanities Press.

Taylor, J. (1995) *Linguistic Categorization*. 2. edition. Oxford University Press.

Wegener, H. (1985) *Der Dativ im heutigen Deutsch*. Tübingen: Narr.

II 動詞と名詞：目的語の周辺
―― できごとの表し方 (1) ――

4. デキゴト名詞の創造性
―― 機能動詞構造の働き ――

納 谷 昌 宏

1. はじめに

　われわれ人間がわれわれの周りの世界（外界）を見るとき，通常モノを名詞として表現し，人間の動作やモノの運動を動詞として表現する。ところが本来動詞で表現されるべき動作や運動を，動詞ではなく名詞で表現することが可能である。たとえば今，「建築する」という意味の動詞 bauen を例にとって考えてみよう。

(1a)　Er baut das Haus.　　　彼は家を建てる。

　(1a) の動詞 bauen は「建てる」という意味であり，人間の行為を動詞で表現している。ところがこれを名詞として表現することも可能である。

(1b)　der Bau des Hauses　　　家の建築

　(1b) の名詞 Bau は「建築」という意味であり，人間の行為を名詞で表現している。つまり行為をあたかもモノであるかのように表現している。こうした名詞は動作名詞 (NA: Nomen Actionis)，あるいは簡単にデキゴト名詞と呼ばれる。さて現代ドイツ語には，このデキゴト名詞と文法的機能だけを担う動詞である機能動詞 (FV: Funktionsverb)[1] が結びついて，一つの動詞に相当する意味を表す表現形式がある。次の例を見てみよう。

(1c)　Das Haus ist im Bau.　　　その家は建築中である。

　(1c) の場合，デキゴト名詞が前置詞 in を介して機能動詞 sein（英：be) と結びつき，1つの動詞に相当する語彙単位を形成している。こうした表現形式は，機能動詞構造 (FVG：Funktionsverbgefüge) と呼ばれる。
　さて，この機能動詞構造は，一体何のために存在するのだろうか。どのような統語タイプがあるのだろうか。そしてそれらは，どのような表現機能を有し

---

[1]　こうした動詞は，英語学では軽動詞 (light verb) と呼ばれる。

ているのだろうか。こうした疑問に答えることが，本稿の目的である。機能動詞構造の研究[2]には，動作相，受動化，使役化，情報伝達における機能，文体など，様々な問題が絡んでいる。こうした問題についても新しい知見を提供できればと考えている。

2.　機能動詞構造のタイプ

　機能動詞構造には大きく分けて2つの統語タイプが認められる。動作名詞を対格目的語で表示するタイプと前置詞句で表示するタイプである。それぞれのタイプに属する例を示すが，それぞれ最初に (a) としてデキゴト名詞が派生された元の動詞，即ち基体動詞[3]（Grundverb）の例を挙げ，次に (b) としてそれに対応する機能動詞構造の例を示す。

2.1.　デキゴト名詞 (NA) を対格目的語で表示するタイプ

(2a)　Er kennt das Problem.　　　　　　彼はその問題を知っている。
(2b)　Er hat Kenntnis über das Problem.　彼はその問題に関する知識がある。

　(2a) の基体動詞による表現では動詞 kennen（知っている）が用いられているが，(2b) の機能動詞構造による表現では機能動詞 haben（英：*have*）が用いられ，動詞 kennen が名詞化したデキゴト名詞 Kenntnis（知識）が対格で表示されている。こうした対格タイプの機能動詞構造を形成する機能動詞には，machen（＜する），führen（＜運ぶ），leisten（＜果たす），geben（＜与える），nehmen（＜取る），haben（＜持っている），finden（＜見つける）などがある。[4]

2.2.　デキゴト名詞 (NA) を前置詞句で表示するタイプ

(3a)　Das Auto steht still.　　　　　　車が止まっている。
(3b)　Das Auto kommt zum Stillstand.　車が停車するに至る。

---

[2]　FVG に関する先行研究については，Helbig (1979) を参照のこと。
[3]　影山・由本 (1997) における用語である。動詞の元の形という一般的な意味で「基礎動詞」という用語がよく用いられるが，本稿では特に語形成の際の元の動詞を意味する「基体動詞」という用語を用いる。
[4]　ここで示した動詞の日本語訳は，機能動詞の意味ではなく，動詞本来の意味である。機能動詞になると，文法化により，この動詞の意味が希薄化する。

(3a) の基体動詞による表現では動詞 stillstehen（停止している）が用いられているが，(3b) の機能動詞構造による表現では機能動詞 kommen が用いられ，動詞 stillstehen が名詞化したデキゴト名詞 Stillstand（停止）が zu 前置詞句で表示されている。こうした前置詞句タイプの機能動詞構造を形成する機能動詞には，kommen（＜来る），gelangen（＜達する），gehen（＜行く），bringen（＜持ってくる），setzen（＜据える），stellen（＜立てる），stehen（＜立ててある），sein などがある。なお，前置詞句タイプで用いられる前置詞の多くは zu か in である。

3. 機能動詞構造の表現機能

　機能動詞構造には大きく3つの表現機能がある。動作相 (Aktionsart) の表出，情報伝達における機能，そして結合価 (Valenz) に関する機能である。順次，これらの表現機能を見ていこう。

3.1. 動作相 (Aktionsart) の表出

(4a)　Das Gespräch fließt.　　　　　　会話が流れるように続く。
(4b)　Das Gespräch ist im Fluss.　　　会話が流れるように続いている。

　(4a) の基体動詞による表現に比べて (4b) の機能動詞構造による表現では，継続相 (durativ) の動作相が表されている。英語のような，形態として現在進行形を持たないドイツ語では，(4b) の場合のように機能動詞構造が現在進行中であることを示す機能を担うことが出来るのである。

(5a)　Der Zug bewegt sich.　　　　　　その列車が動く。
(5b)　Der Zug kommt in Bewegung.　　その列車が動き出すに至る。

　(5a) の基体動詞による表現に比べて，(5b) の機能動詞構造による表現では，デキゴトが起こるまでの経過が表されている。つまり「列車が動く」という事実が述べられるだけではなく，列車が停止していた状態から動き始めるまでの経緯が表される。こうした動作相は始動相 (inchoativ) と呼ばれる。

(6a)　Sein Wunsch erfüllt sich.　　　　彼の希望がかなう。
(6b)　Sein Wunsch geht in Erfüllung.　彼の希望が成就するに至る。

　(6a) の基体動詞による表現に比べて，(6b) の機能動詞構造による表現では，

「希望がかなう」という事実が述べられるだけではなく,「希望がかなった状態」へ至るまでの経緯が表されている。これにより,希望がかなうまでにさまざまな紆余曲折があったことが暗示される。こうしたある状態へ至るまでの経緯が表される動作相は,終動相 (egressiv) と呼ばれる。

以上,機能動詞構造によって表される動作相[5]について述べた。こうした動作相は,例に示したように主に前置詞句タイプの機能動詞構造によって表される。そもそも前置詞は空間的な位置関係を示すものであるが,しばしば時間的な意味に転用される。それがさらに様態の意味に転用されることもある。機能動詞構造の場合,機能動詞と前置詞の組み合わせによって表される空間表現が,様態表現に転用された典型的な例である。こうした意味的転用の働きにより,動作相が表されるのである。

3.2. 情報伝達における機能

(7a) Er antwortet ihr bei der Versammlung höflich.
　　　彼は会議で彼女に丁寧に答える。
(7b) Er gibt ihr bei der Versammlung höflich eine Antwort.
　　　彼は会議で彼女に丁寧な返答をする。

(7a) の基体動詞による表現に比べて,(7b) の機能動詞構造による表現では,「答える」という主語の動作が強調されている。これは「答える」を意味する動詞 antworten が名詞化し,「返答」を意味するデキゴト名詞 Antwort が文末に置かれていることによる。そもそも文末に置かれた文成分は,文の聞き手にとって最後に耳に入る語であり,印象に残り易い。そういう意味では伝達的価値の最も高い位置であると言えよう。ドイツ語はこうした伝達上の機能を有効に利用する言語であり,重要な語が文末に置かれる。[6] この伝達上重要な位置にデキゴト名詞が置かれると,主語の動作が強調され,有効なコミュニケーション的効果が発揮されることになる。

次は前置詞句タイプの例である。

(8a) Die Polizei verbindet ihn mit dem Verbrechen.
　　　警察は彼とその犯罪を結びつける。

---

[5] 動作相の中に使役相 (causativ) を含める場合もある。Flämig W. / Heidolph K.E. / Motsch W. (1981) *Grundzüge einer deutschen Grammatik* を参照。
[6] この原理は,ドイツ語の枠構造において端的に見られる。

(8b) Die Polizei bringt ihn mit dem Verbrechen in Verbindung.
   警察は彼とその犯罪とを関係づける。

　(8a)の基体動詞による表現に比べて，(8b)の機能動詞構造による表現では，「結びつける」を意味する動詞 verbinden が名詞化し，「関係」を意味するデキゴト名詞 Verbindung が前置詞句として文末に置かれている。伝達的価値が高い文末の位置にデキゴト名詞 Verbindung「関係」が置かれると，デキゴト名詞が表す意味が強調されることになる。この場合は「関係」という状態である。文体的効果（意味の強調），伝達的効果は，このようにして生み出されるのである。

　近年の言語学研究において，情報伝達（コミュニケーション）に関する研究が進展するとともに，機能動詞構造の情報伝達上の機能が注目されている。こうした情報伝達の観点からの機能動詞構造研究が，一層進むことが期待される。

3.3. 結合価 (Valenz) に関する機能

　機能動詞構造には，基体動詞の結合価を変化させる働きがある。ドイツ語の動詞は，文の生成において取るべき文成分の数と種類が決まっており，これを結合価と呼ぶ。機能動詞構造には，基体動詞の結合価を増加させる場合（使役化）と減少させる場合（受動化）の2つの場合がある。順次，それらの例を見ていこう。

　次の (9a) の基体動詞による表現の主格主語 Marie は，(9b) の機能動詞構造による表現では対格目的語で表示され，新たな項 der Lehrer（先生）が主格主語で表示されている。項の追加が起こり，価数が1価から2価へと増加している。必須成分の増加により，使役化が起こっているのである。

(9a) Marie singt.　　　　　　　　　　主格−V
   マリーが歌う。
(9b) Der Lehrer bringt Marie zum Singen.　　主格−FVG−対格
   先生はマリーに歌わせる。

　ドイツ語の使役表現を作る手段として，一般に助動詞 lassen（英：*let*）が用いられるのは周知の通りである。次の (9c) は lassen を用いた使役文である。

(9c) Der Lehrer lässt Marie singen.
   先生はマリーに歌わせる / 歌うのを許す。

(9b) の機能動詞構造による表現は，マリーの意思に背いて無理やり歌わせるという意味である。これに対して，(9c) の助動詞 lassen による表現は，強制の意味のほか，許可の意味をも有している。つまりマリーに歌いたいという意思があり，先生がそれを許可し自由に歌わせるという意味にとることも可能である。このように助動詞 lassen による使役文は，強制と許可という2つの意味[7]があるのに対して，機能動詞構造による使役文は，行為の強制という意味しかなく，意味が一義的に定まるという点で，lassen 文とは異なるのである。では次に，受動化の例を見ていこう。

(10a) Hans führt den Plan aus.　　　　　主格―V―対格
　　　　ハンスは計画を実行する。
(10b) Der Plan kommt zur Ausführung.　　主格―FVG
　　　　計画が実現に至る。

(10a) の基体動詞 ausführen（実行する）は，主格主語 Hans と対格目的語 den Plan（計画）を取る2価の動詞である。ところがこの対格目的語 den Plan は，(10b) の機能動詞構造文において主格主語 der Plan として実現しており，項の転換が起こっている。つまり2価から1価へと価数が減少し，受動化が起こっているのである。さてドイツ語の動作受動は，一般に助動詞 werden と過去分詞の組み合わせによって作られる。次の (10c) は助動詞 werden を用いた受動文である。

(10c) Der Plan wird ausgeführt.　　計画が実行される。

(10c) はあくまでそれが受動文であるがゆえに，動作主の存在が暗に示された文となっている。このことは動作主を示す von Hans（ハンスによって）を文に添加することが可能であることからも見て取れる。ところが (10b) の機能動詞構造による表現では，動作主を示す句の添加は不可能である。機能動詞 kommen は自動詞であり，そもそも動作主の存在を示さない表現なのである。このように機能動詞構造による受動表現は，動作主の存在を完全に消去するという点で，同じく動作主の存在を消すことの出来る再帰表現などと同様，独自の表現価値を有しているのである。
　以上，使役化と受動化に相当する例を見た。こうした結合価を変える働きは，主に前置詞句タイプの機能動詞構造が中心である。基体動詞が自動詞である場

---

[7] 強制と許可の違いは，前後の文脈に依存する。

合，機能動詞 bringen, setzen, stellen などによって使役化され，他動詞である場合，機能動詞 kommen, gelangen などによって受動化される。なお，他動詞が使役化される機能動詞構造の例は存在しない。[8] 機能動詞構造は慣用句的な性格を有する表現形式であり，担うことが出来る情報量に限度があると考えられるからである。

4. おわりに

　本稿では，デキゴト名詞と機能動詞が結びついた機能動詞構造に2つの統語タイプがある事について述べ，さらにそれぞれのタイプについて，継続相や始動相，終動相などの動作相の表出，情報伝達におけるコミュニケーション的効果，そして使役化や受動化など結合価に関する表現機能がある事について述べた。今後の課題は，こうした表現機能をコーパス分析の中で確認し，精密化を図ることであろう。動詞の名詞化が生み出す創造性は，さまざまな表現機能を生み出し，言語表現を豊かなものにしてくれる。その典型とも言える機能動詞構造は，人間の思考の柔軟性を反映した創造性豊かな表現形式に他ならない。今後さらに機能動詞構造の研究が進み，人間の言語能力の一端が解明されれば幸いである。

参考文献

影山太郎（1996）『動詞意味論：言語と認知の接点』くろしお出版．
影山太郎・由本陽子（1997）『語形成と概念構造』（日英語比較選書8）研究社．
影山太郎（1999）『形態論と意味』（英語学演習シリーズ2）くろしお出版．
影山太郎編（2001）『日英対照 動詞の意味と構文』大修館．
在間　進（1992）『詳解 ドイツ語文法』大修館書店．
納谷昌宏（1993）「機能動詞構造の生成メカニズム」日本独文学会『ドイツ文学』第90号，129-139.
Engel, U. / Schumacher, H. (1976) *Kleines Valenzlexikon deutscher Verben. Forschungsbericht des Instituts für deutsche Sprache 31*. Tübingen: Gunther Narr.
Flämig W. / Heidolph K. E. / Motsch W. u. a. (1981) *Grundzüge einer deutschen Grammatik*. Berlin: Akademie Verlag.
Helbig, G. (1979) Problem der Beschreibung von Funktionsverbgefügen im Deutschen. In:

8　たとえば *Er bringt Hans zur Ausführung des Plans.（彼はハンスにその計画を実行させる）機能動詞構造の生成の可否について詳しくは，納谷 (1993) を参照のこと。

Deutsch als Fremdsprache, 16, 273-286.

Herritz, W. (1973) *Funktionsverbgefüge vom Typ „in Erfahrung bringen"* (Linguistische Arbeiten 1). Tübingen: Niemeyer.

Popadi, H. (1971) *Untersuchungen zur Frage der Nominalisierung des Verbalausdrucks im heutigen Deutsch* (Forschungsbericht des Instituts für deutsche Sprache 9). Tübingen: Gunther Narr.

Sommerfeldt, K. E. (1980) Zur Valenz von Funktionsverbgefügen. In: *Deutsch als Fremdsprache* 17, 294-297.

Sommerfeldt, K. E. / Schreiber H. (1983) *Wörterbuch zur Valenz und Distribution der Substantive*. Leipzig: Bibliographisches Institut.

5. 同族目的語の特性とその構文的機能について[*]

島　憲男

1. 考察対象の設定

　本稿では，いわゆる**同族目的語** (kognates Objekt) と呼ばれる，(1) のようなドイツ語の対格名詞を考察の対象として，その意味的・統語的特性と文中での役割を解明することを試みる。

(1) a.　Er lebt *ein trauriges Leben*.　　　彼は悲しい人生を送っている。[1]
　　b.　Sie kämpft *einen schweren Kampf*.　彼女は激しい戦いを戦っている。
　　c.　Du hast *einen temperamentvollen Tanz* getanzt.
　　　　君は情熱的な踊りを踊った。

　当該の文肢を本稿では Bußmann（2002: 350）に依拠して「動詞と語源的に関連を持つ対格目的語」と狭義に規定する。そしてこの同族目的語が生起している統語環境を**同族目的語構文**と呼び，最も典型的な同族目的語構文の実現形として，「主語＋自動詞＋不定冠詞＋形容詞＋同族目的語」の形式を考える。[2] 但し，本稿での定義には直接当てはまらないが，他言語の同族目的語研究でもしばしば取り上げられている *einen ... Tod sterben* の組み合わせには例外的に言及していく。[3]

---

[*] 本論は島 (2006) の論考に基づき，一部加筆・修正したものである。その際，対象言語としてドイツ語に焦点をあて，他の言語の記述は大幅に縮小した。

[1] 本稿では，「広く言語・文法に関心のあるドイツ語専攻以外の読者も想定している出版物」との編集方針に従って，コーパスから採取したものも含めて全ての例文に和訳をつけているが，直訳が不自然な場合は原則として意訳してあるため，日本語訳からは「同族目的語構文」と見えにくくなっているものがある。

[2] この定義に従って，例えば Sie tanzten *einen Walzer*.（彼らはワルツを踊った。）のような例文は，今回の考察対象とはしない。

[3] sterben は，一般的に非対格動詞 (unakkusatives Verb) とされ，完了の助動詞に *sein* を選択する。同族目的語を伴う自動詞は，非能格動詞 (unergative Verben) と考えられているため，この組み合わせは動詞と名詞の語源的関連の問題に加えて，自動詞の二分類の問題にも関係するが，本稿ではこの点には立ち入らない。

2. ドイツ語の同族目的語構文の諸特性

同族目的語が生起する際の格形式を**第一の特性**としてまず考えてみたい。先行研究の記述から，同族目的語が対格で文中に生起するものであることは明示的に読み取ることができる。しかしマンハイムにあるドイツ語研究所 (IdS) のコーパスを使って実際に調べてみると，対格での表示以外にも (2) が示すように属格で表示された同族目的語構文の例も見つかった。

(2) ..., Sigurd Marcus, *starb* im November 1995 nicht *eines natürlichen Todes*. …すなわちズィーグルト・マルクスは1995年11月，自然死したのではなかった。(Mannheimer Morgen, 06.03.1996)[4]

今回のコーパス分析の結果だけから暫定的な判断をした場合，属格で表示される同族目的語の例は Tod と sterben の組み合わせに限られている。[5]

次に，先行研究が指摘する同族目的語の特性としては，(3) に見られるように，同族目的語を含む名詞句全体が**様態の副詞類**で書き換えられることが挙げられる (Schwickert 1984: 42)。

(3) Er schläft einen tiefen Schlaf.　　彼は深い眠りについている。
　　= Er schläft tief.　　　　　　　　彼は深く眠っている。

ここでは，同族目的語は通常の対格目的語と異なり，意味的・統語的に文中での自立性・独立性に乏しく，実質的には動詞の修飾要素としての機能しか持っていないといった暗黙の了解がある。たしかにこれらの文では，意味の焦点[6]が当該の名詞句全体ではなく，同族目的語の修飾要素のみに置かれていると考えることができる（**第二の特性**）。例えば上記 (2) の例文がよく示しているように，この文では，ズィーグルト・マルクスの死亡 (Todes) が否定されているのではなく，その死亡が「自然なものであった (natürlichen)」という点

---

[4] コーパスからの例文中で動詞と目的語部分のイタリック体は筆者による。

[5] このことは Grimm/Grimm (1941/1999) の辞書にも既に記述されており，対格の場合は，内的目的語として動詞を「より詳しく規定している (mit näherer bestimmung [sic])」が，属格の形式は中高ドイツ語の「道具的・使役的属格 (mit instrumental-kausativem gen.)」であるという。また sterben と共に属格で生起する名詞は今日では生産性を欠く，古めかしい感じのする表現ではあるが，中高ドイツ語では *hungers/durstes sterben* のような類例も存在するという。

[6] ここでいう「焦点 (Fokus)」とは，文の情報構造の中心をなすもので，Bußmann (2002: 218) の定義に従っている。

が否定されている。従って，この文が発話される際に想起される文脈は「自然死ではない」ことを表現するもので，sondern 以下で示されるような訂正部分が暗黙の了解となっていると考えられる。実際，次の (4) の例文では暗黙の了解部分を言語化し，一文の中で実際の死亡過程を「自然死ではなく，残酷な方法で命を落とした」と補正している。

(4) Doch der gerade 50 Jahre alte Ehemann *starb keines natürlichen Todes,* sondern kam auf äußerst brutale Weise ums Leben: ...
しかし，50歳の夫は自然死を迎えたのではなく，非常に残虐な死をとげたのだった。
(Mannheimer Morgen, 12.12.1998)

さらに，この「名詞句全体ではなく，形容詞が焦点となる」という特性は，当然の帰結として疑問詞の選択にも大きく関与してくる。つまり当該名詞句が疑問の焦点になれないことによる，疑問詞 was による「名詞句全体の疑問化」は不可能で，was für や welch- による「修飾部を疑問の焦点とする疑問文」のみが可能となる。

(5) a. *Was starb Johann? ヨハンは何を死んだの？

b. Was für einen Tod starb Johann?
ヨハンはどのような死を迎えたの？ (Jones 1988: 103)

c. Ich kann es nicht verstehen, *was* diese alten Männer *für einen Kampf kämpfen.* この年老いた男たちがどんな類いの戦いをするのか私には理解できない。(Züricher Tagesanzeiger, 26.01.2000)

しかし，ここで注意を要するのは，多くの先行研究で指摘・強調されているこの第二の特性である「様態の副詞類への書き換え」が全ての同族目的語の場合に可能であるわけではないという点である。(6a) は daß hier schön gespielt, böse geträumt wird のように書き換えることはできない一方，形容詞の代わりに関係文 (6b) や属格名詞句 (6c)，前置詞句 (6d) といった他の文法手段による修飾方法も確認されている。

(6) a. ..., daß hier *ein schönes Spiel gespielt, ein böser Traum geträumt wird.* ここでは素晴らしいゲームがされ，悪い夢が見られていること… (Die Zeit, 23.08.1985, S.40)

b. Zwar ist Lotto heute *ein europäisches Spiel,* das von Dänemark

bis Portugal *gespielt wird.*
確かに今日では（数合わせ）くじは，デンマークからポルトガルに至るまでおこなわれているヨーロッパのゲームだ。(Mannheimer Morgen, 03.07.1989)

c. Das Trio der Hauptamtlichen scheint *den Traum* der Groß-stadtmetropole Oberursel zu *träumen,* ...
官庁の三人組は巨大都市としてのオーバーウルゼルを夢見ているようだ。
(Frankfurter Rundschau, 20.10.1999)

d. ... Deutschland ... muß unter Aufbietung aller Kräfte *den Kampf* um seine nationale Existenz *kämpfen.*
…ドイツは…総力を結集して自国の存亡をかけた戦いを戦わなければならない。(BZK/D49.01010, ND 09.11.49)

　筆者は，むしろ様態の副詞類での書き換えが不可能な同族目的語構文の存在こそ大いに注目に値すると考えている。というのは，同族目的語構文がたとえ周辺的な言語現象であるとしても，ドイツ語文法の中に存在している以上，その存在意義は様態の副詞類で書き換えが可能な部分にではなく，様態の副詞類を始めとして他の言語手段では表現できない部分にあると考えるからである。つまり同族目的語構文で重要なのは，様態の副詞への書き換え可能性でも統語形式としての形容詞でもなく，むしろ統語的には多様な形式を許すほど柔軟な，意味の焦点となる「修飾要素」の存在であると言えるのではないだろうか。英語の同族目的語構文を分析した先行研究では，同族目的語に付属する修飾要素が義務的か否かで研究者の意見が分かれているが，筆者は同族目的語に付属する修飾要素は義務的であると考えている（**第三の特性**）。動詞と同語源の名詞が単に不定の対格目的語として構文中に繰り返されるだけであれば，意味論的にも情報構造の点からも余剰的な表現と言わざるを得ないであろう。またそれ以上に，構文中で焦点が置かれる修飾要素こそ言語機能的にみると同族目的語構文を成立させる重要な要素の1つであると考えるからである。この点では，ドイツ語の同族目的語構文においても Schwickert (1984: 33) のように当該名詞句内の修飾要素は義務的であるとする先行研究が多い。
　同族目的語として生起している名詞句を代名詞に置き換えた例は，先行研究でもほとんど触れられておらず，通常の対格目的語と比較した場合，言語現象として同族目的語構文の周辺性と文中で担う意味的・統語的自立性・独立性の乏しさが改めて感じられる（**代名詞化の特性**）。この点に関して同族目的語構文は機能動詞構文と類似性を持っていると考えられる。すなわち，以下の例文

が示すように，前置詞を伴った機能動詞構文の中に生起する名詞も代名詞に置き換えることはできない (Duden 2005: 425)。

(7) a. Mein neues Drama kam letzte Woche zur Aufführung.
　　　私の新しい戯曲が先週上演された。
　　b. *Wann kommt Ihr Drama *dazu/ zu ihr*?
　　　いつあなたの戯曲はそう / そのようになりましたか？

　この**第四の特性**である代名詞化の特性については，同族目的語が典型的には不定冠詞を伴う不定性名詞句の中に生起すること（以下**第五の特性**）と関連し，定性の名詞句あるいは定性の名詞を指示する代名詞表現とは馴染まないためと考えられるが，実際には Schwickert (1984: 40) に (8a) のような例が報告されている。コーパスによる検索でも他に 2 例が見つかった。

(8) a. Letzte Woche erst hat Bob Beamon einen neuen Rekordsprung gesprungen. Heute hat Carl Lewis ***ihn*** auch *gesprungen*.
　　　つい先週ボブ・ビーモンが新記録となるジャンプを跳んだ。そして今日はカール・ルイスも新記録ジャンプを跳んだ。(Schwickert 1984: 40，太字は筆者)
　　b. „Begreifen die Menschen jemals das Leben, während sie *es leben*?"
　　　人間とは（それを）生きている間にいつか人生を理解するのだろうか？
　　　(Mannheimer Morgen, 10.06.1996)
　　c. „Wir können unser Leben nur rückwärts verstehen, aber *leben* müssen wir *es* vorwärts". 我々は自分達の人生を（昔を）振り返って理解することはできるが，それを生きる時には前向きに生きていかなければならない。
　　　(Mannheimer Morgen, 15.09.1998)

　先行研究では，同族目的語を含む名詞句は不定冠詞か，主語としてコードされている指示物を指す所有代名詞を伴うかのどちらかであるとされていること（**第五の特性**）が多いが，実際のデータには定冠詞類を伴うもの (9a) や複数形として生起するもの (9b) の存在も決して少なくはない。

(9) a. In den Zeiten des Wirtschaftsbooms *starben* vermutlich mehr als 10000 Japaner pro Jahr *diesen „Karoshi"-Tod* durch Überarbeitung.
　　　経済成長が著しい時代には，おそらく年間一万人以上の日本人が働き過ぎでこの「過労死」で亡くなったことだろう。(Mannheimer Morgen, 11.11.1994)

b. Ihm gelangen im Final der besten zwölf gleich zwei starke Durchgänge, in denen er *hohe Sprünge* fehlerfrei *sprang.*
　　彼は，上位12人でおこなう決勝で2回の力強いトライに直ちに成功した。［複数回の］高いジャンプをノーミスで跳んだのだ。(Züricher Tagesanzeiger, 20.12.1999)

　同族目的語として生起する名詞は，構文中で名詞としての統語的・意味的機能を完全に喪失しているのではなく，制限されてはいるものの，名詞としての機能を残存させている（あるいは逆に名詞としての機能を一部復活させている）ものも存在していると考えられ，通常の対格目的語との連続性を読み取ることが可能であろう。先述した機能動詞構文との関連では，機能動詞構文中の名詞は冠詞類を選択できないため（例文10参照），この点では同族目的語構文とは異なり，冠詞類選択性の自由度に関して「機能動詞構文中の名詞＜同族目的語構文中の名詞＜通常の名詞」のような連続性が想起される。

(10) a. *Ihre Dramen kommen zu *jeder* Aufführung.
　　　あなたの戯曲はそれぞれ上演された。(Duden 2005: 425)
　　b. *Das neue Drama kam dennoch zu *dieser* Aufführung.
　　　しかしながら新作の戯曲はこのように上演された。(ibd.)

　多くの先行研究では，(11)に見られるように同族目的語構文は受動文にならないとしている（**第六の特性**）。しかし，(12)に見られるように，数は少ないが受動文中に生起する同族目的語が存在することを報告している先行研究もあり，実際にコーパスで検索したところ(6a, b)や(13)のような実例もある程度確認された。同族目的語構文の受動化を可能にするメカニズムについては今後慎重に考察をすすめていく必要があるが，一部は「修飾要素に構文中の焦点が置かれる」という第二の特性との関連で説明することが可能なものもある。つまり，(11)は，構文上焦点を持つべきmildをトピックの位置に移動させることになるために受動化できず，(13a)はheldenhaftが先行文の焦点にあり，関係文による情報も付け加わっているために受動化が可能になっていると考えられる。

(11) *Ein milder Tod wurde von Johann gestorben.
　　安らかな死がヨハンによって死なれた。(Jones 1988: 103)

(12) a. Wenn wieder ein Rekordsprung gesprungen wird, ...
　　　もし再び記録的なジャンプが跳ばれたら…　(Schwickert 1984: 38)

  b. Wenn der letzte Kampf gekämpft ist, ...
    もし最後の戦いが戦われたら… (ibd.)

  c. Der Traum war so schön geträumt.
    その夢はとても美しく夢見られた。(Zifonun et al. 1997: 1086)

(13) a. Der Ausstieg ist *ein heldenhafter Kampf,* der täglich *gekämpft werden* muss. 撤退とは，日々戦われねばならぬ勇猛な戦いである。(Züricher Tagesanzeiger, 27.11.1996)

  b. Aber *der Traum* vom nationalen Wiederaufbau *wird* meist nur von den Eliten *geträumt.* しかし国家再興の夢はたいていエリートたちだけに夢見られる。(Frankfurter Rundschau, 07.07.1997)

　以上，ドイツ語の同族目的語および同族目的語構文の特性を**6項目**に渡って概観したが，同族目的語が文中で動詞に支配された義務的要素・必須要素である補足語／項としての資格を持っているのか，それともむしろ自由な要素である添加語／付加詞として生起しているのか，一義的に決めにくい状況である（Duden 2005: 823 も参照）。従来の研究成果からは，第一の特性である同族目的語の生起形式が対格になる点以外では，同族目的語は動詞を修飾する働きしか持たず，同族目的語を含む名詞句は疑問の焦点にもなれず（第二の特性），修飾語の生起が義務的で（第三の特性），代名詞化も受動化もされない（第四・六の特性）ような不定名詞句（第五の特性）であり，通常の対格目的語と比較した場合，文中での独立性・自立性は著しく乏しいため，むしろ添加語／付加詞的文肢であると結論付けたい誘惑にかられる。実際，多くの先行研究はそのような方向で分析をしているが，比較的最近の研究成果や今回のコーパス分析では，副詞的な表現への書き換えが不可能な例や，修飾語句を伴わない同族目的語，定冠詞を伴っているものや複数形として生起しているもの，そして代名詞化や受動化を許すものも報告・観察されており，[7] 同族目的語が補足語／項としての機能をどの程度持ち続けているかは一概に結論付けられない。

　今回見つかった例文には，従来の考え方への反証となるものもあるが，他言語では同族目的語が文中で果たす機能はドイツ語の場合より遥かに多様[8]である。例えば，Mittwoch (1998: 313) によれば，ヘブライ語は同族目的語構文を幅広く活用する言語であるという。同族目的語が生起可能な動詞類は，ドイツ

---

[7] 詳細は Shima (2003a) 参照。
[8] 詳細は島 (2006) 参照。

語の場合のように非能格動詞のみと限定的なものではなく，非能格動詞・非対格動詞・心理動詞・他動詞・形容詞述語文などと非常に多岐に渡っている。この言語事実のもとで Pereltsvaig (1998, 2002) は先行研究で既に指摘されている同族目的語の諸特性を調べていった結果，ヘブライ語では二種類の同族目的語構文を区別する必要があるという結論に至った。すなわち「項としての同族目的語」と「付加詞としての同族目的語」との区別で，前者は例えば受動化が可能なのに対し，後者は不可能であるという。さらに興味深い指摘は，前者は目的語と，後者は副詞と等位接続することは可能だが，副詞と前者を等位接続することはできないという結果で，同族目的語の種類に応じて等位構造を結べる要素に差があることである (Pereltsvaig 2002: 114)。このような観察・分析が正しいとすると，[9] 自然言語の中には性質の異なる 2 種類の同族目的語構文を同時に有する言語があることになり，従来のドイツ語学や英語学での二者択一の議論に加えて，第三の可能性である二者共存が有意味な可能性として生じたことになろう。ドイツ語でも二種類の同族目的語が共存している可能性は言下に否定できないが，この点についてはさらなる検証が必要である。本稿では，ヘブライ語を始めとする他言語が幅の広い動詞類と共に同族目的語構文を使うのに対して，ドイツ語では主として一部の自動詞に集中している点に注目し，そもそもドイツ語の同族目的語は自動詞文中でどのような機能を果たしているのかを次に考察してみたい。

3. ドイツ語同族目的語の構文中での役割

他動性 (Transitivität) とは，文中の動詞とそれの依存要素との間に見られる関係で，文の文法関係を分析する際の重要なカテゴリーのひとつである。「他動的」と「自動的」の二分法が一般的だが，この捉え方の背後には，これらが離接的で，公理的な概念であるとする伝統的な考え方が存在する。このような考え方に対し Hopper/Thompson (1980) は他動性を 10 種の成分の複合体と見なした。これら 10 種の成分は，同時に他動性のパラメータとしても機能し，他動性が高いとされるパラメータ値を数多く持つ文が相対的にそれだけ高い他動性を持つと考えられている。同族目的語構文では，同族目的語の有無によって他動性のパラメータ値が影響されないものもいくつかあるため，Hopper/Thompson (1980: 252) の挙げた 10 種類のパラメータの中で実際に検

---

[9] Pereltsvaig (1998: 539-549) によれば，ヘブライ語での観察は，基本的にはロシア語，ベトナム語，エド語の同族目的語にも当てはまると言う。

討が必要となるのはA（参与文肢数），C（アスペクト），J（目的語の個別性），I（目的語の被動性）の4項目のみとなる。

　パラメータA（参与文肢数），J（目的語の個別性）については，意味的には動詞に内包されている名詞であっても，同族目的語として統語的な実現形を有して個別に文中に出現している点，先の例文(12)(13)で状況によっては受動化が一部可能である点などから，どちらについても**同族目的語の生起している文の方が同族目的語の生起していない文よりも相対的に他動性が高い**と判断できる。パラメータI（目的語の被動性）については，同族目的語として生起している名詞は「結果の目的語」の一種と考えられる。すなわち，動詞の表す出来事以前には同族目的語で示される名詞は存在していないが，動詞の表す出来事が生じている瞬間にその名詞が生じ，動詞の表す出来事が終了すると共にその存在が終わる。動詞の表す出来事が終了した後も，動詞の行為の結果生じたものがそのまま存在し続ける einen Kranz/Besen binden（花輪／箒を編む）のような典型的な結果の目的語と比較すると，動詞の表す出来事の終了と共にその存在を具体的に確認できなくなってしまう同族目的語は，結果の目的語の中でもかなり周辺的なメンバーであると思われるが，パラメータIの値としては**同族目的語の生起している文の方が同族目的語の生起していない文よりも相対的に他動性が高い**と判断できそうである。パラメータC（アスペクト）については，多くの動詞（leben, tanzen, kämpfen, schlafen, ...）は元来行為・出来事の終了・終点を意味的には含意していない非完結的動詞（atelische Verben）であり，sterben などとは異なっているが，同族目的語が生起した場合，同族目的語の存在の故に文全体も行為・出来事の終了・終点を含意するようになっていると考えられる。これは，上述のパラメータIでの議論とも関係するが，同族目的語として生起している名詞が「結果の目的語」の一種であると見なされるならば，「結果の目的語」の定義からして当該の文は結果の目的語を生み出すために何らかの「終点」をどこかに持たなくてはならないことになるからである。その意味では，同族目的語が文中に生起したために一部の文では当該の文全体のアスペクトが変化したことになる。筆者はドイツ語を対象言語とした研究の中でこの点を扱ったものとして Duden (2005: 416) に tanzen (atelisch oder neutral) vs. einen Tango tanzen (telisch) の記述を認めただけで，今後さらに精密に調べていく必要性を感じているが，英語を対象言語とした研究では，Tenny (1994: 39, 194) のように同族目的語が当該文のアスペクトを telisch にする機能を持つことが既に指摘されており，ドイツ語でもある程度同様の効果が生じているのではないかと考えている。

以上の結果をまとめると，[10] 同族目的語構文は同族目的語が生起しない文より，同族目的語が生起した分だけ相対的に他動性が高められていることがわかる。この結果を「同族目的語は，対応する同族目的語の生起していない元の文の他動性を高める機能を持つ」と解釈すると，同族目的語構文は「相対的に低い他動性を示す文を同族目的語の出現によって相対的に高い他動性を示す文にかえる」働きを担っている構文と考えることができる。このことを図示すれば，ドイツ語の同族目的語構文とは，(14) の図で左の矢印が示すように相対的に低い他動性を示す文から相対的に高い他動性を示す文へと他動性を高める方向へ当該の文を変化させる「他動性を高めるメカニズム」の一種と考えることが可能であろう。

(14) 他動性のスケールと他動性を変化させるメカニズム

　　低 --- 高
　　　　　　　　→　　　　　　　　　←
　　　　　他動性を高める方向　　　　他動性を低める方向

　このように同族目的語構文を他動性のスケール上で捉え，該当する文の他動性の高低を変化させる文法上のメカニズムの一種と理解できるならば，必然的にその逆の過程，すなわち (14) の図で右の矢印が示すように「相対的に高い他動性を示す文を相対的に低い他動性を示す文に変換する」文法的メカニズムの可能性も考えられる。ドイツ語文法の中では，この「他動性を低めるメカニズム」に同族目的語構文は関与していないが，Austin (1982) の研究によると，オーストラリア諸言語の同族目的語構文では実際に (14) の図にある両方向の現象が生じているという。Austin が報告したオーストラリア諸言語の中では，他動性を高める働きをする同族目的語を持つ言語の数が 6 言語中 5 言語と，結果として多数を占めた。このことと，ドイツ語において同族目的語構文が他動性を高めるメカニズムとして文法体系の中に存在することとは，言語類型論的にはおそらく単なる偶然以上のものがあるように筆者には思えるが，この点は今後の課題としたい。

4. 結論

　本稿ではドイツ語の同族目的語構文を取り上げ，その特性を概観しつつ，コーパス分析を通じて得た新しい言語データを提示した。そのことによりドイツ

---

[10] 各パラメータについてのより詳細な議論は Shima (2003b) を参照。

語の同族目的語の中には項的な性質を強く持つ側面と,付加詞的性質を強く持つ側面が共にあることが一層際立った。さらに,ドイツ語よりも遥かに広範囲に渡り同族目的語構文を利用するヘブライ語などの言語では二種類の同族目的語が存在し,文法体系の中でその機能を分け合っているとの研究成果から,ドイツ語の同族目的語が構文中で担う役割を Hopper/Thompson (1980) の提唱した他動性のパラメータをもとに規定し,当該の文肢が「他動性を高める」機能を担っている文法的なメカニズムの一種であることを結論付けた。

参考文献

島　憲男（2006）「対格目的語の連続性と言語類型論——同族目的語を中心に」小川暁夫／岡本順治編『ドイツ語研究と言語類型論——共通の展望に向けて——』（日本独文学会研究叢書 039），26-45.
Austin, P. (1982) Transitivity and Cognate Objects in Australian Languages. In: Hopper, P. J. / Thompson, S.A. (eds.) *Studies in Transitivity*, 37-47. New York: Academic Press.
Bußmann, H. (2002) *Lexikon der Sprachwissenschaft*. 3. Aufl. Stuttgart: Kröner.
Duden (2005) *Grammatik der deutschen Gegenwartssprache*. 7. Auflage, hrsg. von der Dudenredaktion, Mannheim / Wien / Zürich: Dudenverlag.
Grimm, J. / Grimm, W. (1999) *Deutsches Wörterbuch* (Nachdruck der Erstausgabe 1941). München: Deutscher Taschenbuch Verlag.
Hopper, P. J. / Thompson, S. A. (1980) Transitivity in Grammar and Discourse. In: *Language* 56 / 2, 251-299.
Jones, M.A. (1988) Cognate Objects and the Case-Filter. In: *Journal of Linguistics* 24, 89-110.
Mittwoch, A. (1998) Cognate Objects as Reflections of Davidsonian Event Arguments. In: Rothstein, S. (ed.) *Events and Grammar*, 309-332. Dordrecht, London: Kluwer.
Pereltsvaig, A. (1998) Two Classes of Cognate Objects. In: *WCCFL* 17, 537-551.
Pereltsvaig, A. (2002) Cognate Objects in Modern and Biblical Hebrew. In: Ouhalle, J./ Shlonsky, U. (eds.) *Themes in Arabic and Hebrew Syntax*, 107-136. Dordrecht: Kluwer.
Schwickert, P. (1984) *Der „Akkusativ des Inhalts" im Deutschen*. Manuskript, Universität zu Köln.
Shima, N. (2003a) Argument oder Adjunkt? — Kognates Objekt im Deutschen. In: Japanische Gesellschaft für Germanistik (Hg.) *Neue Beiträge zur Germanistik 2.2. Probleme des Interface zwischen Syntax, Semantik und Pragmatik*, 130-143.
Shima, N. (2003b) Wie transitiv sind Konstruktionen mit kognatem Objekt im Deutschen? In: *Lingua* (Sophia Universität) 14, 83-108.
Tenny, C. L. (1994) *Aspectual Roles and the Syntax-Semantics Interface*. Dordrecht:

Kluwer.

Zifonun, G. / Hoffmann, L. / Strecker, B. et al. (1997) *Grammatik der deutschen Sprache*. 3 Bände (Schriften des Instituts für Deutsche Sprache 7, 1-3). Berlin/New York: de Gruyter.

6. 二重目的語構文
——無生物与格の場合——

時 田 伊 津 子

1. 導 入

ドイツ語において，与格目的語と対格目的語を伴う二重目的語構文には，次のようなものがある。

(1) a. Er schenkte der Mutter Blumen.
　　　彼は母に花を贈った。
　　b. Er nahm dem Kind sein Spielzeug weg.
　　　彼は子供から玩具を奪った。

二重目的語構文の与格目的語は，例文 (1) のような生物を表す用法が一般的であるが，例文 (2) のように，与格目的語が「スープ」「危険」など無生物を表す用法もある。[1] 本稿では，このように，無生物を表す与格目的語を「無生物与格」，生物を表す与格目的語を「生物与格」と呼ぶ。

(2) a. Sie fügte *der Suppe* etwas Salz bei.
　　　彼女はスープに少しの塩を加えた。
　　b. Er setzt seinen Freund *der Gefahr* aus.
　　　彼は友人を危険にさらす。

例文 (1) と (2) のような，生物与格の二重目的語構文と無生物与格の二重目的語構文で異なる点は，与格指示対象の有生性（生物か無生物か）や「所有」や「利害」などの意味的相違だけであろうか。それとも，形態的，情報的，統語的な特性においても相違が見られるのであろうか。さらに，無生物与格の二重目的語構文は，すべて類似したふるまいを示すのであろうか。

---

[1] 例えば，Langenscheidt (1999) では，与格と対格を含む二重目的語構文を形成する 691 の動詞のうち，与格指示対象が生物のみの用法は 616 動詞，無生物のみの用法は 33 動詞，生物の用法と無生物の用法が共に見られるのは 42 動詞であった。動詞の例は伊藤（時田）(2007) を参照。

本稿では，以上の問題提起に基づき，生物与格の構文と対比しながら，無生物与格の二重目的語構文の形態的，情報的，統語的特性の傾向をコーパス分析に基づき概観する。[2]

なお，無生物与格の構文についての記述は，二重目的語構文において生物与格とは結びつかず，無生物与格のみと結びつく用法がある動詞のうち，コーパスから十分な数の事例が収集された19の動詞（2節参照）の分析結果に基づくものである。また，生物与格の構文については，一例として8つの動詞の分析結果を提示する。[3]

2. 意味タイプ

無生物与格を伴う二重目的語構文は，与格と対格の表す項 (Argument) の間に見られる関係から，少なくとも以下の4つの意味タイプに分けられる。タイプごとに動詞と例文を挙げる。

【追加関係】

典型的には「AにBを追加する」という関係を表す。

anfügen（添付する），beifügen（添える），beimengen（加える），beimessen（認める），beimischen（混ぜる），abgewinnen（見いだす），entringen（奪い取る）

(3) a. Wir haben der Glasur geringe Mengen von Silber beigefügt ...
   私たちはエナメルに少量の銀を加えた
   b. ... jeder Situation ihre positiven Seiten abzugewinnen.
   どんな状況からも肯定的な面を見いだすこと

【支配下関係】

典型的には「Aの支配下にBを置く」という意味関係を表す。

ausliefern（委ねる），aussetzen（さらす），überlassen（任せる），unterwerfen

---

[2] 本稿では，人間，動物，その集合などを生物と見なし，その他，具体物，抽象物，また便宜上，機関なども無生物と見なす。
[3] 事例収集の対象としたコーパスはマンハイムのドイツ語研究所 (IDS) の書き言葉コーパスである。生物与格の構文に現れる動詞として分析を行ったのは，授与の関係を表す leihen（貸す），schenken（贈る），verleihen（貸す，授ける），verschaffen（手に入れさせる），wegnehmen（奪う）の5動詞と，その他物理的関係，心理的関係などを表す einflößen（飲ませる；（気持ちを）起こさせる），einpflanzen（移植する；植え付ける），unterjubeln（押しつける）の3動詞である。

(従わせる)，unterziehen（(対格に与格を) 受けさせる），verschreiben（専念させる），verschließen（閉ざす）

(4) a. ...Werkverträge der Sozialversicherungspflicht zu unterwerfen, ...
　　　労働契約を社会保障義務に従わせること
　　b. ..., sich einem NATO-Beitritt nicht zu verschließen.
　　　NATO 加入に対して自らを閉ざさないこと

【所属関係】
　典型的には「A に B を所属させる」という意味関係を表す。
　angliedern（併合する），zuordnen（分類する），zurechnen（分類する）

(5) ... will er ... die Hausmeisterwohnung der Kita angliedern ...
　　　彼は管理人の住まいを24時間託児所に併設するつもりだ

【対比関係】
　典型的には「A に B を比べる」という意味関係を表す。
　gegenüberstellen（対比する），voranstellen（前に置く）

(6) Die junge Kunst der Sammlung gegenüberzustellen, ...
　　　新しい芸術をコレクションに対比すること

　なお，「追加関係」に属する abgewinnen は「～に追加する」ではなく「～から見いだす，(読み)取る」という意味を表し，entringen は「～から奪い取る」という意味を表す。「追加関係」の典型的な例と比べると，与格と対格の表す対象間の関係は「全体と部分」というように共通しているが，その関係を表す行為の方向が異なっている。この背景には，ドイツ語の与格が奪格（Ablativ）の代わりに起点を表すことや，与格の実現に動詞の前綴りが影響することなどが関与すると考えられる（Dal 1966: 35ff.）。今回の調査では該当する動詞が少ないため，便宜上「追加関係」に分類しておく。

3. 二重目的語構文の特性

　先行研究によると，英語の二重目的語構文については，間接目的語が人称代名詞として現れる傾向，定の要素を表す傾向がある一方，直接目的語が人称代名詞ではなく名詞として現れる傾向，不定の要素を表す傾向があることが指摘されている（Collins 1995: 44ff.）。なお，基本的に，定の要素とは「受信者

（聞き手・読み手）が指示対象を特定できる」と発信者（話し手・書き手）が想定している要素を指す．それに対し不定の要素とは，「受信者が指示対象を特定できない」と発信者が想定している要素とする．

　ドイツ語についても，二重目的語構文に限定した調査結果ではないが，一般的に与格は代名詞である傾向が見られると指摘されている（浜津 2004: 59f.）。

　また，ドイツ語では中域（Mittelfeld）における語順がある程度自由であるが，二重目的語構文では，無標語順という視点に基づき「与格―対格」語順が無標である（Lenerz 1977: 39ff.）と述べられたり，動詞と項との構造的関係に基づき，例外的に「対格―与格」語順を基本とする動詞もある（Wegener 1991: 94ff., Zifonun et al. 1997: 1308ff.）と述べられたりしている．

　これらの研究においては，与格が生物を表す文が中心的な分析対象であり，与格が無生物を表す文は例外的に扱われている．以下では，コーパス調査の結果に基づき，無生物与格の二重目的語構文について，形態的，情報的，統語的特性の傾向を提示する．その際，第2節で挙げた意味タイプも考慮する．

3.1. 形態的，情報的特性
3.1.1. 代名詞化

　本節では，与格と対格が代名詞であるか，あるいは名詞であるかという形態的特性に注目する．代名詞の場合，人称代名詞などの種類にも注目する．

　無生物与格の二重目的語構文では，与格では種類に関わらず，一様に代名詞化があまり見られない．9割以上で，例文 (7) の Marktregeln のように名詞が現れている．

(7) ... alles *Marktregeln* zu unterwerfen ...
　　全てを市場規則に従わせること

　共起する対格は人称代名詞である傾向が低いが，他の代名詞については動詞によって差異が見られる．「支配下関係」の動詞や「追加関係」の entringen では，例文 (8) の sich のような再帰代名詞が約3～10割と高い頻度である．[4] また，「追加関係」の abgewinnen では，例文 (9) の etwas Neues のように対格が不定代名詞あるいは否定代名詞である事例が約半数を占める．

---

[4] 「支配関係」で対格再帰代名詞が現れるのはこのタイプの意味特性によるものだと考えられる．entringen の場合，再帰表現で「ため息」「叫び」などが「胸」「喉」から出るという意味を表す．

(8) ... *sich* ... strengen Regeln zu unterwerfen.
  厳しい規則に従うこと（＝自らを従わせること）
(9) Diesem Genre *etwas Neues* abzugewinnen, ...
  このジャンルから何か新しさを読み取ること

　一方，生物与格の二重目的語構文では，与格が代名詞である頻度は約 3 割〜6 割であり，特に，例文 (10) の ihr のような人称代名詞の割合が比較的高い。但し，動詞 leihen, verschaffen の場合，人称代名詞よりも例文 (11) の sich のような再帰代名詞の割合が高い。[5]

(10) ... um *ihr* einen Maibaum zu schenken.
  彼女にマイバウムを贈るため
(11) ... mußte er *sich* ... Geld leihen.
  彼はお金を借りる必要があった

　共起する対格は，一様に代名詞化があまり見られない。8 割以上が例文 (12) の den Arbeitsplatz のように名詞で表されている。

(12) Ihr nehmt einem Mann *den Arbeitsplatz* weg.
  君たちはある男性から職を奪う。

　生物与格と無生物与格の構文の傾向を概略的に比較すると，無生物与格は名詞，生物与格は名詞あるいは（人称・再帰）代名詞という相違が見られる。共起する対格については，無生物与格の「支配下関係」の動詞，「追加関係」の entringen と abgewinnen を除くと，無生物与格の構文でも生物与格の構文でも，もっぱら名詞で現れるという類似が見られる。

3.1.2. 定　性

　次に，与格と対格の表す内容が定の要素であるか，あるいは不定の要素であるかという情報的特性に注目する。定性は，代名詞の種類あるいは名詞句の冠詞の種類を基準に判断する。例えば，人称代名詞，定冠詞付き名詞句は定の要素と見なし，不定冠詞付き名詞句などは不定の要素と見なす。
　無生物与格の二重目的語構文では，例文 (13) の dem Diesel のように与格

---

[5]　leihen と verschaffen の事例で与格再帰代名詞の頻度が高いのは，動詞の意味特性によるものである。sich etwas leihen（借りる（＝自分に貸す）），sich etwas verschaffen（得る（＝自分に得させる））という表現は固定的に用いられる。

が定の要素を表す頻度は 6 割以上である。例外的に，例文 (14) のように，「支配下関係」の aussetzen では不定の要素が約 6 割，unterziehen では約 9 割と高い頻度を示している。

(13)　... Biosprit *dem Diesel* beizumengen.
　　　バイオガソリンをディーゼル燃料に混ぜること
(14)　Sie hat ihr Kind keine Sekunde *einer Gefahr* ausgesetzt.
　　　彼女は自分の子を一秒たりとも危険にさらさなかった

　共起する対格は，半数以上の事例において，例文 (15) の die Hausmeisterwohnung のように定の要素である。但し，entringen を除く「追加関係」の動詞では，7 割以上の事例で，例文 (16) の geringe Mengen von Silber のように対格が不定の要素である。

(15)　... will er ... *die Hausmeisterwohnung* der Kita angliedern ...
　　　彼は管理人の住まいを 24 時間託児所に併設するつもりだ
(16)　Wir haben der Glasur *geringe Mengen von Silber* beigefügt ...
　　　私たちはエナメルに少量の銀を加えた

　一方，生物与格の二重目的語構文では，例文 (17) の mir のように，与格が定の要素である頻度は高く，8 割以上を占める。唯一，einpflanzen の場合，例文 (18) の eigenen Patienten のように不定の要素も約半数見られる。

(17)　Wer *mir* ein Produkt ... unterjubeln will, ...
　　　私にある製品を押しつけようとする人は
(18)　..., um die Hornhäute später *eigenen Patienten* einzupflanzen.
　　　角膜を後に自分の患者に移植するために

　共起する対格は，ほとんどの動詞で，例文 (19) の einen Preis のように，不定の要素である頻度が 5 割以上を占めている。しかし，wegnehmen の場合，例文 (20) の sein Spielzeug のように，定の要素が約 7 割と優勢である。

(19)　Ihm *einen Preis* zu verleihen, ...　　彼にある賞を授与すること
(20)　..., solange man ihm *sein Spielzeug* nicht wegnimmt.
　　　彼から玩具を取り上げない限り

　生物与格と無生物与格の構文の傾向を概略的に比較すると，「支配下関係」

の aussetzen, unterziehen と，生物与格の構文の einpflanzen を除けば，もっぱら定の要素で現れるという類似が見られる。共起する対格については，entringen と wegnehmen を除き，無生物与格の「追加関係」と生物与格の動詞では不定の要素を表すという類似が見られる。

3.2. 統語的特性——中域語順

次に，文の中域における与格と対格の配列が「与格－対格」語順であるか，「対格－与格」語順であるかという統語的特性に注目する。

無生物与格の二重目的語構文のうち，「追加関係」と「対比関係」の動詞では，entringen を除き，例文 (21) のような「与格－対格」語順の事例が 6 割以上を占め，特に，「追加関係」の動詞では，この語順が 8 割以上という強い傾向が見られる。[6]

(21) ... *dem OGH-Urteil generelle Bedeutung* beizumessen.
　　　OGH の判決に一般的な意義を認めること

「支配下関係」と「所属関係」の動詞では，例文 (22) のような「対格－与格」語順の事例が 6 割以上を占め，特に，「支配下関係」の動詞では，この語順が 7 割以上という強い傾向が見られる。

(22) ... *den gesamten arabischen Raum dem Kommunismus* zu unterwerfen. 　全アラブ圏を共産主義に服従させること

一方，生物与格の二重目的語構文では，一様に例文 (23) のような「与格－対格」語順の事例が 8 割以上を占めている。

(23) Die Statistik aber flößt *den Heimischen keine Angst* ein, ...
　　　その統計はしかし住民に不安を与えなかった

生物与格と無生物与格の構文の傾向を概略的に比較すると，無生物与格の「追加関係」と「所属関係」の動詞と，生物与格の動詞では共に「与格－対格」語順が優勢であるという類似が見られる一方，無生物与格の「支配下関係」と「所属関係」の動詞では「対格－与格」語順が優勢である。

---

[6] entringen では，すでに述べたように対格が再帰代名詞であることが多く，再帰代名詞は中域において名詞よりも先に現れるため，したがって「対格－与格」語順の頻度が高い。

4. 結　語

　以上，二重目的語構文の特性を与格の有生性，意味タイプ別にまとめると，おおよそ次の表のようになる。本稿で提示した分析結果に基づくと，無生物与格の構文でも意味タイプによって形態的，情報的，統語的特性が異なるといえる。また，生物与格の構文と比較すると，「追加関係」など類似した特性を示すタイプも，「支配下関係」など異なる特性を示すタイプもあると考えられる。

意味タイプと形態的・情報的・統語的特性

		生物与格の構文	無生物与格の構文			
			追加関係	対比関係	所属関係	支配下関係
代名詞化	与格 対格	人(再)代・名詞 名詞	名詞 名詞	名詞 名詞	名詞 名詞	名詞 名詞・再代
定性	与格 対格	定 不定	定 不定	定 不定・定	定 定	定（不定） 定
中域語順 （頻度傾向）		与格―対格 （強）	与格―対格 （強）	与格―対格 （弱）	対格―与格 （弱）	対格―与格 （強）

　生物与格の二重目的語構文と，無生物与格の二重目的語構文の各タイプを合わせて考察すると，次の点が特徴的である。第一に，特性の傾向に関して，各タイプの間には連続性が観察される。例えば，中域語順では全てのタイプで頻度傾向が強いわけでなく，頻度傾向が弱いタイプも見られる。「与格―対格」語順と「対格―与格」語順の両方に傾向の強弱があるため，結果的に連続的な傾向を示すと考えられる。

　第二に，特定のタイプにおける各特性には相関性がある。例えば，対格が再帰代名詞であれば，定の要素であり，かつ「対格―与格」語順になる可能性が高くなるが，実際に「支配下関係」ではこのような傾向が現れている。また，一般に不定の要素は定の要素より後ろに置かれるが，実際に対格が不定の要素である生物与格の構文，「追加関係」では「与格―対格」語順の強い傾向が現れている。

　本稿では，初めに述べたように，無生物与格二重目的語構文として，生物与格ではなく，無生物与格のみと結びつく用法がある動詞を対象としたが，今後はこの両者と結びつく用法がある動詞も分析することにより，無生物与格の二重目的語構文をめぐる特性をさらに明らかにできるものと考える。

参考文献

伊藤(時田)伊津子（2007）「無生物3格二重目的語構文――「生物3格」を含む二重目的語構文と対比しつつ――」東京外国語大学大学院地域文化研究科博士論文.

浜津大輔（2004）「ドイツ語における3格の用法の実態調査」東京外国語大学大学院ドイツ語学文学研究会『Der Keim』28，55-68.

Collins, P. (1995) The indirect object construction in English: an informational approach. In: *Linguistics* 33, 35-49.

Dal, I. (1966) *Kurze deutsche Syntax auf historischer Grundlage*. Tübingen: Niemeyer.

Lenerz, J. (1977) *Zur Abfolge nominaler Satzglieder im Deutschen* (Studien zur deutschen Grammatik 5). Tübingen: Narr.

Wegener, H. (1991) *Der Dativ — ein struktureller Kasus?* In: Fanselow, G. / Felix, S. W. (Hgg.) *Strukturen und Merkmale syntaktischer Kategorien*, 70-103. Tübingen: Narr.

Zifonun, G. / Hoffmann, L. / Strecker, B. et al. (1997) *Grammatik der deutschen Sprache*. 3 Bände (Schriften des Instituts für Deutsche Sprache 7, 1-3). Berlin / New York: de Gruyter.

辞書

Langenscheidts Großwörterbuch Deutsch als Fremdsprache. (CD-ROM, 1999). Berlin: Langenscheidt.

III 再帰代名詞・状態変化動詞・感情動詞
―― できごとの表し方（2）――

7. 再帰代名詞研究の問題点

大 矢 俊 明

1. はじめに

　以下では，対格の再帰代名詞を扱う際に生じる問題点を見ていく。まず2節で再帰代名詞の用法を整理し，3節では waschen（洗う）など主語自らの身体に対する行為をあらわす動詞と共起する再帰代名詞について論じる。また4節では意味上の目的語が主語となる構文に生起する再帰代名詞を扱い，5節では相互代名詞としての再帰代名詞について触れる。

2. 再帰代名詞の用法

　ドイツ語の再帰代名詞には少なくとも次の用法があるといってよいだろう。

(1) Peter hasst sich.　　　　　　ペーターは自分のことが嫌いだ。
(2) Die Tür öffnete sich.　　　　　ドアが開いた。
(3) Peter schämt sich.　　　　　　ペーターは恥ずかしがっている。
(4) Sie grüßten sich.　　　　　　　彼らはお互いに挨拶をした。

　(1) の sich は他動詞 hassen（嫌う）の直接目的語として用いられており，これは通常，我々が「再帰代名詞」について想起する用法である。(2) の sich は，他動詞 öffnen（開ける）の意味上の目的語である「ドア」を主語化する際に生起する再帰代名詞である。(3) の sich は，再帰代名詞以外に目的語を持てない動詞，すなわち内在的再帰動詞と共起している。また (4) の sich は「お互いに」を意味する相互代名詞として用いられている。英語の再帰代名詞 oneself はおもに (1) の用法を持ち，(2) や (4) の用法は持たないことから，ドイツ語においては英語よりも再帰構文が発達していることは明らかであり，また，同時にドイツ語ではなぜ (2) から (4) においても再帰代名詞が用いられるのだろうか，という疑問も生じることになる。

3. waschen と共起する再帰代名詞

　Helbig/Buscha (1984: 210) は，(5a) における再帰代名詞を (5b) の「子供」

の代わりに生起しているとみなしている。この見方に従えば，(5a) の sich は (1) と同じ種類の再帰代名詞ということになる。

(5) a. Die Frau wäscht sich.　　　婦人は自分の体を洗う。
　　b. Die Frau wäscht das Kind.　婦人は子供の身体を洗う。

しかし，(1) と (5a) の再帰代名詞の性質は異なるとみなすこともできる。まず，オランダ語のように形態が異なる二種類の再帰代名詞を持つ言語では，前者と後者では異なる再帰代名詞が用いられる。

(6) a. De vrouw haat *zich/zichzelf.　婦人は自分のことが嫌いだ。
　　b. De vrouw wast zich/zichzelf.　 婦人は体を洗う。

オランダ語は強形再帰代名詞 zichzelf と弱形再帰代名詞 zich を持つが，haten（憎む）などの「通常の」他動詞の場合は前者しか許されず，wassen（［身体を］洗う）のような「主語自らの身体に対する行為」をあらわす動詞の場合，普通は弱形再帰代名詞が用いられ，強形再帰代名詞が用いられた場合は対照・強調などの含意を伴う。[1] このことから，(5a) の再帰代名詞 sich は (6b) の zich に対応する「弱形」再帰代名詞であること，さらに「自分の身体を洗う」という状況と「自分を嫌う」という状況は区別する必要があることになる。後者については，さらに次の比較構文の解釈からも裏付けられる。betrachten（観察する）が用いられた (7a) は，(7b) と (7c) の両方の解釈を持ちうるが，waschen が用いられた (8a) は「アリーネが自分の身体を洗った徹底さは，ニコラスが自分の身体を洗った徹底さを上回る」という (8c) の解釈に限定されやすい。このことは，waschen という述語は本来的に主語と同一指示の関係にある目的語を内在した動詞であることを示している。

(7) a. Aline betrachtete sich kritischer als Nicolas.
　　　　アリーネはニコラスより批判的に自分を観ていた。
　　b. Aline betrachtete sich kritischer als Nicolas sie betrachtet.
　　　　ニコラスが彼女（＝アリーネ）を観るより批判的にアリーネは自分を観ていた。

---

[1] 強形再帰代名詞と弱形再帰代名詞の使い分けには諸説があるが，例えば König/Siemund (1999) は「自らに向かう状況」(non-other-directed situation) と「他者へ向かう状況」(other-directed situation) を区別し，前者をあらわす述語における再帰関係は弱形再帰代名詞，後者をあらわす述語における再帰関係は強形再帰代名詞により表現されると指摘している。

c. Aline betrachtete sich kritischer als Nicolas sich betrachet.
　　　ニコラスが自分（＝ニコラス自身）を観るより批判的にアリーネは自分を観ていた。
(8) a. Aline wusch sich gründlicher als Nicolas.
　　　アリーネはニコラスより徹底的に身体を洗った。
　　b. ??Aline wusch sich gründlicher als Nicolas sie wusch.
　　　ニコラスが彼女（＝アリーネ）の身体を洗うより徹底的にアリーネは自分の身体を洗った。
　　c. Aline wusch sich gründlicher als Nicolas sich wusch.
　　　ニコラスが自分（＝ニコラス自身）の身体を洗うより徹底的にアリーネは自分の身体を洗った。　　　　　　　　　　　　　　　　（Kaufmann 2003: 136）

さて，waschen のような「自らの身体に対する行為」をあらわす動詞が，hassen や betrachten とは意味的に異なるとすると，これらの動詞と共起する弱形再帰代名詞の性質が問題となる。Helbig/Buscha (1984:210) では，この再帰代名詞は意味役割を持つ直接目的語と分析されているが，実はこのタイプの再帰代名詞は意味役割を持たないという指摘もある。この見解に従えば，再帰動詞 sich waschen は意味的には自動詞ということになるわけであるが，その論拠のひとつは，虚辞 es を持つ (9) の提示文である。英語の there 構文をはじめとする提示文には，自動詞のみが生起可能であり，意味役割をふたつ持つ他動詞は生起できない。Kaufmann (2004) によれば，(9a) が示すように提示文には目的語を持った他動詞 waschen は生起できないが，(9b) が示すように sich waschen は生起できるという。このことから，彼女は (9b) の再帰代名詞は意味役割を持った目的語ではないと指摘する。[2]

(9) a. *Es wusch mich eine Gruppe Soldaten am Strand.
　　　　浜辺で兵士達が私の身体を洗った。

---

[2] おもにロマンス語の再帰代名詞を扱っている Reinhart/Siloni (2005) は，「自分の身体を洗う」を意味する再帰動詞は統語的には自動詞であり，また意味的には (i) に示すような複合的な意味役割 (complex θ-role) を持つと指摘している。
(i) Reflexivization bundling
　　$[θ_i][θ_j] \rightarrow [θ_i - θ_j]$, where $θ_i$ is an external θ-role. (Reinhart/Siloni 2005: 400)
また Kaufmann (2003, 2004) のように，sich waschen が生起する文の主語は動作主ではなく，被動者 (patient) であるという指摘もある。この指摘によれば，sich waschen の主語は意味上の目的語に対応するのであるから，sich waschen はいわゆる非対格動詞ということになる。この見解はロマンス語を扱った研究においては決して珍しくない。

b. Es wuschen sich Menschen am Strand.
      浜辺で人々が自分の身体を洗った。　　　　　　(Kaufmann 2004: 196)

　しかし，(9) の容認性については研究者の間でも判断が揺れており，提示文との整合性が「自分の身体に対する行為」をあらわす再帰動詞が意味的に自動詞であることを示す論拠になるか否かについては更に検討する必要がある。[3] 一方，(5a) の再帰代名詞が意味役割を持つとすると (10a) の受動文が問題になる。

(10) a. Hier wird sich gewaschen!　　　　　ここで身体を洗うんだ！
　　 b. *Hier wird den Mann gewaschen.　　ここでその男の身体が洗われる。

　ドイツ語では意味役割を持った対格目的語を残したままの非人称受動文 (10b) は許されないのであるから，この前提に基づくならば (10a) における再帰代名詞は意味役割を持たないことになる。[4]
　結局，「自分の身体に対する行為」をあらわす再帰動詞は hassen や betrachten などの他動詞とは意味的に異なることは明らかであろうが，前者の動詞と共起する再帰代名詞の意味的な性質については意見が分かれているわけである。

4. 外項抑制と再帰代名詞

　ドイツ語の再帰代名詞は，英語の再帰代名詞と異なり，(11) のように意味上の目的語，すなわち内項が主語化された際に生起する用法がある。この場合，意味上の主語，すなわち外項は生起せず，また，この再帰代名詞は意味役割を持たない。

(11) a. Die Tür öffnete sich.　　　　　ドアが開いた。
　　 b. Das Buch liest sich leicht.　　この本は簡単に読める。

　このタイプの再帰代名詞については，Steinbach (2002) が斬新な提案を行っている。詳細は省かざるを得ないが，彼の主張は，意味役割を持たない再帰代名詞が対格目的語の位置に生起することにより，外項の生起が阻まれるという

---

[3] 例えば，提示文には他動詞も生起できるという指摘もある。
　 (i) Es essen einige Mäuse Käse in der Küche.　　(Felser/Rupp 2001: 301)
　　　台所で何匹かのねずみがチーズを食べている。
[4] さらに，(10a) の再帰代名詞は対格を失っているのか，また再帰代名詞の先行詞が文中に存在しない（ように見える）という問題もある。

ものである。[5] この主張によれば，意味役割を持たない対格の再帰代名詞を含む文における主語はすべて意味上の目的語に対応することになるが，ここで再び次のような受動文が問題となる。

(12) a. Jetzt wird sich beeilt!   さあ急ぐんだ！
 b. Es wurde sich geschämt.   恥ずかしかった。
 c. Jetzt wird sich nicht mehr geärgert!   もう怒るのはやめなさい。

　(12)の再帰動詞は内在的再帰動詞であり，(12)の再帰代名詞は意味役割を持たないはずである。また，一般的な見解によれば，受動文の形成には外項の存在が前提となる。すると，(12)の再帰代名詞は意味役割を持たないにもかかわらず，(12)の受動文のもとになっている能動文は外項を含んでいることになる。つまり，Steinbach (2002)の主張ではこのタイプの再帰動詞を扱えないわけである。結局，Steinbach (2002)の主張は強力すぎるのであり，(11)の再帰代名詞の性質を改めて見直す必要がある。[6]
　ところで，(12c)の再帰動詞 sich ärgern（怒る）が受動可能であることは，この再帰動詞が対応する他動詞 ärgern（怒らせる）から派生したものではな

---

[5] Steinbach (2002)の議論を要約するとおおよそ次のようになる。
　(i) 再帰代名詞が含まれる連鎖 (chain) には，意味役割を持った link が含まれなければならない。
　(ii) 連鎖は尾部 (tail) で解釈される。
　(iii) ドイツ語では，外項は VP 指定部に，内項は VP 補部に連結される。
　(iv) 意味役割を持たない再帰代名詞が VP 補部に生起した場合，VP 指定部は連鎖を形成する中間地点とならざるを得ず，したがって外項は連結できない。
　また，理論的枠組みは異なるが Kaufmann (2004)も弱形再帰代名詞の生起により，外項の統語的生起が阻まれると主張している。
[6] Hasegawa (2004)は，(i)のようなロマンス語の再帰代名詞 se を直接目的語が主語位置に移動する際に残す痕跡の音声的実現形と分析している。
　(i) La puerta se abrio. ドアが開いた。
　しかし，移動の痕跡が音声的に実現されなければならない理由が明確ではない。むしろ，(ii)の再帰代名詞と動作主を含む前置詞句 von Peter は相補分布をなすという点に着目し，Schäfer (to appear)ならびに大矢 (2008)のように再帰代名詞を動作主の位置に生成する分析が妥当であろう。Schäfer は，(ii)に対して概略，(iii)の統語構造を提案しているが，(iii)では本来は動作主を導入し，他動詞の統語構造を保証する機能範疇 Voice の指定部に再帰代名詞が生成されている。
　(ii) Die Tür öffnete sich /*von Peter.
　(iii) [$_{vP}$ sich [$_{v'}$ Voice [$_{VP}$ öffnete die Tür]
　また，(iii)はいわゆる束縛原理に違反しているが，Schäfer はその違反を回避する統語的なメカニズムを提案している。

いことを示している。つまり，(13a) と (13b) には (14a) と (14b) に見られるような派生関係はないということである。

(13) a. Das Geschenk ärgert ihn. 　　　そのプレゼントが彼を怒らせる。
　　　b. Er ärgert sich über das Geschenk. 　彼はそのプレゼントを怒っている。
(14) a. Er öffnete die Tür. 　　　　　　彼はドアを開けた。
　　　b. Die Tür öffnete sich. 　　　　　ドアが開いた。

例えば Kunze (1997) のように，sich ärgern のような主語の心理状態をあらわす再帰動詞が同じ形態を持つ他動詞 ärgern から派生されるとする見解は珍しくないが，この見解は次のいわゆる 1AEX に違反している。

(15) 1-Advancement Exclusive Law (first version)
　　　The set of advancement to 1 in a single clause contains at most one member. 　　　　　　　　　　　　　　　(Perlmutter/Postal 1984: 84)

(15) は概略，主語の抑制は一度に限って許され，派生された主語をさらに抑制することを禁止するものである。Washio (1995) などの研究から (15) はかなりの程度の普遍的妥当性を有すると考えられるが，もし (13b) の sich ärgern が (13a) の他動詞 ärgern から派生されているとすると，(13b) の主語は派生主語であるため，(15) に基づくと受動化を拒むはずである。再帰動詞 sich ärgern が受動化可能であることは，この再帰動詞は他動詞 ärgern から派生されたものではないことを示している。

5. 相互代名詞

sich は相互代名詞として (16) のように用いられる。

(16) a. Sie grüßten sich. 　　　　　　　彼らはお互いに挨拶を交わした。
　　　b. Er schlug sich mit seinem Freund. 　彼は友人と殴りあった。

例えばオランダ語の弱形再帰代名詞 zich は相互代名詞としての用法を持たないことから，相互代名詞は再帰代名詞の発達段階のどこに位置づけられるのであろうかという問題が生じる。ここでは，オランダ語の弱形再帰代名詞 zich は，意味上の目的語が主語化される (17) のような構文に生起しないことに注意したい。

(17) Dit boek leest (*zich) gemakkelijk.　　この本は簡単に読める。

　すると，弱形再帰代名詞が相互代名詞として用いられることと，外項抑制が生じる構文に弱形再帰代名詞が生起することには何らかの相関関係があることになる。[7] さらに，(16b) のような mit を含む構文の成立原理，ならびに sich が動詞の目的語の位置に生起する場合のみ相互代名詞として解釈され，(18) のように前置詞の目的語として生起した場合，「お互いに」の意味を持ち得ないのはなぜか，といった点など相互代名詞については明らかになっていない部分も多い。

(18)　Sie sprechen mit sich.　彼らは自分自身と話す。

6. おわりに

　英語やオランダ語と簡単な比較を行っただけでも，ドイツ語の再帰代名詞は様々な用法を持つことがわかる。また，再帰代名詞の用法は次のようなある種の含意関係を示すことも明らかであろう。

(19)

	hassen	waschen	目的語の主語化 / 相互代名詞
ドイツ語	sich	sich	sich
オランダ語	zichzelf	zich	
英語	oneself		

　(19) は，「この本は簡単に読める」のような構文に再帰代名詞が生起する言語であれば，「自分の身体を洗う」をあらわす場合にも再帰代名詞が生起するという関係が成立することを示している。

---

[7] この問題については，Safir (1996) や Lekakou (2005) が論じている。

参考文献

大矢俊明 (2008)『ドイツ語再帰構文の対照言語学的研究』ひつじ書房.
Felser, C. / Rupp, L. (2001) Expletives as Arguments: Germanic Existential Sentences Revisited. In: *Linguistische Berichte* 187, 289-324.
Hasegawa, N. (2004) 'Unaccusative Transitives' and Burzio's Generalization: Reflexive Constructions in Japanese. In: *Proceedings of WAFL 1: Workshop in Atlantic Formal Linguistics (MITWPL 46)*, 300-314.
Helbig, G. / Buscha, J. (1984) *Deutsche Grammatik. Ein Handbuch für den Ausländerunterricht*. Leipzig: Enzyklopädie.
Kaufmann, I. (2003) Reflexive Verben im Deutschen. In: Gunkel, L. et al. (Hgg.) *Arbeiten zur Reflexivierung*, 135-155. Tübingen: Niemeyer.
Kaufmann, I. (2004) *Medium und Reflexiv*. Tübingen: Niemeyer.
König, E. / Siemund, P. (1999) Intensifiers and Reflexives: A Typological Perspective. In: Frajzynger, Z. / Curl, T. S. (eds.) *Reflexives. Form and Function*, 41-74. Amsterdam: Benjamins.
Kunze, J. (1997) Typen der reflexiven Verbverwendung im Deutschen und ihre Herkunft. In: *Zeitschrift für Sprachwissenschaft* 16, 1/2, 83-180.
Lekakou, M. (2005) Reflexives in Contexts of Reduced Valency: German vs. Dutch. In: den Dikken, M. / Tortora, Ch. M. (eds.) *The Function of Function Words and Functional Categories*, 155-185. Amsterdam: Benjamins.
Perlmutter, D./Postal, P. M. (1984) The 1-Advancement Exclusiveness Law. In: Perlmutter, D. / Rosen, C. (eds.) *Studies in Relational Grammar. Vol. 2*, 81-125. Chicago: University of Chicago Press.
Reinhart, T. / Siloni, T. (2005) The Lexicon-Syntax Parameter: Reflexivization and Other Arity Operations. In: *Linguistic Inquiry* 36, 389-436.
Safir, K. (1996) Semantic Atoms of Anaphora. In: *Natural Language and Linguistic Theory* 14, 545-589.
Schäfer, F. (to appear) Middles as Voiced Anticausatives. In: Efner, E. / Walkow, M. (eds.) *Proceedings of NELS* 37.
Steinbach, M. (2002) *Middle Voice*. Amsterdam: Benjamins.
Washio, R. (1995) *Interpreting Voice*. 開拓社.

8. 状態変化動詞の語彙化に関する意味的考察
――使役交替をめぐって――

カン・ミンギョン

1. 問題提起

　どの言語においても，表現対象となる現実世界は同一であり，事柄の意味特性やそれに基づく認識パターンにも一定の普遍性が認められるであろう。しかし，個々の出来事をどのように言語化するか，たとえば具体的にどのような語彙にどのような形でどのような意味を担わせるか，すなわち語彙化は，言語ごとに異なると考えられる。[1] 本稿の目的は，「状態変化」という意味カテゴリーに関して，ドイツ語のどのような動詞にどのような意味内容が担わされているのか，すなわち状態変化動詞の語彙化の有り様を捉えることである。とりわけ「使役交替」という統語的現象を軸に，どのような意味的特性が語彙化に関与しているのかを考察する。
　たとえば，次の例は，「状態変化」を表す動詞の例である。

(1) Die Knospen sprießen.　　　木の芽が出る。
(2) Die Vase zerbrach.　　　　花瓶が割れた。
(3) Die Tür öffnete sich.　　　ドアが開いた。

　状態変化の事柄には，その意味的特性からして，一般的に当該の状態変化を引き起こす使役主（あるいは何らかの原因的出来事）を想定することが可能である。しかし，上の例のように，その使役主は文中に含まれるとは限らない。このような，使役主を含まない状態変化表現をここでは「非使役的表現」と呼ぶ。[2] それに対し，状態変化に加え，それを引き起こす使役主をも含む状態変化表現を「使役的表現」と呼ぶ。使役的表現とは，たとえば，次のようなものである。

---

[1] 概念化能力（conceptualizing capacities）は普遍的であるが，それによって形成される概念体系（conceptual systems）は言語によって異なるとされている（Lakoff 1987: 304ff.; 児玉 1995: 25f. を参照）。

[2] 後にも触れるが，ドイツ語の非使役的表現には，(1)(2)のような自動詞構文によるものと，(3)のような再帰構文によるものとがある。

(4) Er zerbrach die Vase. 　　　　彼は花瓶を割った。
(5) Er öffnete die Tür. 　　　　　彼はドアを開けた。
(6) Er drückte die Tür auf. 　　　彼はドアを押し開けた。

これらのうち，(4) と (5) は，上掲の (2) と (3) と，同じ状態変化の，使役的表現・非使役的表現としてそれぞれ対立していることがわかる。このような，使役・非使役の対立を示す文法現象を「使役起動交替（causative-inchoative alternation）」あるいは単に「使役交替」と言い，使役交替を示す動詞を「使役交替動詞」と言う。状態変化動詞には特に使役交替を示すものが多く，これまでの状態変化動詞に関する研究はもっぱら使役交替動詞を中心に行われてきた。なお，ドイツ語の使役交替動詞には，(2)(4) に見られるように他動詞用法と自動詞用法で交替を示す「他自動詞」と，(3)(5) に見られるように他動詞用法と再帰用法で交替を示す「他再動詞」の２つのパターンがあり，両者の意味的相違がしばしば議論されている（大矢 1997; 成田 1999; Aoki 2005; 嶋崎 2006）。

しかし，状態変化動詞の中には，使役交替を示さないもの，すなわち使役的用法のみのものや非使役的用法のみのものも数多く存在する。たとえば，(1) の動詞 sprießen の場合は使役的用法が容認されず，一方，(6) の動詞 aufdrücken の場合は非使役的用法が容認されない。

(7) *Er/*Die Sonne sprießt die Knospen. 　　彼/日光が木の芽を出させる。
(8) *Die Tür drückte [sich] auf.[3] 　　　　　ドアが押し開いた。

カン（2001, 2007）では，動詞 sprießen のように，非使役的用法のみで用いられる状態変化動詞を「絶対自動詞」と，動詞 aufdrücken のように，使役的用法のみで用いられる状態変化動詞を「絶対他動詞」と名づけ，[4] ドイツ語の状態変化動詞は，使役交替の可能性および統語的特性に基づいた場合，次のように分類されることを示している。[5]

---

[3] [sich] は，当該の文が sich を伴わない自動詞構文と sich を伴う再帰構文のいずれにおいても容認されないことを示す。

[4] 「絶対自動詞」「絶対他動詞」は，「状態変化」を表す意味用法としてそれぞれ非使役的用法のみ，使役的用法のみの動詞を指すものであり，動詞そのものとして必ずしも自動詞用法，他動詞用法に限られるものではない。

[5] ドイツ語の状態変化動詞の中には，verästeln「枝分かれする」のように再帰用法のみで用いられる「絶対再帰動詞」や，ausfransen「ほつれさせる / ほつれる」のように使役的用法に対応する非使役的用法として自動詞用法と再帰用法の両方が容認される「他自再動詞」も存在するが，このようなタイプはごく数例に過ぎないため，ここでは例外的なものと見なし，分類に組み込んでいない。

(A) 絶対自動詞（例 sprießen）
(B) 絶対他動詞（例 aufdrücken）
(C) 使役交替動詞　　(C-1)　他自動詞（例 zerbrechen）
　　　　　　　　　(C-2)　他再動詞（例 öffnen）

　それでは，使役交替の可能性および統語的特性に基づいたこの分類にはどのような意味的特性が関与しているのだろうか。以下では，まず絶対自動詞と使役交替動詞を，次に絶対他動詞と使役交替動詞を対比し，この問題を探ることにする。

2. 絶対自動詞と使役交替動詞 ― 使役的用法の有無をめぐって

　絶対自動詞と使役交替動詞の対比においては，使役的用法が可能であるか否かが問題となる。英語の関連研究において，使役的用法を持たない，いわば絶対自動詞に対応すると考えられる英語動詞は，たとえば Levin (1993) において「対象特有の状態変化を表す動詞（verbs of entity-specific change of state）」に分類され，また Levin & Rappaport Hovav (1995) において―使役交替が可能な「外的状態変化動詞（externally caused change of state verbs）」と区別される―「内的状態変化動詞（internally caused change of state verbs）」として捉えられている。そして，内的状態変化動詞が使役的用法を持たないことについて，これらの動詞が表す状態変化が対象に生じる自然な推移に本来備わっているものであり（inherent to the natural course of development of the entities），外的使役によって引き起こされるものではないからだ，と説明されている。

　この仮説は，次の例に見られるように，ドイツ語においても当てはまる。

(9)　a.　Die Knospen sprießen.　　　　木の芽が出る。
　　　b.　*Er sprießt die Knospen.　　　彼は木の芽を出させる。
(10)　a.　Die Wunde eitert.　　　　　　傷が化膿する。
　　　b.　*Er eitert die Wunde.　　　　　彼は傷を化膿させる。
(11)　a.　Die Vase zerbrach.　　　　　　花瓶が割れた。
　　　b.　Er zerbrach die Vase.　　　　　彼は花瓶を割った。
(12)　a.　Die Tür öffnete sich.　　　　　ドアが開いた。
　　　b.　Er öffnete die Tür.　　　　　　彼はドアを開けた。

絶対自動詞による (9)(10) が表す出来事は，一定の条件下で自然に生じる変化，

つまり自然現象的状態変化である。このような状態変化は，対象の内在的に備えている性質や力によって生じる対象特有の変化で，人間が直接引き起こしうる変化ではない，いわゆる「内的状態変化」と言えるものである。

それに対し，(11)(12) のような，使役的用法が可能であり，使役交替が起こる例では，人間の直接的関与が想定可能なあるいは必要な事柄が表されている。通常，「花瓶」や「ドア」が，壊れたり，開いたりする場合，人間の直接的関与が想定されるであろう。

このように，絶対自動詞は，自然現象，すなわち人間の直接的関与が想定されない事柄を表し，使役交替動詞は，人間の直接的な関与が想定される事柄を表す，ということになる。

しかし，この仮説は一部修正する必要がある。なぜなら，たとえば (13)(14) のように，自然現象を表しながら，使役的用法が容認される動詞があるからである。

(13) a. Die Tomaten reifen an der Sonne.　　トマトが陽光で熟す。
　　　b. Die Sonne reift die Tomaten.　　陽光がトマトを熟させる。
(14) a. Der Himmel rötet sich.　　空が赤らむ。
　　　b. Die aufgehende Sonne rötet den Himmel. 昇る太陽が空を赤らめる。

すなわち，自然現象である状態変化でも，その原因的出来事を使役主として想定しうる場合は，使役的用法が容認されるのである。このことを考慮に入れて，上述の仮説を修正すると，絶対自動詞は，(15)(16) のように，自然現象を表し，かつ原因的出来事が使役的用法の主語として想定できないものであるということになる。

(15) a. Die Knospen sprießen.　　木の芽が出る。(9)参照
　　　b. *Die Sonne sprießt die Knospen.　　日光が木の芽を出させる。
(16) a. Die Wunde eitert.　　傷が化膿する。(10)参照
　　　b. *Die Entzündung eitert die Wunde.　　炎症が傷を化膿させる。

他方，自然現象ではなく，人間の直接的関与が想定可能な事柄を表すにもかかわらず，使役的用法が容認されない動詞がある。

(17) a. Die Tür fliegt auf.　　ドアが急に開く。
　　　b. *Er/*Der Wind fliegt die Tür auf.　　彼/風がドアを急に開ける。
(18) a. Die Butter zerfließt in der Sonne.　　バターが陽光で溶ける。

b. *Er/*Die Sonne zerfließt die Butter.　　　彼/陽光がバターを溶かす。

　これらの状態変化は本来，「ドアを開ける」「バターを溶かす」というように，人間の直接的関与が想定できるものである。それは，同じ意味内容を表す動詞 öffnen, schmelzen が使役交替動詞であることからも頷ける。それにもかかわらず，(17)(18) の動詞において使役的用法が容認されないのはどのように説明できるのだろうか。これらの動詞の場合，基礎動詞の部分 fliegen と fließen がそれぞれ「飛ぶように」「流れるように」という，状態変化の様態を表しているが，このような状態変化の様態を，人間の使役的行為の一部として，その語義に含むにはかなり無理があるように思われる。つまり「物事の状態が<u>飛ぶように</u>あるいは<u>流れるように</u>変化することを引き起こす」という行為を一つの動詞で表すことにはかなり無理があるのではないかということである。このような理由から，動詞 auffliegen, zerfließen においては，使役的用法が容認されないと考える。[6]

　以上のことをまとめると，使役交替を起こさない（すなわち使役的用法が容認されない）絶対自動詞の意味的特性は，原因的出来事が使役主として想定されない自然現象を表す，あるいは（状態変化の意味内容としては人間の関与が可能なものであっても）人間の直接的関与が難しい状態変化の様態を含意し，自然現象に準じる事柄を表すということになる。

3.　絶対他動詞と使役交替動詞 ― 非使役的用法の有無をめぐって

　絶対他動詞と使役交替動詞の対比においては，非使役的用法が可能であるか否かが問題となる。英語の関連研究として，たとえば Haspelmath (1993) は，次の例を挙げ，非使役的用法の可能性に関わる使役交替動詞と絶対他動詞の意

---

[6] 状態変化の様態が含意されていても，それが人間の使役的行為の一部として，動詞の語義に含まれうるものの場合，使役的用法が容認される。
　(i) a. Der Koffer klappte auf.　スーツケースがぱっと開いた。
　　 b. Er klappte den Koffer auf.　彼はスーツケースをぱっと開けた。
　(ii)a. Die Tür schlug zu.　ドアがぱたんと閉まった。
　　 b. Er schlug die Tür zu.　彼はドアをぱたんと閉めた。
　すなわち，これらの動詞の基礎動詞の部分 klappen（ガタガタ音を立てる），schlagen（叩く）が表す（間接的にではあるが）「勢いよく」という状態変化の様態は，(17)(18) のそれと違って，人間の使役的行為の一部として含むには無理がないであろう。このような理由から，動詞 aufklappen と zuschlagen においては，使役的用法が容認されると考える。

味的相違を指摘している。[7]

(19) a. The girl tore her pants.
　　 b. The pants tore.
(20) a. The tailor cut the cloth.
　　 b. *The cloth cut.　　　　　Haspelmath (1993: 93)

　要するに，(20) の動詞 cut の場合非使役化が起こらないのは，この動詞が「何らかの鋭い道具（ここでは刃物：筆者注）によって（by means of a sharp instrument）」という「動作主指向の意味要素（agent-oriented meaning components）」を含んでいるためであり，[8] (19) の動詞 tear の場合に非使役化が起こるのは，この動詞がそのような動作主指向の意味要素を含んでいないためであると言うのである。Voorst (1995) も，使役交替が可能な動詞の意味特性として，動詞の表す出来事に人間がどのように関与するかが特定されていないこと（これを「意味的特定化の欠如（lack of semantic specification）」と呼ぶ）を挙げている。
　このような Haspelmath (1993) および Voorst (1995) の主張は，次の例に見られるように，ドイツ語においても当てはまる。

(21) a. Er zerbrach die Vase.　　　　　彼は花瓶を割った。(11)参照
　　 b. Die Vase zerbrach.　　　　　　花瓶が割れた。
(22) a. Er öffnete die Tür.　　　　　　彼はドアを開けた。(12)参照
　　 b. Die Tür öffnete sich.　　　　　ドアが開いた。
(23) a. Er drückte die Tür auf.　　　　彼はドアを押し開けた。
　　 b. *Die Tür drückte [sich] auf.　　ドアが押し開いた。
(24) a. Er föhnte sich die Haare.　　　彼はドライヤーで髪を乾かした。
　　 b. *Die Haare föhnten [sich].　　　髪がドライヤーで乾いた。

　使役交替動詞による (21a)(22a) の場合，彼がどのようにして花瓶を割ったか（彼のどのような行為によって花瓶が割れたか），彼がどのようにしてドアを開けたかに関して特に何も含意されていない。そのため，(21b)(22b) のような非使役的用法が容認されると考えられるのである。

---

[7] Haspelmath (1993) は，言語類型論的観点から，21 言語における使役交替の派生関係のパターンを扱ったものである。
[8] 動詞 cut については，Levin & Rappaport Hovav (1995: 103) にも同様の説明が見られる。

それに対し，(23)(24) のような，非使役的用法が容認されない，絶対他動詞の例では，人間の関与の仕方が含意されている。(23) の動詞 aufdrücken では，「開ける」ための手段として，特定の行為「押す（drücken）」が指定されており，(24) の動詞 föhnen では，「乾かす」ための手段として，特定の道具「ドライヤー（Föhn）」が指定されているのである。このことは，動詞形態および以下の辞書記述（Duden Deutsches Universalwörterbuch 1997）からも明らかであろう。

(25)　aufdrücken　　　　**durch Drücken** öffnen
　　　　　　　　　　　　押すことによって開ける
(26)　föhnen　　　　　　(bes. Haare) **mit dem Föhn** trocknen
　　　　　　　　　　　　（特に髪を）ドライヤーで乾かす

　すなわち，状態変化を引き起こす，人間の関与の仕方が語彙的に特定されている（Haspelmath (1993) の言う「動作主指向の意味要素の含意」および Voorst (1995) の言う「意味的特定化」が認められる）動詞の場合は，非使役的用法が容認されないのである。
　なお，状態変化を引き起こす人間の関与の仕方が語彙的に含意されているにもかかわらず，非使役的用法が容認される動詞がある。

(27)　a.　Er fuhr den Reifen ab.
　　　　　　彼は（(車に)たくさん乗って）タイヤをすり減らした。
　　　b.　Der Reifen fuhr sich ab.　　　タイヤはすり減った。
(28)　a.　Er lief die Sohlen schon wieder ab.
　　　　　　彼は（たくさん歩いて）また靴底をすり減らした。
　　　b.　Die Sohlen liefen sich ab.　　靴底はすり減った。

(27) の動詞 abfahren の場合「車に乗る・運転する（fahren）」，(28) の動詞 ablaufen の場合「歩く（laufen）」という人間の特定の行為が，それぞれが表す状態変化の原因として含意されている。それにもかかわらず，これらの動詞において非使役的用法が容認されるのはどのように説明できるのだろうか。これらの動詞 abfahren と ablaufen は，たしかに人間の特定の行為（すなわち fahren と laufen）を含意しているが，それらの行為は，反復的なものとして背景化され，直接的に状態変化を引き起こすものと意識されなくなっていると言える。このような場合，行為の特定性が薄れ，そのために，状態変化のみを

表す非使役的用法が可能になっていると考えられるであろう。

以上のことをまとめると，使役交替を起こさない（すなわち非使役的用法が容認されない）絶対他動詞の意味的特性は，（反復性による非特定化の場合を除いて）状態変化を引き起こす人間の行為が特定されているということになる。

4. まとめ

上では，使役交替という統語的現象を軸に，ドイツ語状態変化動詞の語彙化について分析した結果を示した。

まず，絶対自動詞は，原因的出来事が使役主として想定されない自然現象を表すという意味的特性を持つことを述べた。なお，人間の関与が想定可能な事柄を表すにもかかわらず，使役的用法が容認されない事例についても，絶対自動詞の意味的特性と矛盾しない（つまり絶対自動詞となるだけの意味的特性が認められる）との考察を述べた。

次に，絶対他動詞は，直接当該の状態変化を引き起こす特定の行為的手段を含意しているという意味的特性を持つことを述べた。なお，特定の行為的手段が含意されていると考えられるのにもかかわらず，非使役的用法が容認される事例についても，絶対他動詞の意味的特性と矛盾しない（つまり使役交替動詞となるだけの意味的特性が認められる）との考察を述べた。

最後に，使役交替動詞（他自動詞および他再動詞）については，絶対自動詞および絶対他動詞との対比により，①原因的出来事が使役主として想定されうる自然現象を表す，②人間の直接的関与が想定される事柄を表すが，その関与の仕方が特定されていない，という意味的特性を持つことを述べた。

なお，他自動詞と他再動詞の意味的相違も問題となるであろうが，現時点では，他自動詞は，基本的に「決定的変化」「非可逆的変化」「瞬間的変化」を表し，他再動詞は，基本的に「程度的変化」「可逆的変化」「時間的幅を要する変化」を表すと考えている。すなわち，他自動詞は，状態変化のプロセスがほとんど問題にならず，状態変化の結果が前面に現れる事柄を表し，他再動詞は，プロセスも意識する状態変化の事柄を表すのである。しかし，実証的に分析してみると，このような意味的特性に当てはまらないものも数多く存在しており，今後新たな観点からの分析が必要と言えよう（詳細はカン 2007 を参照）。

以上のように，使役交替をめぐるドイツ語状態変化動詞の語彙化には，自然現象を表すか人間の直接的関与が想定可能な事柄を表すか，自然現象を表す場合，原因的出来事を主語とする他動詞用法が容認されるか否か，人間の直接的

関与が想定可能な事柄を表す場合，人間の関与の仕方が特定されているか否か，といった意味的特性が関与している。

　今後は，分析対象を構文による状態変化表現にまで広げ，とりわけ絶対他動詞による状態変化表現と結果構文による使役的状態変化表現を対比し，使役的状態変化表現に関して，絶対他動詞と結果構文がどのような機能分担をしているのかを明らかにすることを考えている。この問題提起は，現実世界の出来事の言語化における語彙的表現と結果構文的表現の「可能性と限界」という問題につながるものと言えよう。

参考文献

大矢俊明（1997）「ドイツ語における使役交替と非対格性」筑波大学現代言語学研究会（編）『ヴォイスに関する比較言語学的研究』，67-95．三修社．

カン・ミンギョン（2001）「ドイツ語「状態変化動詞」の統語的意味的分析」東京外国語大学大学院ドイツ語学文学研究会『DER KEIM』25，5-28．

カン・ミンギョン（2007）「ドイツ語の「状態変化動詞」——「使役交替を軸に」——」東京外国語大学大学院地域文化研究科博士論文．

児玉徳美（1995）「英語学の三〇年」月刊『言語』（大修館）24巻3号，20-27．

嶋崎　啓（2006）「他・再帰動詞と他・自動詞の意味的相違」東北ドイツ文学会『東北ドイツ文学研究』49，115-137．

成田　節（1999）「ドイツ語の他再動詞と他自動詞について」『東京外国語大学百周年記念論文集』，171-194．

Aoki, Y. (2005) Semantische Kontinuität der reflexiven Verben — anhand der kausativ-inchoativen Alternationen im Deutschen —. In: *Energeia*（ドイツ文法理論研究会）30, 13-34.

Haspelmath, M. (1993) More on the typology of inchoative/causative alternation. In: Comrie, B. / Polinsky, M. (eds) *Causatives and transitivity*, 87-120. Amsterdam: Benjamins.

Lakoff, G. (1987) *Women, Fire, and Dangerous Things: what Categories Reveal about the mind*. Chicago: University of Chicago Press.

Levin, B. (1993) *English Verb Classes and Alternations: A Preliminary Investigation*. Chicago: University of Chicago Press.

Levin, B. / Rappaport Hovav, M. (1995) *Unaccusativity: At the Syntax-Lexical Semantics Interface*. Cambridge, Mass.: MIT Press.

Voorst, J. v. (1995) The semantic structure of causative constructions. In: *Studies in Language* 19/2, 489-523.

辞書

Duden Deutsches Universalwörterbuch A-Z (CD-ROM, 1997) Mannheim: Dudenverlag.

9. ドイツ語の感情動詞における格枠組みの文意味機能について

三 宅 洋 子

1. はじめに

　本稿では感情を表すドイツ語の動詞（以下「感情動詞」）を対象に，まず，これらの動詞がどのような統語構造で用いられるかを概観する。そして，統語構造，特に「格枠組み (Kasusrahmen)」に対応する文意味と動詞の意味内容との相関性について述べる。感情には大別すると，喜び，怒り，驚き，愛憎などがあり，これらの感情にはそれを経験する人，すなわち「経験主 (Experiencer)」が存在する。感情動詞の振る舞いに見られる特徴の一つはこの経験主を表す名詞句が主格，対格，与格と様々な格で現れることである。さらに感情動詞は再帰文，sein＋過去分詞文，非人称文など構文の種類が豊富なことにおいても際立っている。このような統語構造の多様性は他の動詞グループには見られないものであり，それゆえこれまでの研究でもこの多様性をどのように記述するかが主に議論されてきた。[1] しかし，多くの研究はこうした統語構造の多様性を動詞の意味特徴の違い（例えばアスペクトや意味役割の組み合わせの違い）によるものとして記述しており，例えば，一つの感情動詞のもとに複数の統語構造が現れるといった現象を統語構造そのものに注目して解決しようとする試みはほとんどなかった。本稿では動詞の意味だけではなく，特定の格の組み合わせからなる格枠組みにも文意味を構成する機能があるとする Ickler (1990)，在間 (1990) などの立場を取り，経験主を表す格ごとにその文意味の特徴を明らかにする。その際，それぞれの格枠組みの意味と感情動詞の意味内容，とりわけ喜怒哀楽といった感情の様態がどのように関連しているのかにも目を向ける。

2. 統語的観察
2.1. 統語構造の種類

　まず本節では，ドイツ語の感情動詞がどのような統語構造で用いられるのか

---

[1] 例えば Pesetsky (1995) の語彙意味論的アプローチや Klein & Kutscher (2002) の最適性理論によるアプローチなどが挙げられる。

を見ていく。感情動詞は以下の表1のような7通りの統語構造で用いられる。表の左欄より経験主を表す格、原因/対象を表す格および前置詞、構文名、そして文例を挙げる。

表1：感情動詞が用いられる統語構造

経験主	原/対	構文	文例
対格	主格	他動詞文	(1) Das freut mich.　私はそのことに喜ぶ。
与格	主格	自動詞文	(2) Das gefällt mir.　それは私の気に入る。
対格/与格	前置詞	非人称文	(3) Mich/Mir ekelt vor dem Essen. 私は食事に吐き気がする。
主格	対格	他動詞文	(4) Ich liebe Sushi.　私はお寿司が大好きだ。
主格	前置詞	自動詞文	(5) Ich erschrak vor einem großen Hund. 私は大きな犬にびっくりした。
主格	前置詞	再帰文	(6) Ich wundere mich darüber. 私はそれをおかしいと思う。
主格	前置詞	sein + 過去分詞文	(7) Ich bin darüber entsetzt. 私はそのことに驚いている。

2.2. 統語構造と感情動詞の例

次にそれぞれの統語構造で用いられる感情動詞の例を挙げる。

経験主対格（他動詞文）：ängstigen（不安にする），ärgern（怒らせる），freuen（喜ばせる），langweilen（退屈させる），wundern（不思議に思わせる）

経験主与格（自動詞文）：gefallen（気に入る），missfallen（気に入らない），behagen（気に入る）

経験主対格/与格（非人称文）：ekeln（吐き気をもよおす），grauen（おそろしい），gruseln（おそろしい），schaudern（身震いがする）

経験主主格（他動詞文）：beneiden（妬む），lieben（愛する），hassen（憎む），mögen（好きだ），bedauern（残念に思う），bewundern（感心する）

経験主主格（自動詞文）：erschrecken（驚く），erstaunen（驚く）

経験主主格（再帰文）：sich ängstigen（不安がる），sich ärgern（怒る），sich ekeln（吐き気をもよおす），sich entsetzen（驚愕する），sich freuen（喜ぶ），

sich grauen（怖がる），sich langweilen（退屈する），sich wundern（不思議に思う）

経験主主格（sein + 過去分詞文）：begeistert sein（感動する），empört sein（怒っている），entsetzt sein（驚いている），enttäuscht sein（がっかりする），interessiert sein（関心がある），schockiert sein（ショックを受ける），überrascht sein（驚いている）

2.3. 統語構造の相互関連性

経験主を対格で表すほとんどすべての感情動詞に，これを主格としてコード化しなおす構文がある。すなわち（8a）に対する（8b），（9a）に対する（9b）に見られるような，再帰文や sein + 過去分詞文の用法である。[2] また，語彙数が限られているが（10），（11）のように，他動詞文と自動詞文，非人称文と再帰文との間にもこうした交替が見られる。

他動詞文（経験主対格）→再帰文

(8) a. Das wundert mich gar nicht. 　私はそんなことでは全然驚かない。
　　 b. Ich wundere mich darüber gar nicht.
　　　　 私はそんなことでは全然驚かない。

他動詞文（経験主対格）→ sein + 過去分詞文

(9) a. Die Natur fasziniert mich. 　　　 自然が私を魅了する。
　　 b. Ich bin von der Natur fasziniert. 　私は自然に魅了される。

他動詞文（経験主対格）→自動詞文

(10) a. Ihr großes Wissen hat mich sehr erstaunt.
　　　　彼女の知識は私を驚かせた。
　　　b. Ich erstaunte über ihr großes Wissen. 　彼女の知識には驚かされた。

非人称文→再帰文

(11) a. Mich ekelt vor dem Essen. 　　その食べ物には吐き気がする。
　　　b. Ich ekle mich vor dem Essen. 　その食べ物には吐き気がする。

---

[2] 経験主を対格で表す他動詞文と，この経験主を主格で表す再帰文および sein+ 過去分詞文がヨーロッパ諸語において特によく発達していることは Haspelmath (2001: 65) でも確かめられている。

これに対し，経験主を与格として表す動詞，もしくは経験主を主格で対象を対格で表す動詞は，複数の異なる統語構造で用いられることは稀である。ただし例外として fürchten（恐れる）のような動詞もある。

(12) a. Ich habe mich vor der Prüfung gefürchtet.　私は試験が怖かった。
　　 b. Er hat noch keinen Gegner gefürchtet.
　　　　彼はいまだ敵を恐れたことがない。
　　 c. Sie fürchtet, ihren Arbeitsplatz zu verlieren.
　　　　彼女は職を失ってしまうのではないかと恐れている。

3. 格枠組みの文意味機能と動詞意味

本節では冒頭に述べた在間 (1990)，Ickler (1990) のテーゼに従い，経験主を対格，主格，与格で表す格枠組みの文意味特徴を見ていく。

3.1 経験主が対格で表される文

経験主を対格で表す他動詞文には「ある原因が経験主にある感情を引き起こす」のような使役的文意味が対応している。「原因」を表す名詞句には人間と無生物が区別できるが，例えば以下の例の ärgern（怒らせる）では両方の名詞句が「原因」として表され得る。これに対し freuen（喜ばせる）のように「原因」としては無生物しか表せない動詞もある。

(13) a. Hans hat Peter geärgert.　ハンスはペーターを怒らせてしまった。
　　 b. Der hässliche Fleck in der Mitte hat Peter geärgert.
　　　　真ん中にある醜い汚れがペーターを怒らせた。
(14) a. ??Sie hat ihre Mutter gefreut.　彼女は彼女の母親を喜ばせた。
　　 b. Das kleine Geschenk hat ihre Mutter gefreut.
　　　　小さな贈り物が彼女の母を喜ばせた。

典型的な他動詞文の主語は，意図的に行為することのできる人間，つまり「動作主」なので，主語が無生物しか表さない freuen のような動詞は他動詞文の典型性が落ちると考えられる。[3] freuen などと比べてさらに他動詞文の典型性を欠くのが，以下の (15) のような非人称構文であろう。ここでは「原因」

---

[3] 無生物のみを原因として表す感情動詞が動作主性において非典型的であるということは，典型的な他動詞文（動作主による他動的行為を表すような文）では可能な受動態の形成がこれらの動詞では不可能であることからも支持される。

が現れるべき主格の名詞句は虚辞の es であるか，もしくは全く現れないかのどちらかである。

(15) Mich ekelt vor ihm.　彼のことが怖い。

このように非人称文では，言語外に指示対象を持つ主語がない。一般的に非人称の用法は，原因が経験主（ただし以下の (16), (17) では身体的感覚の経験主）にも特定できない場合は (16)，あるいは原因が特化しているために述べる必要がない場合は (17) などに用いられる。

(16) Es kriecht auf dem Rücken.　なにかが背中を這っている。
(17) Es hungert/dürstet/schwitzt mich.
　　　お腹がすく / 喉が渇く / 汗をかく。（ただし古い用法）

非人称動詞には，身体的な感覚から転義した感情動詞 ekeln（吐き気をもよおす→嫌だ），schaudern（身震いがする→恐ろしい）が特徴的である。こうした感情は身体反応のように，経験主にも原因がそれと認識されないうちに起こると捉えられるため，非人称文で表されるのだろう。以上見てきたように対格に経験主を表す文のタイプは「ある原因が経験主にある感情を引き起こす」という文意味，そしてその延長上で捉えられる。

3.2.　経験主が主格で表される文

例文 (8) から (11) で確認したように，再帰文，sein + 過去分詞文，自動詞文は対格で経験主を表す他動詞文との交替に関わり，以下の (18) から (20) で示すように経験主を主格で，対象を前置詞句で表す。(21)，(22) のように対象を対格として表す他動詞文はこうした交替に関わらない。

(18) Ich freue mich auf dein Kommen.　君が来てくれるとうれしいです。
(19) Ich bin darüber überrascht.　私はそのことに驚いている。
(20) Er erschrak über den Knall.　彼は大きな音にびっくりした。
(21) Er liebt/hasst mich.　彼は私を愛している / 憎んでいる。
(22) Ich bewundere sein Kenntnis.　彼の知識に感心している。

経験主が主格で表される文には共通して「経験主が対象についてある感情を抱く」という文意味がある。再帰文，自動詞文，sein + 過去分詞文と異なり，対象を対格として表す他動詞文には，経験主を対格として表す他動詞文との

交替が見られない。これは (21) や (22) の lieben（愛する），hassen（憎む），bewundern（感心する）など，感情の対象を対格目的語として取る動詞が恒常的な状態を表し，感情の変化の側面を含意していないからであると思われる。そのため「喜び」，「驚き」などのように，何かが「原因」となって一時的に感情が起こるという捉え方を当てはめにくく，この他動詞文は交替に関与しないのだと考えられる。

また，対象を (18) から (20) のように前置詞句で表すか，(21)，(22) のように対格目的語として表すかという選択には，清野 (1990)，池上 (1993) などの研究が示すように，対象が受ける影響度が関係すると思われる。対格で表される対象は単なる行為の受け手であるばかりでなく，行為により意味論的，語用論的に有意味な影響を被ったという解釈を受けるという。具体的に次の例で，(23a) のような「肩を叩く」という行為が「叩いて傷つける」といった結果までをも意味する場合，行為を受ける身体部分は (23b) のような前置詞句ではなく，(23c) のような対格で表されるという。つまり，ここでは意味的な他動性が高い場合に対象が対格で表されている。

(23) a. Er hat ihr auf die Schulter geschlagen.　　彼は彼女の肩を叩く。
　　 b. *Er hat ihr auf die Schulter wund geschlagen.
　　　　彼は彼女の肩を叩いて傷つけた。
　　 c. Er hat ihr die Schulter wund geschlagen.
　　　　彼は彼女の肩を叩いて傷つけた。　　　　　　　　　　　清野 (1990: 146f.)

このことを感情動詞における格の選択に当てはめて考えるなら，一時的な感情をぶつけられる対象に比べて，恒常的な感情の対象はその分全体的な影響を受けているという解釈を受けるため，対格として表されるのであろう。

3.3. 経験主が与格で表される文

経験主が与格として現れる感情動詞は対格として現れるものと比べて少なく，gefallen（気に入る），missfallen（気に入らない）など「好み」を表すいくつかの動詞と，非人称動詞に限られる。[4] これら経験主を与格で表す文には，共通して「経験主がある対象を判断する」という文意味が対応している。gefallen では対象を肯定的に判断するからこそ「気に入る」といった感情が生

---

[4] Haspelmath (2001) はヨーロッパの言語を調査し，経験主を与格としてあらわす動詞が「好み」の意味と親和性があることを指摘した。

じえる。また非人称動詞 ekeln（吐き気をもよおす）でも，ある状況を「吐き気をもよおす」ように感じるかどうかは経験主の感じ方によっている。Klein & Kutscher (2002) は形容詞文においてこの点を指摘しており，与格が現れる形容詞は経験主の個人的な判断に基づく述語，例えば「体調がよい／悪い（mir ist gut/schlecht）」や「暑い／寒い（mir ist heiß/kalt）」などに限られるという。[5] このように，経験主を与格で表す文は「判断」という動詞の意味内容と密接に結びついている。経験主を対格や主格で表す文にはこうした特定の動詞意味との結びつきが見られないことから，経験主を与格で表す文の格枠組みに対応する文意味は動詞意味に対しての独立性が弱く，動詞の意味内容に即しつつ文意味を形成しているのだと考えられる。

4. おわりに

　2.3節に見たように，感情動詞に用いられる文の形式は対格で経験主を表すものとそれを主格としてコード化するいくつかのタイプに集中している。このことから，ドイツ語において感情という事象は「感情の変化」と「対象に向けられる感情」という二つの視点で捉えることが可能であることが分かる。この二つの捉え方を当てはめにくい場合，つまり動詞の意味がこの二つの捉え方に整合しない場合，この交替に関わらない統語構造が現れるのだろう。それが対象を対格として表す他動詞文や個人的判断に基づく感情，例えば「好み」という感情を表す与格構文のケースではないだろうか。

参考文献
池上嘉彦 (1993)「〈有情の被動者としての人間〉の文法」Sophia University『Sophia Linguistica. Working Papers in Linguistics』33, 1-19.
在間　進 (1990)「ドイツ語の動詞と統語構造」国広哲弥教授還暦退官記念論文集編集委員会『文法と意味の間』, 235-252. くろしお出版.
清野智昭 (1990)「身体表現における4格目的語の機能」熊本大学文学会『文学部論叢』第35号, 138-152.
Haspelmath, M. (2001) Non-canonical marking of core arguments in European languages. In: Aikhenwald, A. / Dixon, R.W.M. / Onishi, M. (eds.) *Noncanonical marking of subjects*

---

[5] 個人の基準を必ずしも前提としないような形容詞，例えば groß（大きい）が与格の人とともに用いられる場合，Der Schuh ist mir zu groß（その靴は私には大きすぎる）のように特定の人に評価されるコンテクストを必要とする（Klein&Kutscher (2002: 26)）。

and objects, 53-85. Amsterdam / Philadelphia: Benjamins.

Ickler, I. (1990) Kasusrahmen und Perspektive. Zur Kodierung von semantischen Rollen. In: *Deutsche Sprache* 18/1, 1-37.

Klein, K. / Kutscher, S. (2002) Psych-Verbs and Lexical Economy. In: *Theorie des Lexikons. Arbeiten des Sonderforschungsbereichs 282*, 1-41. Heinrich-Heine Universität Düsseldorf.

Pesetsky, D. (1995) *Zero Syntax. Experiencer and cascades.* Cambridge: MIT Press.

IV ヴォイス
——できごとの表し方（3）——

10. 事象の捉え方：態（ヴォイス）

小　川　曉　夫

1. はじめに

　動詞の態と言うと，伝統文法では本動詞 (Hauptverb) 自体の形態が変化することを指す。その意味では，ドイツ語において能動態 (Aktiv) 以外は，厳密に態と呼べるものはない。受動 (Passiv) は werden ＋過去分詞という複合形式による。また再帰 (Reflexiv) や使役 (Kausativ) も態とは見なせない。それぞれに独自の動詞形態素は用いられないからである。つまり，再帰，使役とも同時に能動態でもある。能動態以外，明確に別の態を持っている言語の代表は古典ギリシャ語である。そこでは例えば，能動態と再帰（中動）態が純粋に動詞形態素によって区別されている（「（他人を）洗う」：louo「（自分を）洗う」：louomai）。名詞の屈折的（あるいは膠着的）な形態変化と平行しているのが，動詞の態の交替と考えることができる。

　一方，ヴォイスと言うと，文の形態・形式よりも意味に重点を置いた命名である（鷲尾1997参照）。それは「主語が動詞の表わす事態に対していかなる関係を持つかを表示する」（二枝 2007:5）表現パタンの種類である。その観点からすれば，ドイツ語は能動，受動，再帰，使役の４つのヴォイス構文を持つ。それぞれ，能動は「主語から（目的語に向けて）行為が発せられる」，受動は「主語に向けて行為が発せられる」，再帰は「主語から主語自身に向けて行為が発せられる」，そして使役は「主語が目的語に行為を発するよう仕向ける」構文タイプである。これらは，より一般的に「事象の捉え方」の異なったパタンと言える。以下，それぞれを見ていこう。

2. 能動構文

　能動構文には，述語の格配列から見ると，主格＋動詞 (Er arbeitet.「彼は働く」)，主格＋動詞＋対格 (Er küsst sie.「彼は彼女にキスをする」)，主格＋動詞＋与格 (Er hilft ihr.「彼は彼女を助ける」)，主格＋動詞＋与格＋対格 (Er schenkt ihr einen Blumenstrauß.「彼は彼女に花束を贈る」) があり，また通時的に徐々に衰退している属格目的語を加えると，主格＋動詞＋属格

(Er gedenkt des Verstorbenen.「彼は死者を追悼する」),主格＋動詞＋対格＋属格（Er bezichtigt den Mann des Diebstals.「彼はその男を窃盗で訴える」）がある。また,動詞が格目的語ではなく,前置詞句を従える場合も多い（Er denkt an sie.「彼は彼女を思っている」）。

　このうち,ドイツ語に特徴的なのはまず与格の広範な用法である。それは（間接）目的語としての与格のほかに,「所有の与格」(Die Mutter wäscht dem Kind die Hände.「母親が子供の手を洗ってあげる」),「利害の与格」(Dem Kind ist das Dreirad kaputtgegangen.「その子は三輪車がこわれてしまった」;Der Vater repariert dem Kind das Dreirad.「父親がその子に三輪車を直してあげる」),「関心の与格」(Der ist mir vielleicht einer!「あいつは（私にとって）まったくひどいやつだ」）などである。事象の捉え方との関連で言えば,これらはおしなべて出来事への参与者を拡大して捉える表現と解釈することができる（Ogawa 2003 参照）。与格で表された（多くの場合）人間がその出来事に関与している参与者である。例えば「父親が三輪車を直す」という出来事により「その子」が恩恵を受けるという図式である。

　ドイツ語の文要素のうちもう一つ特徴的なのは属格目的語であろう（Ich erinnere mich noch jenes Tages.「私はあの日をまだ覚えている」）。多くのゲルマン語のなかでこの目的語が残存しているのはドイツ語以外ではアイスランド語のみである。通時的には属格目的語は前置詞句または対格目的語に取って代わられる傾向にある。その統語的また意味的要因の解明は,今なお属格目的語を広範に保有する東スラヴ諸語（ロシア語,ポーランド語など）との比較対照の点でも,興味深い研究課題である。一般に属格目的語は,例えば対格目的語との比較で言えば,「動詞による行為が目的語に間接的にしか関わらない」,「動詞が抽象的な行為である」,「否定文に現れる」などの特徴を持つ（Ogawa 2004 参照）。

　さてドイツ語の能動構文は,他の対格言語 (Akkusativsprache)[1] におけるのと同様,最も一般的,無標 (unmarkiert) な構文である。厳密には再帰構文も使役構文も能動態に含まれることは先に述べた。本来「主語が（目的語に対して）行為を発する」という表現パタンはドイツ語をはじめ多くのヨーロッパ言語の根幹を成す。それは「行為」のみならず「出来事」（例えば「自発」：Das

---

[1] 対格言語と異なる言語タイプは能格言語 (Ergativsprache) である。オーストラリアやコーカサスの諸言語,またヨーロッパではバスク語,ウェールズ語が能格言語（的）であるとされる。なお,ドイツ語に関しても能格言語的な特徴が見られることが議論されている（Grewendorf 1989）。

Tor öffnet sich.「門があく←門が自らをあける」）や「状態」（例えば「属性」：Das Buch liest sich leicht.「この本は簡単に読める←この本は自らを簡単に読む」；Monika hat blaue Augen.「モニカは目が青い←モニカは青い目を持つ」）など広範な意味タイプを包括している。これと違い，例えば日本語は訳文からもわかるように，別の態（可能態「この本は簡単に読める」），また純粋な自動詞やコピュラ文を用いる（「門があく」「モニカは目が青い」）。ここにすでに日独語の類型の大きな違いが垣間見える（池上 1981 参照）。なお，いくつかのヨーロッパ言語では，能動（再帰）構文が純粋に受動的意味まで獲得しているものさえある（以下の「再帰構文」を参照）。

　また，非人称構文 (unpersönliche Konstruktion)[2] も多くが能動構文をベースにしている。天候述語（Es regnet/schneit/donnert.「雨が降る / 雪が降る / 雷が鳴る」）は言うに及ばず状況述語（Es zieht/brennt/klopft.「それは引く（通る）→隙間風が吹く / それは燃える→火事だ / それは叩く→ドアをノックする音がする」など多数），さらには再帰代名詞を伴った属性表現がそれである（「非人称再帰構文」；以下の「再帰構文」を参照）などである。これらまで含めると，能動構文の適用範囲は非常に広いと言える。

3. 受動構文

　ドイツ語の受動構文には，動作受動 (Vorgangspassiv) と状態受動 (Zustandspassiv) があり，前者は助動詞 werden ＋過去分詞で，後者は助動詞 sein ＋過去分詞で作られる。意味的には，前者は動作それ自体に，後者は動作の結果としての状態にそれぞれ意味の焦点があてられた表現タイプである（Helbig/Buscha 1972, Zaima 1987 参照）。したがって，動作受動では動作主が（付加項として）現れることが可能だが，状態受動では一般に不可能である（Das Tor wird (vom Pförtner) gerade geschlossen.「門が（守衛によって）ちょうど閉められる」vs. Das Tor ist (*vom Pförtner) schon geschlossen.「門が（＊守衛によって）すでに閉められている」）。

　受動構文の主語になれるのは，能動構文の対格目的語である。与格目的語，属格目的語，前置詞目的語などは主格主語に変換されない。これらの述部はし

---

[2] ドイツ語における各種の非人称構文はいわゆる虚辞 es の出没に関して複雑な様相を呈する。例えば後述する非人称受動構文と非人称再帰構文では，前者では（文頭以外）es が現れてはいけないが，後者では（文頭も含めて）現れなければならない。詳しくは Pütz (1986) 参照。

かし，目的語の格形をそのままにして受動化することができる（Ihm wurde geholfen.「彼は助けられた」）。また，目的語を持たない自動詞にも適用可能である（Heute Abend wird getanzt.「今晩踊りがある」）。これらは非人称受動文 (unpersönliches Passiv) と呼ばれ，ドイツ語に限らず古くはラテン語，現代でもアイスランド語，ウェールズ語などに見られる。

　非人称受動の存在は，言語類型論における普遍性 (Sprachuniversalien) に関して一つの示唆を与える。つまり，受動構文一般の機能が「被動作主を前景化する」「対象に焦点を当てる」ことなのか，「動作主を背景化する」「動作主を焦点から外す」ことなのかに関して，後者の有効性が支持されるのである。これは，もちろん前者を排除するものではないが，いわゆる人称受動しかもたない言語，例えば英語や日本語だけの観察からは導かれない仮説・一般化である。

　ドイツ語にはさらに与格受動（Dativ-Passiv, 通称 „bekommen"-Passiv) と呼ばれる受動構文がある。それは bekommen/kriegen/erhalten を助動詞として用い，与格目的語を主格主語に変換する。これらは本動詞として「手に入れる，得る」の意味を持つが，与格受動では助動詞化，認知言語学でテーマとなる文法化 (Grammatikalisierung) が進んでいる（Diewald 1997 参照）。例えば Er bekommt das Buch geschenkt.「彼は本を贈ってもらった」と並んで，Er bekommt das Buch gestohlen.「彼は本を盗まれた」が可能だが，後者で彼が手に入れるのは本ではなく，「（誰かが）本を盗んだ」という状況であると解釈される（Heine 1993 参照）。

4. 再帰構文

　再帰構文は，本来，「主語から発した行為が主語自身に向かう，したがって主語に再び帰ってくる」表現タイプである。その典型として，Er wäscht sich.「彼は自分（の体）を洗う」，Er tadelt sich.「彼は自分を非難する」などが挙げられる。また既に触れたように，ドイツ語の再帰構文は広範な派生用法を持つ。本来の再帰のほか，自発や属性などに意味用法を拡大しているのである。ヨーロッパ諸語一般には同様の派生用法が見られるが，しかしその拡張範囲は言語ごとに差がある。例えば，ドイツ語ではフランス語と違い再帰構文が純粋な受動的意味までは獲得していない（独：*Der Reis baut sich überall in Asien an. vs. 仏：Le riz se cultive en Asie partout.「米はアジア各地で栽培されている」）。その一方で，ドイツ語では属性を表わす再帰構文

が非人称でも生産的に用いられるが（In Berlin lebt es sich gut.「ベルリンは住み心地がいい」），これはフランス語などロマンス諸語では不可能ないしは制限されている。

ヨーロッパ諸言語における再帰構文の意味用法の派生は，概略，再帰－自発－属性－受動の順で観察される（柴谷1997参照）。それに人称構文から非人称構文へと展開して，もろもろの用法のネットワークを形成している。以下がその派生パタンである。そこでは総じて，再帰代名詞の独立的意味が希薄化(Verbleichung)し，他動詞が自動詞化していく過程が見られる。

再帰構文の意味派生

人 称 構 文： 独立指示(a) →身体指示(b) →自発(c) →可能→属性(d) →受動
　　　　　　　　　　　　　　　　　　　　　　　　　↓　　　　↓
非人称構文：　　　　　　　　　　　　　　　　　　属性(e) →受動

(a) Er tadelt sich.　　　　　　彼は自分を責めている。
(b) Er setzt sich.　　　　　　　彼は座る。(← 彼は自分を座らせる)
(c) Das Tor öffnet sich.　　　門があく。
(d) Das Buch liest sich leicht.　その本は簡単に読める。
(e) In Berlin lebt es sich gut.　ベルリンは住み心地がいい。(← それはベルリンにおいて良く住める)

例文はそれぞれ図のアルファベットに対応している。上で述べたように，ドイツ語の再帰構文は純粋に受動の意味までは至っていない。しかし，多くのロマンス諸語では人称構文で受動の意味，また多くのスラヴ諸語では非人称構文でも受動の意味が可能である。「可能」は「自発」とも「属性」とも解釈できる場合があるので，その中間に位置すると考えられる。

興味深いことに，以上の実態は日本語の動詞形態素「れる・られる」の意味用法との比較対照を可能にする。「れる・られる」の史的発達（「自発」，「可能」，「受動」；特に「尊敬」は後発）と並んで，現代語でもいわゆる「ら」抜き現象との関連で類型論的にも未解決で刺激的なテーマである。

5. 使役構文

最後に使役構文は，「使役主が被使役主に行為を行わせる」表現タイプである。ドイツ語ではほとんどが助動詞lassen＋不定詞を用いて表わす。英語やフラ

ンス語などは複数の使役の助動詞によって使い分けをする（英：let, make, have, get, 仏：faire, lasser）。

　lassen＋不定詞による使役構文は大きく2つの意味を持つ。「許可」と「強制」である (Eisenberg 1992)。ドイツ語ではさらに，再帰代名詞を伴うことで「受益」を表わすこともできる（Er ließ sich massieren.「彼はマッサージをしてもらった」）。

　使役構文の意味用法の発達は，許可・強制（「させる」）→ 受益（「してもらう」）→受動（「される」）の順で進むと考えられる（Haspelmath 1990 参照）。使役主が被使役主の行為に働きかけることによる許可・強制，続いて被使役主の行為の結果が使役主自身に影響を及ぼす受益，さらには被使役主による行為の結果だけが焦点化（Fokussierung）された受動というシナリオで文法化が展開する。ドイツ語は受益の意味，フランス語やスウェーデン語はさらに進んで受動の意味にまで至っている（仏：Je me sui fait manger cette pomme par lui.「私は彼にリンゴを食べられた」；スウェーデン：De later sig inter lura-s.「彼らはだまされない」）。なお，日本語においても，例えば「あの人は戦争で息子を死なせた」と「あの人は戦争で息子に死なれた」が類似の意味を持つように，使役と受動の間の乗り入れが認められる点も興味深い（古くは「させ」が受動の意味を現代より強く持っていた）。

6.　おわりに

　これまで本稿ではドイツ語の能動，受動，再帰，使役の各構文を他言語との比較を交えて概観してきた。言語類型的に見ると，この4つの構文ヴァリエーションはいわゆる対格言語においてすべからく観察される。周知のように，ドイツ語を含むヨーロッパ言語は大半が対格言語である。しかし，上で挙げた4構文が通言語的に均等に分布しているわけでもなく，またそれぞれが同一の意味機能を担っているわけではない。これには先に述べた文法化の度合いが大きく関わっている。

　それぞれの構文がそれぞれの言語においてどのように分布し，どのような意味機能を持つかは，絶対的な基準で決まるのではなく，当該構文の隣接構文との関係によってあくまで相対的に規定されていることが予想される（Croft 2001 参照）。また上で見たように，構文同士が重層的に類似の意味機能を担っている場合もある。ドイツ語に限っても，再帰構文の受動的な意味用法や使役構文の同様に受動的な意味用法がその例である。

ヨーロッパの言語同士は確かに一見よく似ている。それはヴォイスの領域でも然りである。しかしそこではゲルマン語派，ロマンス語派，スラヴ語派など系統的に関連する言語同士が，そうでない語派の言語よりも一律に似ているというわけではない（小川 2000 参照）。いわゆる地域的 (areal) 類似性の高い場合もある。これには有名な「バルカン言語連合 Balkansprachbund」[3] と並んで，「標準平均的ヨーロッパ言語 Standard Average European」としてドイツ語とフランス語が多くの文法特徴を共有するという事実も挙げられよう（Haspelmath 2001 参照）。[4]

　ヨーロッパ諸語は一見よく似ていると書いた。しかし仔細は異なる。そしてそれら異なる仔細の集積は個別言語間の全体像の違いを導く。これは，個別言語内部で諸々に文法特徴が連動して相互の意味機能を規定しているとする言語観に端を発する（Gabelentz 1891/1984: 481）。こうして同語族・同語派の言語間であってもなぜ相応な差異が見られるのか説明が試みられ，通言語的に有効な一般化・理論化が進められている（Plank 1984，Hawkins 1986 参照）。

　言語の多様性は恣意的ではなく，その原因は個別特徴が連動している形で言語の普遍的な在り方がすぐれて限定的であることに求められるのであろう。言語多様性の説明，言語普遍性の発見は私たち言語研究者の野心を駆り立ててやまない。そして，この野心を満たす道程には精密で実証的な個別言語研究——私たちの場合，ドイツ語研究——があることは言うをまたない。

[付記] 本稿は，吉田光演・保阪靖人・岡本順治・野村泰幸・小川暁夫著『現代ドイツ言語学入門．生成・認知・類型のアプローチから』（大修館書店 2001）の第 6 章「ドイツ語と言語類型論」の一部に大幅に加筆したものである。

---

[3] 系統的にそれほど近くないルーマニア語（ロマンス語派），ブルガリア語，アルバニア語（スラヴ語派），ギリシャ語（独立した語派）が同じ文法的諸特徴を示すこと。後置冠詞（定冠詞が名詞の後に置かれる）の発達や属格と与格の融合がその例である。

[4] ドイツ語とフランス語が別の語派（ゲルマン語派，ロマンス語派）に属するにもかかわらず，両者の文法特徴の類似性が（それぞれ同じ語派の諸言語に対してよりも）際立っているということ。

参考文献

池上嘉彦（1981）『「する」と「なる」の言語学——言語と文化のタイポロジーへの試論——』大修館書店．

小川暁夫（2000）「ことばの差異から始まる文化論試論」神戸大学国際文化学会編『国際文化学』3号，1-11．

柴谷方良（1997）「言語の機能と構造と類型」日本言語学会『言語研究』112号，1-32．

二枝美津子（2007）『格と態の認知言語学——構文と動詞の意味——』世界思想社．

鷲尾龍一／三原健一（1997）『ヴォイスとアスペクト』研究社．

Croft, W. (1991) *Radical Construction Grammar. Syntactic Theory in Typological Perspective*. Oxford: Oxford University Press.

Diewald, G. (1997) *Grammatikalisierung. Eine Einführung in Sein und Werden grammatischer Formen*. Tübingen: Niemeyer.

Eisenberg, P. (1992) *Grundriß der deutschen Grammatik*. Stuttgart: Metzler.

Gabelentz, G. v. d. (1891) *Die Sprachwissenschaft, ihre Aufgaben, Methoden und bisherigen Ergebnisse* (Reprint 1984). Tübingen: Gunter Narr.

Grewendorf, G. (1989): *Ergativity in German*. Dordrecht: Foris

Haspelmath, M. (1990) The Grammaticalization of Passive Morphology. In: *Studies in Language*, 25-72.

Haspelmath, M. (2001) The European linguistic area: Standard Average European. In: Haspelmath, M. / König, E. / Oestrreicher, W./Raible, W. (eds.) *Language Typology and Language Universals*, Vol. 2, 1472-1509. Berlin/New York: de Gruyter.

Helbig, G./Buscha, J. (1972) *Deutsche Grammatik. Ein Handbuch für den Ansländerunterricht*. Leipzig: Enzyklopädie.

Hawkins, J. A. (1986) *A Comparative Typology of English and German. Unifying the Contrasts*. London and Sydney: Croom Helm.

Heine, B. (1993) Bekommen, ohne etwas zu bekommen. Zur Grammatikalisierung des Dativpassivs. In: *Sprache und Literatur* 71, 26-33.

Ogawa, A. (2003) *Dativ und Valenzerweiterung. Syntax, Semantik und Typologie*. Tübingen: Stauffenburg.

Ogawa, A. (2004) Genitive Object and Related Constructions. 影山太郎・岸本秀樹編『日本語の分析と言語類型．柴谷方良教授還暦記念論文集』，507-526. くろしお出版．

Plank, F. (1984) Verbs and objects in semantic agreement: Minor differences between English and German that might suggest a major one. In: *Journal of Semantics* 3, 305-360.

Pütz, H. (1986) *Über die Syntax der Pronominalform „es" im modernen Deutsch*. Tübingen: Narr.

Zaima, S. (1987) „Verbbedeutung" und syntaktische Struktur. In: *Deutsche Sprache* Heft 1, 35-45.

11. werden 受動文の意味と用法
―― Bernhard Schlink „Der Vorleser" の受動文を例に ――

成 田 　 節

1. はじめに

本稿では werden 受動文を取上げる。werden 受動文は本動詞の過去分詞と werden の組合せで作られる。過去分詞と sein の組合せで作られる**状態受動文**（Zustandspassiv）に対して，werden 受動文は一般に**動作受動文**（Vorgangspassiv）と呼ばれる。[1] 以下，第2節で werden 受動文の構造を確認し，受動文の基本的な意味を押さえた上で，第3節では Bernhard Schlink の小説 „Der Vorleser" を例に，実際のテクストにおける werden 受動文の用法を観察し，受動文の働きを考える。なお，以下の本文では，特に sein 受動文や bekommen 受動文などと区別する必要がない限り，werden 受動文を単に受動文と記することにする。

2. werden 受動文の構造と意味

(1)aのような能動文と(1)bのような受動文の意味はどう違うのだろうか。（例文 (1) は Duden (2005: 551) から引用した。）

(1) a. Der Mechaniker reparierte den Motor.
　　　整備士がエンジンを修理した。
　　b. Der Motor wurde (vom Mechaniker) repariert.
　　　エンジンが（整備士によって）修理された。

国内の実用的なドイツ語文法書には，動詞の能動態は「…する」，受動態は「…される」という意味だとの説明が見られる（関口[23]1994: 57，中山 2006: 121 など）。また，ドイツの文法書の一部にも「能動態では出来事が主語から発し，受動態では出来事が主語に向かう」という「出来事の方向」として動詞の態を

---

[1] Polenz (1985:182f.) は，能動文が主語の行為 (Handlung) を表すのに対して，werden 受動文は主語 (＝能動文の対格目的語) の身に起こる出来事 (Vorgang) を表すとしている。Duden (2005:551) にも同様な記述が見られる。これに従えば werden 受動文はむしろ「出来事」受動文ということになる。

捉える記述が見られる（Schmidt [5]1977: 207ff.）。たしかに動詞の態——(1) ならば reparierte か wurde ... repariert かという選択——に関しては，このような説明も妥当だと言えるだろう。しかし，ドイツ語の受動文の本質を捉えるためには，動詞部分だけでなく，主語や目的語などを含んだ構文全体で考える必要がある。[2] 以下，まず能動文と受動文の構文上の対応関係を確認し，それを手がかりにして両表現の意味の違いを考えていく。

2.1. 能動文と werden 受動文の統語的な対応関係

周知のように，動詞が受動態になると，主語や対格目的語などの文成分にも変更が見られる。(1) のペアにも見られるように，受動文の構造は，2 つの点で能動文と異なる (Duden 2005: 550f., Engel 1988: 454f.)。

i. 能動文の主語は，受動文では前置詞句で表される。ただし，この前置詞句は必須の成分ではなく，実際の受動文には現れないことが多い。Brinker (1971: 39ff.) の調査では werden 受動文の約 86％で動作主が表示されていないとのことである。(1)b の vom Mechaniker が括弧に入れてあるのも，これが必須の成分ではないということを表すためである。

ii. 能動文の対格目的語は受動文では主語になる。ただし，広義の対格目的語を取る動詞の中には，haben（持つ）や bekommen（もらう）などのように，受動態にできない動詞もある。[3] したがって，一般に「目的語」とされる対格名詞句がすべて受動文の主語になるとは限らない。

能動文の主語と対格目的語以外の文成分（与格目的語，属格目的語，前置詞句目的語など）は受動文でも変更が見られない。したがって，対格目的語を取らない動詞（＝自動詞）で作る受動文は，(2)b のような無主語文になる。（例文 (2) は Duden (2005: 551) から引用した。）

(2) a. Hier arbeiten alle fleißig.
　　　ここでは皆が熱心に働く。

---

[2] もちろん，テクスト構成における働きなどを含んだ受動文の本質を捉えるためには文を超えたレベルでの考察も必要であるが，この第 2 節では文意味そのものを捉えることを目指している。

[3] Helbig/Buscha ([8]1984: 53) のように，能動文の対格名詞句の内，受動文の主語にできるもののみを狭義の対格目的語とする考え方もある。

b. Hier wird (von allen) fleißig gearbeitet.
　　ここでは（皆が）熱心に働く。

　もっとも Brinker (1971: 39ff.) の調査によれば，werden 受動文の内，約 97% に主語があり，無主語受動文は約 3% に過ぎないとのことである。[4]

2.2. 能動文と受動文の意味の相違

　受動文についての先行研究の多くに，能動文との意味の相違に関して，「現実としては同じ事態を異なった視点（Perspektive）で捉える」という叙述が見られる（Duden 2005: 551, Engel 1988: 454 など）。(1) の a と b が同一の事態を表していることは明らかだが，この同一の事態を把握する際の視点の違いというのは，具体的にどのようなものなのだろうか。

　上で見たように，能動文と受動文の間には主語を軸にした文成分の変更が見られる。ドイツ語の主語には，(a) 人称と数が定動詞と一致する，(b) 文を成立させるための必須度が他のどの文成分よりも高い，などの特性が備わっていることから，文成分の中では主語が最も強く文の構造に関わっていると考えられる。[5] このことを，文意味の観点から解釈し直すと，ドイツ語の文は主語（が表示する対象）に**注目の焦点**を合わせ，これを「主役」として出来事を描くということになる。

　典型的なケースとして，(1)a のように，能動文の主語が動作主 (Agens)——すなわち動詞が表す動作や行為を能動的に行なう主体——を表し，対格目的語が動作対象 (Patiens)——すなわち動作や行為の働きかけを受ける人や物——を表すという他動詞表現を例に考えよう。まず i で見たように，動作主が受動文では表されないことが多く，表される場合でも構文上のランクが低い前置詞句になる。このことから，受動文は動作主を**背景化**し，場合によっては動作主を完全に消し去って，ある出来事を表すということになる。また，ii で見たように，動作対象は受動文では主語として取り立てられ，それに応じて文意味レベルでも**前景化**されると考えられる。これは動作主の背景化と裏表の関係にあ

---

[4]　自動詞の受動文は Es wird heute getanzt.（今日は踊りがある）のように es を「主語」とするという説明も見られるが（相良 ([18]1968: 158) など），この es は文頭の位置を埋めて定動詞を文頭から 2 番目にするための形式的な語であり，主語ではない。文頭に他の成分があるときは Heute wird getanzt. のように es は現れない。

[5]　別の言い方をすれば，主語は対格目的語や前置詞句などの中で，構文上の序列の最上位に位置するということになる。なお，Ickler (1990: 2) は，格の違いに応じて，文成分を「主格主語＞対格目的語＞与格目的語＞前置詞句」と序列化している。

る。動作主Xが動作対象Yを目当てに特定の行為をするということを表すとき，動作主Xを背景に退けるということは，相対的に動作対象Yを前景に押し出すことになるからである。[6]

　このように，他動詞の受動文では「動作主が何をするか」ではなく，「動作対象をどうするか」「動作対象がどうなるか」という見方で事態が描かれる。このことは，動作主を表示しない (3) のような受動文に特に明瞭に見て取れる。

(3)　Dieses Zimmer wurde im Winter fast nie beheizt und auch im Sommer fast nie benutzt. (Vor 13)
　　　この居間は冬でも暖房を入れなかったし，夏にもほとんど使われなかった。(朗 16)[7]

　以上をまとめると，能動文と受動文の意味の違いを的確に捉えるには，「…する」か「…される」かという「出来事の方向」よりも，動作主と動作対象のどちらに――又は後述するように，動作・行為そのものに――注目の焦点を合わせてその出来事を描くかが大事だということになる。[8]

2.3.　文意味のレベルとテーマ・レーマ分節のレベル

　先行研究では，受動文の働きが文の情報構造との関連で論じられることが多い。文の情報構造とは，効率的・効果的な情報伝達を可能にするために，文に与えられると想定される構造であり，一般に「テーマとレーマ」あるいは「既知情報と未知情報」などの対概念を用いて記述される。これらの概念については諸説があるが，ここではおおよそ「聞き手にとって既知であり，それについて何かが伝えられる情報単位」を**テーマ**，「聞き手にとって未知であり，先に伝えられたテーマについて，新しいこととして伝えられる情報単位」を**レーマ**と考えておこう。

　文要素のテーマとレーマへの分節は，とりわけ語順と文アクセントに現れるが，能動態と受動態の選択とも深く関わっている。たとえば，動作対象をテー

---

[6]　ここで言う「前景化/背景化」は認知言語学で用いている概念と同じものである（辻編 2002: 137）。

[7]　以下，ドイツ語の用例は Bernhard Schlink „Der Vorleser" (Diogenes Taschenbuch, 1997), 和訳は松永美穂訳『朗読者』（新潮文庫版 2003 年）による。(Vor 13) は Vorleser の 13 頁，(朗 16) は朗読者の 16 頁を表す。

[8]　もっとも，動作対象を主語とする表現には werden 受動文の他に，sein 受動文，sein + zu 不定詞文，再帰構文などもあるので，動作対象に焦点を合わせるという一点だけで werden 受動文の特徴を捉え切れるということではない。

マとして表したい場合，これを受動文の主語とすることで，文頭の主語という最も典型的なテーマにすることができる。このような考察に基づき，受動文の働きを，主にテーマ・レーマ文節への対応可能性の拡大という観点から考察する論考も見られる (Eroms 1986: 73ff.)。

これに対して，2.2節で見た注目の焦点は，個々の文に関する意味の問題であり，前後の文脈と切り離して考えることができる (Polenz 1985: 290ff., Schoenthal 1987: 161ff.)。言語外の事態を言語的に捉え，文へと形成する際に，どの事態参与者（すなわち動作主，動作対象など）を前景化し——言わば主役としてスポットライトを当て——，どの事態参与者を背景化し，場合によっては描写の対象から除外するかという問題である。

3. werden 受動文の用法

以下，Zifonun et al. (1997: 1837ff.) などを参考にし，Bernhard Schlink „Der Vorleser" から集めた受動文を例にして，上で見た受動文の特徴が具体的にどのように現れているかを観察する。

3.1. 動作対象の前景化

しばしば指摘されているように，動作対象をテーマとしたい場合，受動文の主語にすることで，より文脈に適した表現が可能になる。たとえば (4) では，最初の文の die Frauen を次の文では sie で受けて受動文の主語とし，これをテーマとして「急かされた」ということが述べられている。Schoenthal (1976: 115) の調査によれば，werden 受動文の主語の約 64% がテーマとみなせるということである。

(4) **Die Frauen** marschierten auch nicht nur; *sie* wurden gehetzt, mußten laufen. (Vor 116)
女たちは行進させられただけでなく，急かされ，走らねばならなかった。(朗 140)

動作対象を主語とすることは，これをテーマとして表しやすくなるということにとどまらず，次のような表現の可能性の拡大にもつながる。まず，(5) の als で始まる従属文では，受動態を用いることで，主語 sie について aufgerufen wurde（呼ばれた），aufstand（立ち上がった），nach vorne trat（前に進み出た）という3つの述語動詞を並列することが可能になっている。

(5) Ich erkannte sie erst, als *sie* aufgerufen wurde, aufstand und nach vorne trat. (Vor 91)
彼女の名が呼ばれ，立ち上がって前に進み出たときに，ぼくはようやく気づいた。(朗112)

また，(6)a のような zu 不定詞句も可能になる。受動態を用いないとしたら，(6)b のように dass を用いた従属文にしなければならなくなる。

(6) a. ..., hatte ich Angst, für ein Muttersöhnchen gehalten zu werden. (Vor 41)
マザコン息子と思われないか不安だった。(朗 49)

b. ..., hatte ich Angst, dass man mich für ein Muttersöhnchen hält.
人が僕をマザコン息子と思わないか不安だった。

一方，(7) や (8) のように，受動文の主語がレーマというケースもある。Schoenthal (1976: 115) の調査によれば，werden 受動文の主語の約 33.6% がレーマとみなせるということである。

(7) Jeden Monat wurden aus Auschwitz *rund sechzig neue Frauen* geschickt ... (Vor 102)
アウシュヴィッツからは毎月約 60 名の女性が送られてきた。(朗 124)

(8) Auf dem Parkplatz wurden *Türen* zugeschlagen und *Motoren* angelassen. (Vor 154)
駐車場では車のドアがばたんと閉まり，エンジンのかかる音が聞こえた。(朗 183)

(7) や (8) でも動作主は（言語表現上は）問題とされておらず，動作対象の方に注意が向けられているという点は (4) や (5) と同じだが，(7) と (8) では斜字体の動作対象がそれぞれの文で新情報として提示され，それぞれの述語動詞と共にレーマを形成している。このことからも，受動文自体の意味とテーマ・レーマ文節とは別レベルの問題だということが見て取れるだろう。

3.2. 動作主の背景化

受動文では動作主は背景化される。前置詞句で動作主を表示することもできるが，実際の用例では動作主を明示しない方が圧倒的に多い。動作主を明示しない動機としては以下のような点が指摘されている。

a. 前後の文脈から動作主が明らかで，明示する必要がない場合

(9) **Der vorsitzende Richter** fragte sie, ob sie ihre Aussage ergänzen wolle. Sie wartete nicht, *bis sie nach vorne gerufen wurde.* (Vor 111)
裁判長が，証言を追加したいかどうか，彼女に尋ねた。彼女は前に呼ばれるまで待っていなかった。(朗 135)

b. 不特定多数の動作主による行為を表す場合

(10) Also wolltest du doch nicht mit mir gesehen werden. (Vor 51)
じゃあやっぱりぼくと一緒にいるのを見られたくないんだね。(朗 62)

c. 動作主が不明か，重要でないか，あるいは明示したくない場合

(11) Daß jüdische Grabsteine mit Hakenkreuzen beschmiert wurden, ...
(Vor 161)
ユダヤ人の墓石にハーケンクロイツが落書きされたこと，…(朗 194)

　受動文の成立にとって統語的に必須ではない動作主が敢えて表示されると，ほとんどの場合，動作主がレーマとして際立たされることになる。

(12) Das ... ist ein Nazi-Haftgrund; *er ist **von den Nazis** eingeführt und nach den Nazis wieder beseitigt worden.* (Vor 93)
それではまるでナチ時代の拘留理由と同じです。そのような拘留理由はナチスによって導入され，ナチスとともに除去されたはずです。(朗 114)

　一方，次の (13) のように，動作主がテーマと見なせる例もごく少数ながら存在する。(13) では動作主が関係代名詞になっているが，関係代名詞は既出の名詞を受けるので通常はテーマと見なされるのである。

(13) Dann schob ich vor mir her, bei **dem Gericht** anzurufen, *von dem Hanna verurteilt worden war,* ... (Vor 174)
ハンナに判決を下した裁判所に電話して，…ぼくは延ばし延ばしにしていた。(朗 208)

3.3.　動作・行為の前景化

　2.1 節で，自動詞の場合は無主語の受動文になると述べたが，特に (14) や (15) のような受動文では，動作主や動作対象といった特定の事態参与者ではなく行為・動作そのものが前面に出た表現となる。

(14) Um sieben wurde zu Abend gegessen ... (Vor 42)
わが家の夕食は七時で…（朗 51）

(15) Verhandelt wurde montags bis donnerstags ... (Vor 87)
法廷が開かれるのは月曜から木曜までで…（朗 107）

4. おわりに

　最後に日本語の受身文との関係にも一言触れておく。これまでの例文の中には，(13) や (14) のように，ドイツ語の受動文が和訳では受身文になっていないケースがあるが，このようにそのまま日本語の受身文に訳せないようなドイツ語の受動文は少なくない。Der Vorleser の werden 受動文約 160 例の内，構文的にもほぼ対応する受身文として訳されているものは半数に満たない。(16) などは典型的な不対応のケースである。

(16) Er erwähnte namentlich, *wer im Pfarrhaus* **getötet** *und wer* **verwundet worden war**, ... (Vor 119)
裁判長は，誰が牧師館で死亡し，誰が負傷したか，（…）名前を挙げて説明した。（朗 144）

　このようなケースを材料として，日本語の受身文と比べることを通じてドイツ語受動文の本質にさらに迫るというやりがいのある課題もまだ残されている。

参考文献
相良守峯（1968）『ドイツ文法』岩波書店.
関口存男著／関口一郎改訂（1994）『初等ドイツ語講座』下巻（第 23 版）. 三修社.
辻　幸夫編（2002）『認知言語学キーワード事典』研究社.
中山　豊（2006）『中級ドイツ文法——基礎から応用まで』白水社.
Brinker, K. (1971) *Das Passiv im heutigen Deutsch. Form und Funktion*. München: Huber/Schwann.
Duden (2005) *Grammatik der deutschen Gegenwartssprache*. 7. Auflage, hrsg. von der Dudenredaktion, Mannheim/Wien/ Zürich: Dudenverlag.
Engel, U. (1988) *Deutsche Grammatik*. Heidelberg: Julius Groos.
Eroms, H.-W. (1986) *Funktionale Satzperspektive*. Tübingen: Niemeyer.
Helbig, G. / Buscha, J. (1984) *Deutsche Grammatik. Ein Handbuch für den Ausländer-

unterricht. Leipzig: Enzyklopädie.

Ickler, I. (1990) Kasusrahmen und Perspektive. Zur Kodierung von semantischen Rollen. In: *Deutsche Sprache* 18/1, 1-37.

Polenz, P. v. (1985) *Deutsche Satzsemantik. Grundbegriffe des Zwischen-den- Zeilen-Lesens.* Berlin/New York: Walter de Gruyter.

Schmidt, W. (1977) *Grundfragen der deutschen Grammatik.* 5. Auflage. Berlin: Volk und Wissen.

Schoenthal, G. (1976) *Das Passiv in der deutschen Standartsprache.* München: Max Hueber.

Schoenthal, G. (1987) Kontextsemantische Analysen zum Passivgebrauch im heutigen Deutsch. In: Centre de Recherche en Linguistique Germanique (Hg.) *Das Passiv im Deutschen. Akten des Kolloquiums über das Passiv im Deutschen, Nizza 1986.* Tübingen: Niemeyer. 161–179.

Zifonun, G./Hoffmann, L./Strecker, B. et al. (1997) *Grammatik der deutschen Sprache.* 3 Bände (Schriften des Instituts für Deutsche Sprache 7, 1-3). Berlin/New York: de Gruyter.

12. sein の領域
――ゲルマン語の受動態にみる助動詞 sein の「動作」表現可能性――

鈴 村 直 樹

1. はじめに

本稿ではいわゆる状態受動を題材に対照言語学的な研究の一側面を紹介する。中心となる論点は次のような文の差異である。

(1) a. Die Tür wird geschlossen.　　　ドアが閉められる。
　　b. Die Tür ist geschlossen worden.　ドアが閉められた。
　　c. Die Tür ist geschlossen.　　　　ドアが閉まっている。

(1) は典型的な受動文を動作受動現在形，同現在完了形，状態受動現在形の順に挙げたものである。ここで (1b) と (1c) は worden の有無を除けば構造的に同一で，意味的にも「(1b) により (1c) が達成される」という密接な関係があるため，互いに混用されることがあるといわれる。より正確には，状態受動 (1c) が動作受動完了形 (1b) の意味で用いられることがあるといわれる。これについて例えば Helbig/Buscha (1986: 175) は「動作受動完了形から worden を削除したものは形態的に状態受動と同形になるため混用が生じることがある」とし，Admoni (1970: 175) は「そうした接触が起こるのは完了形そのものがある種の結果性を含意するためである」と述べている。また，規範的な Duden は (2) のような例を挙げ，「本来あるべき worden が欠落しているこの種の文は誤用である」と断じているが，こうした指摘がなされる背景には当該の混用が一定の範囲で観察されるという現実がある。これを単に言語規範からの逸脱とみるべきか，あるいは何らかの文法化の兆候とみなすべきであろうか。

(2) Die Sperre ist heute wieder aufgehoben.　遮断機が今日，ふたたび開けられた。(Duden Grammatik 1995: 183, Duden RGD 1985: 796)

2. タイポロジカルな視点

かつては単なる sein 文と考えられていた状態受動が「態」の一つとして認知されたのは Glinz (1952) 以降だといわれる。しかし，能動態や werden- 受

動に比肩する存在となった後も，このタイプの文には過去分詞のステータスをめぐる問いが常につきまとってきた。すなわち，状態受動は実は受動文ではなく単なる形容詞文に過ぎないのではないかという疑念である。まず，この問題をアイスランド語との比較から解いてみたい。

　ゲルマン語の多くはすでに述語形容詞の屈折を消失しているが，古形をよく保持しているアイスランド語では，なおそれが明示的に残されている。アイスランド語の受動態の基本構造は「vera (=sein) ＋過去分詞」であるが，例えば対格を支配する (3) のような動詞の場合，同一形式が動作受動と状態受動の間で二義的な解釈を持つ。ところが，これが与格を選択する動詞の一部になると，(4)(5) のように両者の形式が異なる。このとき動作表現 (4) では，ドイツ語の自動詞の受動態がそうであるように，与格がそのまま文中に残り，過去分詞は一律に 3 人称・単数・中性形となる。他方，状態表現 (5) では当該の与格が受動文で主格に変換され，動詞もそれに合わせて人称変化し，かつ，過去分詞はこの主格に性・数・格を一致させる。これはまさに形容詞文の構造である。仮にドイツ語の sein ＋過去分詞がこのような段階にあれば，それは形容詞文に等しく，受動文とは認められないことになろう（以下，各例文に付した lit. は逐語訳を表す）。

(3) Húsið var byggt úr steini. （森田 2002: 158）　家は石で建てられた/建てられていた。(lit. Das Haus war gebaut<NEUT/SG> aus Stein.)

(4) a. Dyrunum var lokað. （森田 2002:159）　ドアが閉められた。
    (lit. Den Türen<DAT/PL> war geschlossen<NEUT/SG>.)
  b. Úrinu var stolið. (ebd.)　時計が盗まれた。
    (lit. Der Taschenuhr<DAT/SG> war gestohlen<NEUT/SG>.)
  c. Mér var boðið. (ebd.)　私は招待された。
    (lit. Mir war eingeladen<NEUT/SG>.)

(5) a. Dyrnar voru lokaðar. (ebd.)　ドアが閉まっていた。
    (lit. Die Türen<NOM/PL> waren geschlossen<FEM/PL>.)
  b. Úrið var stolið. (ebd.)　時計は盗難に遭っていた。
    (lit. Die Taschenuhr<NOM/SG> war gestohlen<NEUT/SG>.)
  c. Ég var boðinn. (ebd.)　私は招待されていた。
    (lit. Ich war eingeladen<MASK/SG>.)

　しかし，ドイツ語の sein ＋過去分詞はこのような段階にない。単に過去分詞の性の区別や主語と述語形容詞の文法的一致が消失しているのみならず，能

動態の与格が受動態の主格に変換されることもない。受動文の主格はあくまでも能動文の対格, それも当該動詞の結合価に指定された対格目的語でなければならない（(6) － (9) の場所格交替の文法性を参照）。通常は主語に意味的な制約がほとんど存在しない形容詞文と大きく異なるところである。

(6) a. Man hat Kohle auf den LKW geladen.
　　　　人々は石炭をトラックに積み込んだ。
　　b. Kohle ist schon geladen. / *Der LKW ist schon geladen.
　　　　石炭は / トラックはすでに積んである。

(7) a. Man hat den LKW mit Kohle beladen.
　　　　人々はトラックに石炭を積み込んだ。
　　b. Der LKW ist schon beladen. / *Kohle ist schon beladen.
　　　　トラックは / 石炭はすでに積んである。

(8) a. Man hat verschiedene Szenen an die Berliner Mauer gemalt.
　　　　人々はさまざまなシーンをベルリンの壁に描いた。
　　b. Verschiedene Szenen sind schon gemalt. / *Die Berliner Mauer ist schon gemalt.
　　　　さまざまなシーンが / ベルリンの壁がすでに描いてある。

(9) a. Man hat die Berliner Mauer mit verschiedenen Szenen bemalt.
　　　　人々はベルリンの壁にさまざまなシーンを描いた。
　　b. Die Berliner Mauer ist schon bemalt. / *Verschiedene Szenen sind schon bemalt.　ベルリンの壁が / さまざまなシーンがすでに描いてある。

　ドイツ語の過去分詞をこうしてアイスランド語のそれと比較してみると，状態受動はやはり受動文であり,単なる形容詞文とは異なることが分かる。では,状態受動と動作受動完了形が混用されるとしたらどのような条件が必要であろうか。

　任意の言語に (1b) と (1c) のような対立が現れるためにはいくつかの条件がある。まずその言語には，(a) 動作受動と状態受動という異なる受動形式, および完了時制が存在し, (b) 動作受動完了形を形成する助動詞と状態受動を形成する助動詞が同一でなければならない。ドイツ語には werden-受動と sein-受動の区別があり, werden-受動の完了形が sein で形成されるため, この条件は満たされている。これに対して英語は，かつては wesan (=sein)-受動と weordhan (=werden)-受動をともに有していたが, 15 世紀に後者が消滅して be のみが残ることになった。結果，現代英語の be-受動は少なくとも動

作・状態の読みに関しては曖昧で、そのための補充形式として become, get, be being ＋過去分詞という明示的な動作受動が出現してきたとされる。[1] しかし、be-受動を非曖昧化する手段がいくら発達しようとも、完了時制がもっぱら have で形成される以上、現代英語は上記の条件を満たす状況にない。

　視点をさらに他のゲルマン語に広げてみると、ノルウェー語（nynorsk）とスウェーデン語は bli/være, bli(va)/vara ＋過去分詞のように werden-受動と sein-受動をともに備えているものの、動作受動完了形を形成する助動詞が ha (=have) に限られているため、英語と同様、ここで問題にする混用は生じない。アイスランド語は前述のように vera (=sein) ＋過去分詞が無標の受動形式であり、動作受動も通常はこれにより表現される。werden-受動に相当する verða ＋過去分詞という形も存在するが、可能・未来・偶発などの特殊な意味を表す有標な構造であり、[2] 動作受動一般を担う形式とは考えにくい。また、オランダ語には worden/zijn という werden/sein の等価物があり、完了の助動詞も zijn が選択されるが、動作受動完了形を形成する際、(10) に示すように通常は worden の過去分詞が明示されない。[3] このため、動作受動完了形と状態受動は常に同形になる。つまり、混用の可否以前に、(10a) の構造は標準的なオランダ語ではほとんど現れないのである。

(10) a. De deur is gesloten [geworden]. (lit. Die Tür ist geschlossen worden.)
　　　 ドアが閉められた。
　　 b. De deur is gesloten. (lit. Die Tür ist geschlossen.)
　　　 ドアが閉まっている。

　こうしてみると (1b)(1c) と比較可能なゲルマン語でそれなりの話者を持つものは、デンマーク語とノルウェー語 (bokmål) ということになる。両言語では blive/være, bli/være が動作受動と状態受動の対立をなす。完了の助動詞は være (bokmål は ha も可)、対応する構造は以下の通りである。

(11) a. Døren er blevet lukket. (lit. Die Tür ist worden geschlossen.)
　　　 ドアが閉められた。
　　 b. Døren er lukket. (lit. Die Tür ist geschlossen.)
　　　 ドアが閉まっている。

---

[1]　Eroms (1992: 230)
[2]　森田 (2002: 161f.)
[3]　ANS (1997: 959f.)

(12) a. Døra er blitt lukket. (lit. Die Tür ist worden geschlossen.)
   ドアが閉められた。
   b. Døra er lukket. (lit. Die Tür ist geschlossen.)
   ドアが閉まっている。

さて，Helbig/Buscha, Admoni, Duden などの見解は前述の通りであるが，ここでドイツ語の実情をもう少し細かく観察すると，現時点では当該の混用が文法的にはいまだ確立されていないことを示すいくつかの事実が存在する。まず (13) が示す通り，頻度副詞が生起可能なのは動作受動完了形だけであり，状態受動ではこれが許容されない。第二に，状態受動は seit vorgestern（一昨日から）のように継続的な意味を表す副詞句と共起できるが，動作受動完了形はこの限りではない（例文 (14)）。第三に，いったん達成された状態を変更可能とみるか否かについて，状態受動と動作受動完了形には異なった含意が存在する（例文 (15)）。第四に，同じ sein ＋過去分詞でありながら (16) のように werden と同時制で用いられ，かつ，ほぼ等しい意味を表す文タイプが存在する。第五に，(17) が示すように im Augenblick（現在）や morgen（明日）など現在・未来の一時点を表す副詞句は状態受動にのみ生起可能である。これらの事実はすべて状態受動と動作受動完了形が完全には等価でないことを示している。

(13) a.*Die Tür ist schon dreimal vom Portier geschlossen.
   ドアがすでに三回，門番によって閉まっている。
   b. Die Tür ist schon dreimal vom Portier geschlossen worden.
   ドアがすでに三回，門番によって閉められた。
(14) a. Die Tür ist seit vorgestern geschlossen.
   ドアが一昨日から閉まっている。
   b.*Die Tür ist seit vorgestern geschlossen worden.
   ドアが一昨日から閉められた。
(15) a.*Die Tür ist geschlossen, aber Hans hat sie wieder geöffnet.
   (Thieroff 1994: 38)　ドアが閉まっている，しかしハンスがそれを再び開けた。
   b. Die Tür ist geschlossen worden, aber Hans hat sie wieder geöffnet.
   (ebd.)　ドアが閉められた，しかしハンスがそれを再び開けた。
(16) a. Die Stadt wird/ist von 3 Mio. Menschen bewohnt.
   街には300万人の人が住んでいる。

b. Die Lampe wird/ist von einem starken Haken gehalten. (Höhle
　　　　1978: 42)　ランプは頑丈なフックに支えられている。
(17)　a. Im Augenblick ist die Straße von Schneemassen blockiert
　　　　(*worden). (ebd.)　現在, 通りは大量の雪により遮断されている。
　　　b. Morgen ist der Damm errichtet (*worden). (ebd.)
　　　　ダムは明日には完成している。

　では，デンマーク語とノルウェー語（bokmål）でこの状況はどうであろうか。上記 (13) ー (17) に対応するのは次の構造である（例文番号に付した D はデンマーク語，N はノルウェー語を表す）。

(13-D)　a. *Døren er allerede lukket tre gange af portneren.
　　　　b. 　Døren er allerede blevet lukket tre gange af portneren.
(14-D)　a. *Døren er lukket siden i forgårs.
　　　　b. *Døren er blevet lukket siden i forgårs.
　　　　　(vgl. Døren har været lukket siden i forgårs.)
(15-D)　a. *Døren er lukket, men Hans har åbnet den igen.
　　　　b. *Døren er blevet lukket, men Hans har åbnet den igen.
(16-D)　a. 　Byen bliver/er beboet af tre millioner mennesker.
　　　　b. 　Lampen bliver/er holdt af en stærk hage.
(17-D)　a. 　For/I øjeblikket er gaden (*blevet) blokeret af snemasser.
　　　　b. 　I morgen er dæmningen (*blevet) rejst.
(13-N)　a. 　Døra er allerede lukket tre ganger av dørvakten.
　　　　b. 　Døra er allerede blitt lukket tre ganger av dørvakten.
(14-N)　a. *Døra er lukket siden i forgårs.
　　　　b. *Døra er blitt lukket siden i forgårs.
　　　　　(vgl. Døra har vært lukket siden i forgårs.)
(15-N)　a. *Døra er lukket, men Hans har åpnet den igjen.
　　　　b. *Døra er blitt lukket, men Hans har åpnet den igjen.
(16-N)　a. 　Byen blir/er bebodd av tre millioner mennesker.
　　　　b. 　Lampa blir/er holdt av en sterk hake.
(17-N)　a. 　For/I øyeblikket er gata (*blitt) blokkert av snømasser.
　　　　b. 　I morgen er dammen (*blitt) reist.

　このうちドイツ語とまったく同じ文法性を示すものは (16) と (17) である。

デンマーク語とノルウェー語にも werden/sein を同時制で交換してほぼ意味の変わらない受動文が存在し，現在・未来の一時点を表す副詞句は状態受動にのみ生起する。少なくともこの事実から，どちらの言語でも状態受動と動作受動完了形は完全にパラレルではないことが分かる。次に (14) と (15) は，デンマーク語もノルウェー語も a 文，b 文をともに許容しない。これは時制体系における完了形のありかたに帰せられるべきものである。はじめに (14) をみよう。ドイツ語の seit は現在時点を含む継続期間を表す（vgl. Ich *kenne* ihn seit 20 Jahren.（私は彼を 20 年前から知っている））。このため継続の意味を担い，かつ現在形である (14a) には何の問題も生じない。これに対して，ドイツ語の完了形は基本的に過去の事態を表し，さらに schließen のような具体的，かつ比較的短時間で完結する行為を表す動詞の動作受動は，状態の継続と意味的に相容れない。したがって，(14b) は非文である。他方，デンマーク語とノルウェー語の siden は同じく継続期間を表すものの，通常，完了形とともに用いられる。このため現在形の (14Da)(14Na) は許容されない。(14Db)(14Nb) は確かに完了形ではあるが動作受動である。これが非文となるのは，ドイツ語と同様，その動作性が継続の意と合致しないためである。その結果，siden に導かれる副詞句が正しく機能するためには，例えば (14D-vgl) や (14N-vgl) のような状態受動の完了形が必要になる。さらに (15) をみると，ドイツ語を含むすべての言語で a 文が許容されない。これは継続状態を表す状態受動と，達成された結果を変更するという後続文の内容が，互いに矛盾するためである。他方，(15b) がドイツ語以外の二言語で不可能なのは，これらの完了形が現在の事態を表すことによる。つまり (15Db)(15Nb) では，前半部で「現在，ドアは閉まっている」ことが述べられているにもかかわらず，それに相反する命題が後に続いているのである。いずれにせよ (14D/N) と (15D/N) の文法性には，個別の副詞のふるまいや完了形という時制のありかたなどという，当該の混用とはいくぶん異なる要因が働いているといえよう。

　さて，注目すべきは (13) である。前述の例文 (2) を Duden が誤用だと判断した根拠は wieder という副詞の存在にあるが，「再び」のような頻度副詞が生起した文は，通常，動作を表すと解釈される。したがって，Duden は (2) には worden が不可欠だと述べているのである。この事情は (13) にもあてはまる。dreimal/tre gange(r) という頻度副詞の存在により一義的に動作受動の読みしか持ち得ないこの文は，ドイツ語では worden，デンマーク語では blevet が義務的である。ところが，(13Na) が示すように，ノルウェー語ではこの文から blitt を省略することができる。つまり，Die Tür ist geschlossen. のよう

な sein 文が状態受動 (Die Tür ist geschlossen.) と動作受動完了形 (Die Tür ist geschlossen worden.) をともに意味するのである。次例 (18) にみる通り，ノルウェー語では頻度副詞を加えた文のみならず，異なる telicity（意味的完結性）を持つ動詞で構成した文も問題なく許容される。これはドイツ語やデンマーク語にはまずみられない現象である（なお，同じ文は (10) に述べた別の理由から，オランダ語でも可能である）。

(18) a. Programmet er allerede installert tre ganger av spesialisten.
(lit. Das Programm ist schon installiert drei mal vom Spezialisten.)
プログラムはすでに三回，専門家によってインストールされた。
b. Kontrakten er allerede undertegnet tre ganger av de to firmaene.
(lit. Der Vertrag ist schon unterzeichnet drei mal von den zwei Firmen.) 契約はすでに三回，二社によって調印された。
c. Mannen er ringeaktet av kollegene sine ved flere anledninger.
(lit. Der Mann ist verachtet von seinen Kollegen bei manchen Gelegenheiten.) その男は事あるごとに同僚たちから軽蔑された。

3. Sein の領域

　以上，本稿ではドイツ語における状態受動と動作受動完了形の機能的な重複を対照言語学的な視点から観察した。その概要は次の通りである。
　(a) アイスランド語との比較から，ドイツ語の状態受動は形容詞文ではなく，受動文と考えてよい。
　(b) 当該の混用を論じるための構造的な条件を備えているのはドイツ語，デンマーク語，ノルウェー語 (bokmål) である。
　(c) どの言語でも状態受動と動作受動完了形の機能は完全に一致しているわけではない。しかし，sein が動作領域をも表現し得るか否かをみれば，ドイツ語とデンマーク語がそれを許容しないのに対して，ノルウェー語ではある種の文法化が観察される。換言すれば，ノルウェー語の sein の領域はドイツ語とデンマーク語のそれよりも広い。
　ゲルマン語全体を歴史的にみれば，本来，受動文の形成に支配的な役割を果たしていたのは sein であった。事実，ゴート語では wisan ＋過去分詞が受動一般を表す形式として定着し，wairthan ＋過去分詞は状態の開始を表す有標な構造にすぎなかった。[4] しかし，この初期状態は徐々に変遷し，現在ではド

---

[4] Eroms (1992: 232ff.)

イツ語，オランダ語，デンマーク語，ノルウェー語のように werden タイプが優位な言語と，英語やアイスランド語のように sein タイプが優位な言語に分かれている。ここで werden タイプが優位な言語とは，すなわち sein の役割が抑制された言語のことであるが，同じ werden タイプであっても sein の抑制のされかたは多様である。例えば，ドイツ語ときわめて近い関係にあるオランダ語では，geworden の欠落により zijn が広く動作領域にまで浸透しているし，形成過程からすれば多分にデンマーク語的であるはずのノルウェー語 (bokmål) では，デンマーク語で許されない構造が生産的である。このことからすれば，言語変化の方向には必ずしも一貫性がなく，変化後の状況も言語間の系統的な遠近とは一致しない。

さらに，受動態の構造分布を汎言語的にみると，印欧語は大多数が be-passive と non-be-passive をともに備え，セム語をはじめ日本語，トルコ語，中国語などは non-be-passive のみを有しているが，唯一 be-passive だけを持つ言語は例がないとされる。⁵ 仮にこれが事実であれば，ドイツ語の受動態が将来，sein のみから構成される可能性は極めて低い。だとすれば問題となるのは常に「sein の領域」なのであり，その広さを正確に把握することが本稿のテーマを解く一つの鍵となるのである。

参考文献
森田貞雄 (2000)『アイスランド語文法』大学書林.
Admoni, W. (1970) *Der deutsche Sprachbau.* München: Beck.
ANS (1997) *Allgemene Nederlandse Spraakkunst.* Groningen: Martinus Nijhoff Uitgevers.
Duden (1995) *Grammatik der deutschen Gegenwartssprache.* 5. Auflage, hrsg. von G. Drosdowski, Mannheim/Leipzig/Wien/Zürich: Dudenverlag.
Duden (1985) *Richtiges und gutes Deutsch (RGD). Wörterbuch der sprachlichen Zweifelsfälle.* 3. Auflage, bearb. von D. Berger und G. Drosdowski u.a., Mannheim: Dudenverlag.
Eroms, H-W (1992) Das deutsche Passiv in historischer Sicht. In: Hoffman, L. (Hg.) *Deutsche Syntax,* 225-249. Berlin: de Gruyter.
Frajzyngier, Z. (1978) An analysis of be-passives. In: *Lingua* 46, 133-156.
Glinz, H. (1952) *Die innere Form des Deutschen.* Bern: Francke.
Helbig, G. / Buscha, J. (1986) *Deutsche Grammatik. Ein Handbuch für den Ausländerunterricht.* Leipzig: Enzyklopädie.
Höhle, T. N. (1978) *Lexikalistische Syntax.* Tübingen: Niemeyer.
Thieroff, R. (1994) Vorgangs- und Zustandspassiv in romanischen und germanischen Sprachen. In: *Sprachtypologie und Universalienforschung* 47, 37-57.

---

⁵ Frajzyngier (1978: 140f.).

13. もう一つの受動態？
——bekommen 受動——

大薗正彦

1. はじめに

ドイツ語では動詞 bekommen（もらう）と動詞の過去分詞を組み合わせた次のような表現が用いられることがある。

(1) Er hat eine Krawatte *geschenkt bekommen*.
　　彼はネクタイを贈られた。(在間 2006: 85)

初級文法において特にこの構文が取り上げられることは稀である。筆者自身もこの表現にはドイツ語を学び始めた大学 1 年生のときに出会った記憶があるが，当時は「geschenkt bekommen ＝贈られる」という熟語として覚えたように思う。なお，この構文では bekommen の代わりに類義動詞の kriegen（口語的）や erhalten（文語的）が用いられる場合もある。

この構文は近年の文法書では実は「受動文」として扱われるのがふつうで，一般に bekommen 受動と呼ばれている。つまり能動文における与格目的語が主格主語になると見なすわけである。一方，我々が初級段階で教わる受動文は，werden（…になる）を助動詞とし，対格目的語を主語とするものである（非人称受動の場合もある）。

本稿では，まず次節で bekommen 受動の実際の使用状況を確認した後，この構文をめぐる研究史を紹介しながら，その特徴や意味機能について考えてみたい。

2. 実例と使用状況

まず実例を見ておこう。最初はインターネットから取った例，その次が雑誌，最後の 2 例が文学作品からの例である。

(2) Meisterschafts-Kandidat Borussia Dortmund hat im Liga-Pokal-Finale vom Hamburger SV die Grenzen *aufgezeigt bekommen* […]
　　ブンデスリーガ優勝候補のボルシア・ドルトムントはリーガ・カップの決勝においてハンブルガー SV からその限界を示され (bundesliga.de, 28.7.2003)

(3) [...] dass die Piloten alle für sie sinnvollen Informationen klar *präsentiert bekommen* [...] パイロットたちは自分たちにとって有意義な情報をすべてはっきりと提供してもらい (Lufthansa Magazin 12/2003)

(4) Er *bekam* ein Lexikon und eine Grammatik *geliehen* [...]
ハンスは字引きと文法を貸してもらい (Hesse / 高橋訳, *Unterm Rad*)

(5) *Vorgelesen bekommen* ist schöner.
朗読してもらう方がいいわ。(Schlink / 松永訳, *Der Vorleser*)

bekommen と組み合わせて用いられる過去分詞にも様々なものがあるのが分かる。時制に関しても，現在形，過去形，現在完了形のいずれもが確認できる。また最後の例では不定詞句の形で用いられている。

ドイツのマンハイムにあるドイツ語研究所（IDS）ではインターネット上で言語コーパスを公開している。任意の数の動詞を無作為に抽出させることもできるので，今試しに書き言葉のコーパスから動詞 bekommen を 100 件検索してみよう。

bekamen ... ab（取得する）という分離動詞が 1 件含まれていたので，これを除いた 99 例のうち，過去分詞との組み合わせは 16 例見つかった。その割合は 16% である。[1] また，過去分詞で用いられている動詞は次の通りであった（複数ヒットしたものは括弧内にその数を示す）。

> anbieten 提供する (4), verleihen 授与する (2), anrechnen 請求する, aufsetzen かぶせる, bewilligen 認可する, bezahlen 支払う, einräumen 認める, erstatten 払い戻す, genehmigen 認可する, mitliefern 共に提供する, präsentieren 提供する, zusprechen 認める

次に動詞 schenken（贈る）を検索し，態の分布を調べてみよう。ausschenken（注ぐ）などの分離動詞のほか，不定詞（句）としての用法も除き，主格主語を含む文形式のものだけを取り上げることにすると，84 例が残った。その内，能動文が 67 例（83%），werden 受動文が 6 例（7%），bekommen 受動文——仮にそう呼んでおく——が 8 例（10%）という結果である。[2]

以上，簡単な調査ではあるが，この構文の出現が必ずしも稀なものではない

---

[1] 後述の通り，「bekommen ＋過去分詞」という構造は常に受動的な読みとなるとは限らないが，ヒットしたものはすべて受動的な読みのものばかりであった。

[2] そのほかに，「lassen sich ＋ schenken」が 1 例，「話法の助動詞＋ geschenkt」が 2 例見つかったが，これらは統計から除外してある。

ということが確認できたと思う。なお,実証分析に重きを置いた研究としては,Eroms (1978),Leirbukt (1997),大薗 (2002) などがある。

3. 文法書の記述

続いてドイツにおける近年の文法書の記述を見ておこう（日本語訳はいずれも筆者によるが，分かりやすさを優先し，意訳した部分もある）。

> **Eisenberg** (1999) *Grundriß der deutschen Grammatik*:
> この構文は werden 受動を体系的に補うものである。[...] 重要な統語的相違として，bekommen 受動は常に与格補足語を要求するが，werden 受動は1価動詞においても可能であるということがある。[…] 文法化の度合いが低いために bekommen 受動の文法性についての判断は部分的に困難なものとなっている。しかし，文体的に有標であるとか，口語的であるという評価がいまだなされようとも，この構文が体系的に定着していることは疑いない。(132f.)

> **Eroms** (2000) *Syntax der deutschen Sprache*:
> 現在では，bekommen, kriegen, erhalten による構文は正当な受動態と認められるようになったと言ってよい。これは本質的な特徴において対格受動である werden 受動に類似している。この構文が十分な資格を備えた受動態としてなかなか受け入れられてこなかったのには，いくつかの要因が考えられる。一つには，ラテン語に基づく伝統的な言語研究において，ラテン語の受動態に平行した構文を見出すことができなかったということがあるだろう。(414)

代表的な文法書の一つである Duden 文法においては，近年大幅な書き換えがなされた。1998年の第6版まで，この構文は「動作受動の競合形式」(180ff.) という項目のもとに取り上げられていたが，2005年の第7版では「bekommen 受動」という項目が新たに設けられ，その記述も大幅に増えている。次に一部引用しておく。

> **Duden** (2005) *Die Grammatik*:
> bekommen 受動（「受容者受動」「受益者受動」「与格受動」などとも）
> bekommen 受動はもっぱら対格目的語と与格文成分を含む他動詞構文から作られる。与格文成分とは与格に典型的な意味役割（受容者,受益者,

所有者など）を担うものである。与格文成分は受動態において主語となるが，一方対格目的語はそのまま保たれる。[...] 動作主の実現に関してはwerden 受動と本質的に違わない。[...] やや稀だが，受動文の主語が自由な与格文成分に対応する場合もある。[...] 専門的な文献では，与格支配の自動詞（helfen「手伝う」[…] など）による bekommen 受動が体系的に可能であるという言及がある。しかしこれは地域的な現象で，一般的に容認されるものではなく，基本的には話し言葉でしか用いられない。[...] erhalten は，bekommen と比べて，剥奪を表す動詞や類似の被害的な意味合いの本動詞を伴った構文では避けられるようである。このことはつまり，erhalten が bekommen と同じ程度には助動詞への変化を遂げていないことを意味する。(556f.)

4. bekommen 受動をめぐる論争

　文法書の記述からも窺える通り，この構文のステータスをめぐっては議論が交わされてきた。とりわけ Haider (1984) をめぐる論争がよく知られている。彼は問題の構文を受動態として分析することに異を唱え，過去分詞部分を述語的に解釈するという分析方法を提示した。次の対応を参照。

(6)　Er kriegt den Lohn *bar*. – Er kriegt das Buch *geschenkt*.
　　　彼は賃金を現金でもらう。——　彼はその本を贈られる。(Haider 1984: 33)

　それに対し，翌年二人の研究者から反論がなされる。Reis (1985) は「bekommen ＋過去分詞」構造に認められる次の三通りの読みについて，それぞれが形態的・統語的に異なった振る舞いを示すことから，これらを画一的に捉えることの不備を指摘し，最後の読みは受動態であると論じた。

(7)　Wir *bekommen* die Gläser *gewaschen*.
　　a. 私たちはコップを洗った状態で受け取る。
　　b. 私たちはコップを洗ってある状態にすることを成し遂げる。[3]
　　c. 私たちはコップを洗ってもらう。（＝ bekommen 受動）

　また Wegener (1985b) も，次に挙げるような点において，werden による一般的な受動態との平行性が十分に認められるとして，bekommen による構文を受動態と見なすべきであるという立場をとる。

---

[3] この結果的な読みは bekommen, kriegen においてのみ可能で erhalten では不可。

1. 主語以外の名詞句が受動文において主語に「格上げ」される。
2. 能動文が無標的な構造であるのに対し，受動文は有標的な構造である。
3. 受動文の助動詞は語彙的な意味を担わない。
4. 能動文の主語は受動文では前置詞句に「格下げ」される（表示は任意）。
5. 能動文と受動文は意味的に等価である。
6. 能動文から常に受動文を作ることが可能である。

　もちろんこれらの特徴は bekommen 受動に完全に該当するわけではない（特に 5. と 6.）。ただし，実際には werden による受動態でもこれらの特徴が完全に認められるわけではないことに注意しておくとよいだろう。
　彼女たちの反論に対し，Haider は翌年再び論文を発表している (Haider 1986)。Reis による指摘を認めながらも，いくつかの特徴により当該構文は一般的な受動態とは認められないとする立場を結局のところ彼は崩さなかった。この一連の論争については湯淺 (2002 - 2004) に詳しい解説がある。

5. 文法化

　前節の論争は Haider が当該構文の過去分詞を述語的であるとしたことに端を発したわけであるが，実際，この構文は次の例のように述語的な読みの過去分詞を足がかりとし，「文法化」という過程を経て次第に発展してきたと考えられている (Reis 1976, Heine 1993, Diewald 1997: 30ff.)。

(8)　Bekam Silke das Klavier *leihweise* oder *geschenkt*?
　　ジルケはそのピアノを貸与の形で受け取ったの，それとも贈与の形で？ (Heine 1993: 28)

　文法化とは，語彙的な意味を持っていた語（名詞，動詞など＝内容語）が次第に文法的な機能だけを持った語（前置詞，助動詞など＝機能語）に変わっていくという過程である。その変化の方向はふつう一方向的であることが指摘されている（例えば Trotz「反抗」→ trotz「…にもかかわらず」）。また，文法化の移行段階について，Heine などの研究者は「A → AB → B」のように図式化して説明する。つまり，ある語彙が内容語としても機能語としても解釈できるような「AB」という段階があるというわけである。

(9)　Silke *bekam* das Klavier *geschenkt*.
　　ジルケはピアノを贈与の形で受け取った / ピアノを贈られた。(Heine 1993: 28)

　この例における過去分詞 geschenkt は，先の例と同じく受容の様態を示し

ていると解釈できる一方で，過去分詞自体が——Silke *wurde* das Klavier *geschenkt*.（ジルケにピアノが贈られた）のように——述部の核を形成していると解釈される余地もある。これに応じて bekommen の方も本動詞としての解釈と助動詞としての解釈の間を揺れることになる。

　bekommen の文法化に関しては統語関係の「再解釈」が生じるという点も重要である。過去分詞が述語的に解釈されている段階では，bekommen が単独で動詞句の核となり，それが主語と目的語を取るという形になる。過去分詞はいわば二次的な文要素である。一方，bekommen が助動詞となった段階では，「bekommen ＋過去分詞」が全体で動詞句の核を形成し，これに主語と目的語が従属していると解釈される。つまり文構成素の境界がシフトするわけで，こちらの方は「(A, B) C → A (B, C)」のように図式化される。新たな解釈が定着すると次のような文が現れることになる。

(10) Sie *bekommt geschrieben*, daß das Treffen verschoben wird.
　　　彼女は会合は延期されると書かれた手紙を受け取る。(Diewald 1997: 35)
(11) Er *bekommt* das Auto *weggenommen*.[4]
　　　彼は車を取り上げられる。(Diewald 1997: 36)

　(10) の daß/dass 文（…ということ）や (11) の das Auto（車）はもはや bekommen（もらう）の対象であるとは言えず，過去分詞の方に従属していると考えるしかない（従って過去分詞を省略すると，非文になるか，文意が変わる）。bekommen は助動詞としてしか解釈できず，これは文法化の進んだ段階——「A → AB → B」の図式で言えば，曖昧な解釈を許さない B の段階——である。このタイプは全体から見れば比較的頻度は少ないが，実際の使用も十分に確認できる（大薗 2002，Yuasa 2004 などを参照）。

6. 態

　最後に「態」について考えておきたい。動詞の態とは，「動作主」，「被動作主」などの意味関係の表出パターンに関わる文法現象を指す——動作主が主語となれば動詞は能動態の形を取り，被動作主が主語となれば受動態の形を取る。端的に言えば，主語と動詞の関わり合いの問題であると言うこともできる。そのように考えると，「bekommen ＋過去分詞」構文は当然態の問題として取り上げられなければならない。

---

[4] 先の Duden 文法の説明にもあったが，erhalten を使うと容認度が落ちる。

問題となるのは「bekommen＋過去分詞」の形式を「受動態」として取り扱うのかどうかという点である。その問題に答えるにはこの構文を典型的な受動態と比べてみて，その類似と相違を見極めるという作業が必要となる。類似の方が優勢であれば受動態として，相違の方が優勢であれば別の範疇として取り扱えばよい。bekommen 受動と werden 受動の決定的な相違は，何が主語に立つのかという点である。bekommen 受動では能動文の与格が（必ず）主語になるのに対し，werden 受動では対格が主語になるか，あるいは実質名詞句が何も主語に立たないか（いわゆる非人称受動）のどちらかである。一方，両者の間の類似点は 4 節で見た通りである。結局のところ，両者の間の相違——すなわち対格目的語に関わる態の転換が生じているのか，非人称構文が形成されるのかという二点——をどの程度重く見るのかという点で研究者の見解が異なってくるのだと考えてよい。

　werden 受動と bekommen 受動に見られる平行性を鑑みれば，bekommen 受動を受動態であると見なす根拠は十分にあると言ってよいであろう。とりわけ，能動文における動作主を主語の位置からはずして事態を把握しているという共通点は重要である。ただし，広く他言語を視野に入れ，より一般的なレベルで態というものを考えるとき，通常，行為動詞を中心として展開しているとされる受動態（例えば柴谷 2000 を参照）との関係において，主に授与動詞を中心として展開しているこのタイプの受動態をどのように考えればよいのかという点については，今後さらに包括的な研究を進めていく必要がある。

7. まとめ

　以上の議論を踏まえ，問題の構文を受動態として扱うことにすると，その定義は次のようなものになる。bekommen 受動は「助動詞として用いられた bekommen/kriegen/erhalten ＋過去分詞」という構造に基づき，能動文における与格を主格にする受動表現である。

　しかし，稀に能動文が想定しにくい構文もあるので（例えば Dann *kriege ich immer geschimpft*.（そうすると私はいつも叱られる）(Lehmann 1991: 517)），文法化の過程や bekommen 構文のネットワークなども考慮に入れ，プロトタイプ的なものを想定しておく方がよいだろう。頻度から言っても，この受動文は典型的にはある対象の受容が認められる状況において用いられる。ただし抽象的な受容にも拡張されることがあり，その場合は十分な影響が読み込まれるということが重要である。典型的な事例は Er *bekommt* eine Krawatte *geschenkt*.（彼はネクタイを贈られる），拡張の事例は *Er bekommt* die Krawatte *abgeschnitten*.（彼はネクタイを切り取られる）などである。

なお，本稿では bekommen 受動の成立条件について詳しく論じる余裕がなかった。これについては Wegener (1985a: 203ff.), Leirbukt (1987), 大薗 (1997), Ozono (2005) などを参考にしていただきたい。

参考文献

大薗正彦（1997）「bekommen 構文の意味的展開と bekommen 受動」日本独文学会（編）『ドイツ文学』第 98 号，84-95.
大薗正彦（2002）「コーパスによる bekommen 受動分析」井口靖（編）『コーパスによる構文分析の可能性』（日本独文学会研究叢書 9 号），47-59.
在間　進（2006）『[改訂版] 詳解ドイツ語文法』大修館書店.
柴谷方良（2000）「ヴォイス」仁田義雄他『文の骨格』, 117-186. 岩波書店.
湯淺英男（2002 - 2004）「bekommen-受動態の成立条件と機能についての覚書（その 1 - 3）」『神戸大学ドイツ文学論集』31, 1-18；32, 27-48；33, 39-57.
Diewald, G. (1997) *Grammatikalisierung. Eine Einführung in Sein und Werden grammatischer Formen*. Tübingen: Niemeyer.
Duden (1998) *Grammatik der deutschen Gegenwartssprache*. 6. Auflage, hrsg. von der Dudenredaktion, Mannheim/Leipzig/Wien/ Zürich: Dudenverlag.
Duden (2005) *Die Grammatik*. 7. Auflage, hrsg. von der Dudenredaktion, Mannheim/Wien/ Zürich: Dudenverlag.
Eisenberg, P. (1999) *Grundriß der deutschen Grammatik. Bd. 2: Der Satz*. Stuttgart: Metzler.
Eroms, H.-W. (1978) Zur Konversion der Dativphrasen. In: *Sprachwissenschaft* 3, 357-405.
Eroms, H.-W. (2000) *Syntax der deutschen Sprache*. Berlin: de Gruyter.
Haider, H. (1984) Mona Lisa lächelt stumm — Über das sogenannte deutsche ‚Rezipientenpassiv'. In: *Linguistische Berichte* 89, 32-42.
Haider, H. (1986) Fehlende Argumente: vom Passiv zu kohärenten Infinitiven. In: *Linguistische Berichte* 101, 3-33.
Heine, B. (1993) Bekommen, ohne etwas zu bekommen. Zur Grammatikalisierung des Dativpassivs. In: *Sprache und Literatur* 71, 26-33.
Lehmann, Ch. (1991) Grammaticalization and Related Changes in Contemporary German. In: Traugott, E. C./ Heine, B. (eds.) *Approaches to Grammaticalization. Vol. II*, 493-535. Amsterdam: Benjamins.
Leirbukt, O. (1987) Bildungs- und Restriktionsregeln des *bekommen*-Passivs. In: C. R. L. G. (Hg.) *Das Passiv im Deutschen*, 99-116. Tübingen: Niemeyer.

Leirbukt, O. (1997) *Untersuchungen zum* bekommen-*Passiv im heutigen Deutsch*. Tübingen: Niemeyer.

Ozono, M. (2005) Das *bekommen*-Passiv aus japanischer Sicht. Semantische Funktion und Motivation zur Anwendung. In: Narita, T./Ogawa, A./Oya. T. (Hgg.) *Deutsch aus ferner Nähe. Japanische Einblicke in eine fremde Sprache. Festschrift für Susumu Zaima zum 60. Geburtstag*, 57-77. Tübingen: Stauffenburg.

Reis, M. (1976) Zum grammatischen Status der Hilfsverben. In: *Beiträge zur Geschichte der deutschen Sprache und Literatur* 98, 64-82.

Reis, M. (1985) Mona Lisa kriegt zuviel – Vom sogenannten 'Rezipientenpassiv' im Deutschen. In: *Linguistische Berichte* 96, 140-155.

Wegener, H. (1985a) *Der Dativ im heutigen Deutsch*. Tübingen: Narr.

Wegener, H. (1985b) „Er bekommt widersprochen" – Argumente für die Existenz eines Dativpassivs im Deutschen. In: *Linguistische Berichte* 96, 127-139.

Yuasa, H. (2004) Zur kommunikativen Funktion des so genannten Dativpassivs. In: Japanische Gesellschaft für Germanistik (Hg.) *Neue Beiträge zur Germanistik* 3/2, 121-133.

V　モダリティと時制をめぐって

14. 話し手の心的態度を表す副詞

井 口 　 靖

　ここでは wahrscheinlich, vielleicht, wirklich, leider など話法詞 (Modalwort) と呼ばれる副詞を中心に，これらが実際に文に現れたときに見せる特有の現象について，「話し手の心的態度」という観点から説明を試みる。

1. 命題要素とモダリティ要素

　言語によって表現されたものは話し手の認識にすぎないのであって，事実そのものではないが，話し手はそれを「事実として」表現している。たとえばグラスに半分の水がはいっているとき，「半分しかない」と言うか，「半分ある」と言うかは話し手次第であるが，あくまでも「事実として」述べている。
　しかし，次のような表現ではことがらを事実としては述べていない。

(1a)　Er *kann* krank sein.　　　　彼は病気かもしれない。
(1b)　*Vielleicht* ist er krank.　　　ひょっとしたら彼は病気だ。
(1c)　*Ich glaube*, er ist krank.　　彼は病気だと思う。

　これらの場合には話し手は er ist krank（彼が病気である）ということがらを自分の「判断として」述べている。そして，kann（かもしれない），vielleicht（ひょっとしたら），ich glaube（私は思う）はそれを明示するとともに，判断のあり様を表現するものである。たとえば kann を muss（にちがいない）に，vielleicht を wahrscheinlich（たぶん）に変えると，ことがらが変わるのではなく，話し手の判断のあり様が変わると考えられる。
　ここでは発話の中で現実世界に対応する要素を「命題要素」（上の例では，er, krank, sein）と呼び，命題要素を組み合わせて表された内容は「命題」と呼ぶ。おおざっぱに言うと命題は「いつどこでなぜだれが何をどのように…する/した」かを表す。これに対して上の文の斜体字のような話し手の判断に対応する要素を「モダリティ要素」と呼ぶ。モダリティ要素としては，ことがらの事実性に関する判断を表す要素以外に心情や評価などを表す要素などもあ

る。これら表現された内容が「話し手の心的態度」である。言語形式としては，感嘆詞，話法の助動詞，副詞の一部，ich glaubeなどの挿入句，イントネーションなどが考えられる。

　なぜこのように命題要素とモダリティ要素を区別して考えるかというと，さまざまな現象が話し手の心的態度ということから説明できるからである。

2. 副詞

　ここで扱う話法詞はふつう副詞の一部とされる。品詞としての副詞を定義することは難しい。ここでは一般に副詞とされているものをそのまま副詞とし，表のように下位分類しておく。[1]

　「命題副詞」は命題の一部を表現する副詞で，それ以外を「非命題副詞」[2]としている。

	副詞	例
命題副詞	時間副詞	heute, morgen, zuerst, immer …
	場所副詞	hier, dort, da …
	様態副詞	gern, anders, durchaus …
	因果副詞	deshalb, darum, also …
	程度副詞	sehr, fast, ganz, so, ziemlich …
非命題副詞	話法詞	vielleicht, wahrscheinlich, vorgeblich, wirklich, leider …
	心態詞	doch, ja, denn, schon …
	否定詞	nicht
	とりたて詞	nur, auch, sogar …
	スケール詞	schon, noch, erst …
	応答詞	ja, nein, doch …

3. 話法詞

3.1. 話法詞の分類

　話法詞は内容から次のように4つに分類しておく。

---

[1] ほぼ井口 (2000) の分類による。
[2] 「非命題副詞」は，現実世界に対応物を持たないように見えるが，それが必ずしも話し手の心的態度を表すとは限らないので，今のところモダリティ要素とは断言できない。よって，ここでは仮に「非命題副詞」としておく。

事実判断
sicher（きっと），vermutlich（おそらく），wahrscheinlich（たぶん），vielleicht（ひょっとしたら），offenbar（明らかに）...

事実主張
zweifellos（疑いなく），natürlich（もちろん），tatsächlich（本当に），wirklich（本当に）...

判断留保
angeblich（…だそうだ），vorgeblich（…だそうだ）...

心情・評価
dummerweise（愚かにも），glücklicherweise（幸運にも），hoffentlich（…であればよいのだが），leider（残念ながら）...

　sicher, vermutlich などの**事実判断**のグループは命題の事実性に対する話し手の判断を表す。事実判断は命題を事実とは認めていないのに対し，**事実主張**は事実性を認めた上でそれを主張する。**判断留保**は他人の主張をそのまま表現する場合に用いられ，話し手としては事実性について責任を回避することになる。これら3グループは命題の事実性に対する話し手の心的態度であるが，**心情・評価**を表す話法詞は基本的には命題の事実性を認めて，[3] それに対する話し手の心情や価値評価を示す。

(2a)　Er ist *vermutlich* krank.　　彼はおそらく病気だ。
(2b)　Er ist *wirklich* krank.　　　彼は本当に病気だ。
(2c)　Er ist *vorgeblich* krank.　　彼は病気だそうだ。
(2d)　Er ist *leider* krank.　　　　彼は残念ながら病気だ。

3.2.　話法詞における話し手の心的態度

　これらがなぜ命題外にあると見なされるかというと，ひとつには，これらを尋ねることができないからである。試しに wie で尋ねてみると，(3a) のように様態や手段で答えるしかない。

(3)　　Wie ist er gekommen?　　彼はどのように/どうやって来たの。
(3a)　Er ist *schnell/mit dem Bus* gekommen.　　急いで / バスで来た。
(3b)　*Er ist *vermutlich* gekommen.　　　　　　*たぶん来た。

---

[3] hoffentlich は事実と確定していない命題に関して使う。*Hoffentlich* war ich nicht unhöflich.（私が無礼でなければ**よかったのですが**。）

もちろん直接尋ねることもできない。話し手が自分自身の判断を相手に尋ねることになるからである。

(4a) Ist er *schnell* gekommen?　　　　彼は急いで来たの。
(4b) *Ist er *vermutlich* gekommen?　　*彼はたぶん来たの。

話法詞はふつう否定の対象にもされない。これは自分で自分の判断を打ち消すことになるからである。

(5a) Er ist nicht *schnell* gekommen.　　彼は急いでは来なかった。
(5b) *Er ist nicht *vermutlich* gekommen.　*彼はたぶんは来なかった。

話法詞については様態副詞 (Modaladverb) とは異なるその他さまざまな特性が挙げられるが、[4] 上で述べたようなことから話法詞はモダリティ表現であるとされる。ちなみに日本語の対応する表現も同じような性質を示している。これはドイツ語に特有な形式上の規則ではなく、内容的な、つまり意味的な問題であるからだと考えられる。

3.3. 話法詞の意味の変容

上の説明を覆すようだが、実は疑問文に現れる話法詞もある。

(6a) Oder war es *vielleicht* eine Zauberformel? (M. Ende)
　　　それともそれはひょっとして魔法の呪文だったのだろうか。
(6b) Ist er *sicher* fortgegangen?　　　　彼は確かに行ってしまったのか。
(6c) Hast du auf mich *wirklich* gewartet?　君は私を本当に待っていたのか。

これらの事情は一様ではない。(6a) では疑問の対象は es war eine Zauberformel（それが魔法の呪文だった）かどうかであり、vielleicht かどうかではない。vielleicht が (6a) で用いられるのは次の文とも関係がある。

(7a) *Vielleicht* schläft er, *vielleicht* aber auch nicht.
　　　ひょっとしたら彼は眠っているかもしれないし、ひょっとしたらそうでないかもしれない。
(7b) Auch wenn *vielleicht* manche Entscheidung nicht einfach zu verstehen ist, dürfen Sie darauf vertrauen, ... (http:// www.regensburg. de/)　　ひょっとしたらいくつかの決定は簡単には理解しづらいかもしれませんが、次

---

[4] Helbig/Buscha (2001:430ff.) では 9 項目の特徴が挙げられている。

のことは信頼していただいて結構です…

　(7a) が言えるということは，話し手は命題内容の事実性について中立的な立場をとっているということである。(7b) の wenn 文は auch とともに「たとえ…であっても」とかなり低い可能性を表現する。ここでも vielleicht は事実性に中立的立場を表すので使うことができる。(6a) のような場合，中立的立場を表明しながら真偽を問うことに矛盾はない。よって，疑問文に使われた vielleicht は相変わらずモダリティ表現だと仮定することができる。

　(6a) とは異なり，(6b)(6c) はそれぞれのことがらが sicher なのか，wirklich なのかと尋ねられているように思える。sicher は (7a) や (7b) のような文には使えない。それは sicher が話し手の判断として確信を表すためだろう。それにもかかわらず疑問文で使われる[5]ということは，(6b) では sicher はもはや話し手の判断の表現ではなく，相手の判断を尋ねる表現となっているということである。(6b) は次のような文と同じような意味と考えられる。

(6b') Sind Sie *sicher*, dass er fortgegangen ist?
　　　彼が行ってしまったというのは確かですか。

　一方，wirklich, tatsächlich は (7a) のようには使えないが，wenn 文には使える。

(8) 　Wenn sie *wirklich* nur aus Unkenntnis über ihn gehandelt hatte, und wenn sie es *tatsächlich* so bitter bereute, dann wäre es unter seiner Würde gewesen, sie jetzt noch zu bestrafen. (M. Ende)
　　もし彼女が本当に彼のことを知らずに行動していたのなら，そして彼女がそれを本当にひどく後悔しているというのなら，そうしたら彼女を今になって罰するというのは彼の品位を傷つけることになるだろう。

　wirklich, tatsächlich は vielleicht のように事実性に関して中立の立場を表すわけではない。すると，ここでは話し手の判断ではなく命題要素となっているから使われると考えざるをえない。つまり，客観的事実の表現だということである。だから (8) のように「もしそれが事実なら」と条件にできるのだ。たとえば次のような文がこれを裏付ける。ここでは wirklich の客観的事実性に vielleicht で話し手は判断を加えている。

---

[5] sicher は疑問文で使えない，あるいは，使えるにしても確認する場合などに限られるという意見もある。

(9)　*Vielleicht* hatte er *wirklich* nie mehr Zeit. (M. Ende)
　　　ひょっとしたら彼は本当にもう時間がなかったのかもしれない。

　そうすると，sicher, wirklich はもともとモダリティ表現ではなかったということになるのだろうか。sicher, wirklich がある文とない文とを比べてみると，直感ではあるが，それらを含む文では話し手の判断や主張のようなものが感じられる。上のように特定の文脈においてモダリティ表現でないとしても，平叙文においてこれら話法詞がモダリティ表現ではないという証拠には必ずしもならない。文に現れた語の意味や性質が常に一定であるという保証はないからである。そこでこれら話法詞と，それが使われる文との関係が問題になってくる。

3.4. 話法詞と平叙文における話し手の心的態度の関係

　話法詞は副詞としての用法を指すが，話法詞とされる語のうちいくつかは形容詞としても用いられる。たとえば wahrscheinlich には der *wahrscheinliche* Täter（犯人らしき人）のような付加語的用法があり，これは明らかに命題表現である。そのほかに述語的な用法もある。この場合には否定や疑問も可能であり，客観的な可能性を表す命題表現である。

(10a)　Es ist *wahrscheinlich*, dass er schläft.　　彼が眠っている可能性は高い。
(10b)　Es ist nicht *wahrscheinlich*, dass er schläft.
　　　　彼が眠っている可能性は高くない。
(10c)　Ist es *wahrscheinlich*, dass er schläft?
　　　　彼が眠っている可能性は高いか。

　話法詞は平叙文で副詞的に用いられた場合にモダリティ表現になる。話法詞が副詞的に用いられるというときには文全体を修飾するとされ，「文副詞」(Satzadverb) と呼ばれることもある。
　最初に話し手はことがらを事実として述べていると言ったが，実は平叙文では事実として述べるだけではなく，判断として述べる場合もある。たとえば夕日を見ながら「明日は晴れだ」と言うときは，事実というより自分の判断として述べている。平叙文ということ自体，**事実主張**または**事実判断**という話し手の心的態度の表現手段だと言えよう。
　話法詞は文副詞として働いたときにモダリティ表現となり，平叙文の心的態度に色づけをすることになる。もともと事実主張の平叙文に wirklich などの

話法詞が使われ，事実判断の文に vermutlich などの話法詞が使われると考えられる。vorgeblich などの**判断留保**は事実判断の特別な種類と位置づけられる。

　心情・評価の話法詞の場合はふつうはその命題を事実と主張し，それに対して話し手は心情・評価を述べるのだが，(11) のように事実判断をして[6]それと同時に心情・評価を述べる場合もあるから，事実主張，事実判断両方の文に使われると考えるべきだろう。

(11a) *Leider* kommt er *wahrscheinlich*.　残念ながらおそらく彼は来るだろう。
(11b) Und die *werden* es uns *leider* nicht glauben. (M. Ende)
　　　そして彼らは私たちが言うことを残念ながら信じないだろう。

　以上の関係をまとめると次のようになる。[7]

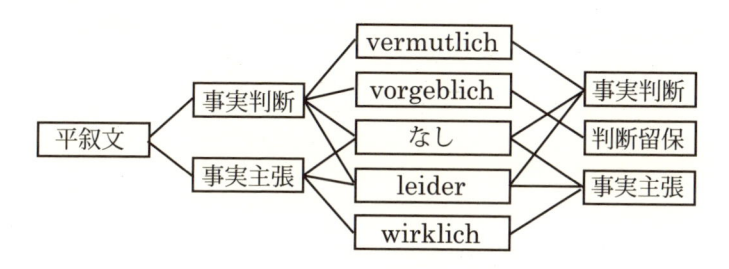

```
                    ┌─ vermutlich ─┐
         ┌─事実判断─┼─ vorgeblich ─┼─ 事実判断
平叙文 ──┤          │              │
         │          ├─   なし    ─┼─ 判断留保
         └─事実主張─┤              │
                    ├─  leider   ─┼─ 事実主張
                    └─ wirklich  ─┘
```

4.　最後に：話し手の心的態度という観点からの言語現象の解明について

　これまで，さまざまな文における話法詞の性質について話し手の心的態度という観点から考察してきたが，その他の副詞も使われる文タイプ (Satzmodus) やその他の条件により命題要素となったり，さまざまな意味のモダリティ要素となったりすると考えられる。しかし，それは語によって事情が異なり，また，そのメカニズムも複雑だと推測される。

　たとえば schon という副詞は環境によってさまざまな話し手の心的態度を表現する。ここで詳しく検討している余裕はないが，schon は基本的に話し手

---

[6] (11b) の werden（…だろう）は話し手の推量を表す助動詞と考えられるので，これが使われた文は事実判断の文となる。
[7] たとえば「平叙文で事実判断を表すものに vorgeblich が使われ，文全体として判断留保になる」というように読む。平叙文に leider が使われた場合には，心情・評価が付け加えられてはいるが，文としては事実判断または事実主張の平叙文になる。

のある種の想定と現実との差を表現し，それが実際の文に使われたとき，その文の話し手の心的態度と schon の意味の相互作用の結果，さまざまな意味となって現れると考えられる。[8] たとえば，平叙文では，「（ことがらが）思ったより早い」（= (12b)）という意味になったり，未来のことであれば「確実性」（= (12d)）になったり，命令文では，予測に反して実行されない「いらだち」（= (12g)）のようなものを表現することもある。

(12a) Sind Sie *schon* einmal in Japan gewesen?
あなたはこれまでに日本にいたことがありますか。
(12b) Er ist *schon* zwanzig. 彼はもう二十歳だ。
(12c) Das genügt *schon*. それだけで十分だ。
(12d) Es wird *schon* nicht regnen. きっと雨は降らないよ。
(12e) Ich verstehe *schon*. もちろんわかるよ。
(12f) Wer weiß *schon*, wie das ist? それがどういうことなのか誰が知っていようか。
(12g) Hör *schon* auf damit! いいかげんやめろ。

　話し手の心的態度という観点からアプローチすることにより，たとえば上の schon の多義性のような現象の解明に新たな展開が生まれることが期待される。

参考文献
井口　靖（2000）『副詞』（ドイツ語文法シリーズ第 5 巻）大学書林.
岩崎英二郎（1998）『ドイツ語副詞辞典』白水社.
Helbig, G. / Buscha, J. (2001) *Deutsche Grammatik. Ein Handbuch für den Ausländer-unterricht.* Berlin/München: Langenscheidt.（旧版からではあるが，翻訳として，ヘルビヒ／ブッシャ（在間　進訳）『現代ドイツ文法　新装版』2006 年三修社がある。）

---

[8] 井口 (2000) は schon を非命題副詞のスケール詞，心態詞とする。詳しい用法については岩崎 (1998: 1002ff.) を参照。

15. *werden* + Infinitiv 構文の意味と用法
──その多義性の構造──

板 山 眞 由 美

1. はじめに
1.1. *werden* + Infinitiv 構文と現在形

現在形は現在，既に実現している事柄だけでなく，未来の出来事を表現することができる。例えば毎年ドイツで春に行われる賃金交渉を伝える新聞記事などで，しばしば以下のような文が見られる。

(1) Morgen machen die Metallarbeiter Warnstreiks.
　　明日，金属労働者は時限ストをする。

このように，時間関係を表す副詞などがあれば，現在形を用いて未来の事柄を表すことができる。しかし未来の事柄は werden を用いて表されることもあり，特に報道記事の中でよく見かけられる。

(2) Die Metallarbeiter *werden* morgen Warnstreiks machen.
　　金属労働者は明日，時限ストをする。

但し完了動詞[1]が用いられる場合には，*werden* の有無に関係なく，未来の事柄の表現となる。

(3) Der Frühling kommt.　　春が来る。
(4) Ich fahre diesen Sommer nach Deutschland.　　私はこの夏ドイツへ行く。

それに対して継続動詞が用いられる場合には，他の文成分やその都度の脈絡によって，時間関係の解釈は異なる。それは現在形でも然りである。[2]

(5) Fritz *wird* (jetzt/heute/morgen) arbeiten.
　　フリッツは（今 / 今日 / 明日）仕事を している / する だろう。

---

[1] 事象の経過を段階づけたり，ひとつの事象から他の事象への移行を表現する。継続動詞はそれに対して，事象の経過をそのまま表現する動詞である。
[2] Vater (1975: 83f.) は，種々の時間副詞と共起させて *werden* + Infinitiv 構文の時間指示を検証している。

(6)　Fritz arbeitet (jetzt/heute/morgen).
　　　フリッツは（今 / 今日 / 明日）仕事を している / する。

但し未来の事柄であっても，必ずそうなることが分かっている場合は (7) のように，*werden* を用いない方が自然である。

(7)　Am nächsten Freitag habe ich meinen dreißigsten Geburtstag.
　　　(Vater 1975: 100) 来週金曜日に私は 30 回目の誕生日を迎える。

また学校の休暇や暦，天気予報なども通常は現在形で表される。

(8)　Morgen ist Dienstag. (Vater 1994: 75) 明日は火曜日だ。
(9)　In einem Monat haben die Kinder Ferien. (Helbig/Buscha 1986: 147)
　　　一か月後，子供たちは休暇に入る。

　従って現在形と *werden* + Infinitiv 構文（以下 wI 構文）は共に，現在の事柄，あるいは未来に起こる事柄を一義的に指し示すわけではない。時間関係に限定すれば，多くの場合置き換えることができる。[3]
　本稿の目的は，wI 構文の意味と用法について，具体的な言語資料にもとづき，特にその多義の様相に焦点を当てて整理することである。[4] その際，この構文で用いられる動詞の性質，主語の人称，叙法，時間関係を表す副詞や話法詞など，当該の文自体に含まれる要素だけでなく，文脈やテクストの種類，話者と相手との社会的関係などの条件が，どのようにその都度の解釈に関わっているかについて考察する。

1.2.　*werden* + Infinitiv 構文の基本的意味

　wI 構文は，話者が発話の時点で事実であると確定している事柄，話者の目の前に存在している (vorhanden) 事柄を表すことはできない。さもなければ „hier-jetzt-ich-Origo" と矛盾するからである。時間的には今ではなく (nicht jetzt)，空間的にはここではない (nicht hier)，あるいは（同時に）今，こ

---

[3]　Helbig/Buscha (1986: 146f.), Duden (1998: 147f.) は共に現在形，未来形の用法として，現在の事柄，未来の事柄を表すと記述している。Vater (1975) は wI 構文を，時制を担う形式ではなく Modalverb（話法助動詞）のひとつであると主張した。Engel (1988) にも同様の把握が見られる。

[4]　言語資料として文学作品 „Ansichten eines Clowns" (H. Böll), „Das fliehende Pferd" (Martin Walser)，新聞記事，Freiburger Korpus から用例を得た。また必要に応じて，文法書や関連文献に挙げられた例を参考にする。

こで話者が知覚できない (nicht wahrnehmbar)，確かめられない (nicht feststellbar) ものとして事柄を表す形式であると考える。[5] 以下ではこの構文の用法を，特に主語の人称，wI 構文中の動詞の動作様態，及びその随意性を手がかりに整理する。その際，話者が事柄の実現にどのように関与するかという点に注目する。

2. werden + Infinitiv 構文の用法
2.1. 一人称主語で随意的な動詞と共起する場合

主語が一人称で，wI 構文の動詞が，人間の意志による制御の可能な，すなわち随意的な行為を表している場合，話者が現在の自分自身の随意的な行為を知覚できない・確かめられないこととして表現することは論理的におかしい。従ってまだ遂行していない，未来の行為を述べていると理解され，かつ，その行為の遂行が話者の裁量の範囲にあると考えられることから，「～かもしれない」という推量ではなく，話者の意志を表していると解釈される。話者は，そこでは同時に行為者 (Agens) であるから，動詞が表す事柄の実現に積極的に関与する。従って話者は，自らの行為の遂行をあえて明示的に述べることによって，宣言や，相手にとって望ましいか，そうでないかで（話者が誠実条件を満たす場合）約束・威嚇などの言語行為を行うことができる。[6] この用法は，未来の時間指示があれば，現在形を用いた表現と交換が可能であり，また主語自身の強い意志を表す話法の助動詞 *wollen* と置き換えられる場合もある。

(10) Ich *werde* anschließend einen Apfel essen. (Clown, 145)[7]
このあとでリンゴを食べます。
(11) Ich *will* anschließend einen Apfel essen.
このあとでリンゴを食べようと思う。
(12) Ich esse anschließend einen Apfel.
このあとでリンゴを食べる。

但し wollen が発話時点での強い意志を表すのに対して，werden は「実現が十分に可能である」ことを含意する。意志はあるが，何らかの事情でそれが

---

[5] 板山・下川 (1996)，板山 (1997) 参照。
[6] 以下で取り上げる二人称主語での指示・要求も含め，宣言・約束などの言語行為と，wI 構文との関係については，稿をあらためて考察したい。
[7] 以下では Heinrich Böll 著 *Ansichten eines Clowns* を Clown と略記し，用例の箇所は出典で挙げる版のページで示す。

できない，という場合に werden を用いることはできない。

(13) Ich *will* schon, aber ich *kann* nicht.　　そうしたいのだが，できないのだ。
(14) *Ich *werde* schon, aber ich *kann* nicht.　*そうする。しかしできないのだ。

　しかしながら，wohl などの話法詞を合わせて用いると，動詞が表す行為に，人間の意志で制御できないという様相が加えられるために，話者の推量を表すと解釈される。2006年夏，筆者は学生に同行してドイツ語研修に出かけたが，春の時点では研修が実施されるかどうか100%の確実性はなかった。従って，夏の計画を知らせるドイツの知人への手紙には，例えば以下のように書いたことだろう。

(15) Ich *werde* diesen Sommer wohl wieder nach Deutschland fahren.
　　 私はこの夏，多分またドイツに行きます。

2.2. 二人称主語の場合で随意的な動詞と共起する場合

　随意性のある動詞が用いられる場合，話者は目の前にいる相手に向けて相手が遂行する行為の実現を，相手になりかわって表明することになり，相手に対して何事かを強く指示・要求する表現となる。

(16) Du *wirst* es einmal besser machen als dieser dumme Junge, nicht wahr! (Clown, 29)　おまえはあのばかな子より，必ずうまくやるのですよ！

　ここでは，発話の相手が行為の遂行者 (Agens) であり，話者と相手との間には親子関係，権威的な上下関係など対等ではない関係があることから，話者は指示を与える者，指示者となる。従ってこの表現は，相手に対して強く行為の遂行を押しつけることになる。要請を表す形としては他にも，命令形，*sollen*，現在形を用いた形式などがある。[8]

(17) Du *wirst* jetzt schlafen gehen. (Helbig/Buscha 1986: 156)
　　 おまえはもう寝なさい。
(18) Du *sollst* jetzt schlafen gehen.　おまえはもう寝なさい。
(19) Geh jetzt schlafen.　　　　　　もう寝なさい。

---

[8] *sollen* に関しては Glas (1984: 37f.) を，wI 構文と命令形との比較に関しては Marschall (1987: 128) を参照。発話状況によって，例文の容認性が影響を受ける。Gelhaus(1975: 173f.), Dittmann(1976: 192f.) 参照。

(20) Du gehst jetzt schlafen.　　　　おまえはもう寝なさい。

　また疑問文の場合には，二人称主語が表す主体と行為の遂行者とが同一であるから，主語自身の未来の事柄を表すことになり，一人称主語について上で示したように，相手の意志を表すと解釈される。

(21) *Werden* Sie heute Abend kommen? (Gelhaus 1975: 207)
　　　今晩おいでになりますか？

2.3. 不随意的な動詞の場合

　不随意的な動詞が用いられる場合は，話者は事柄の実現に際して自ら積極的に関与ができない。従って，人称のいかんによらず，話者は事柄の生起，実現をあくまでも自分の主観的な判断，つまり推量として表していると解釈される。一人称主語の場合は，話者が自分自身について確信が持てない場合[9]，また自分以外の他者（目の前にいる発話の相手は二人称主語で表され，発話当事者以外の第三者は三人称主語で表されるが）について，事柄がすでに実現している，あるいはこれから起こるということを推量として表現している。

　完了動詞 finden, erfahren などの場合には，すでに指摘したように，基本的に未来の事柄を指し示すと解釈されるが，継続動詞 sein, haben, liegen や知識動詞 wissen, glauben あるいは müssen, können など話法の助動詞の場合には，時間関係は，副詞などの他の文成分や文脈，発話状況からその都度導かれる。[10]

(22) Ich bin nicht seßhaft, *werde* es nie sein ― (Clown, 19)
　　　わたしは一か所にずっと住んではいられないし，これからもきっとそうだろう。
(23) „Nur die Ruhe", sagte er, „das *wirst* du schon erfahren. (...)"
　　　(Clown, 60)「落ち着きなさい」彼が言った。「すぐに分かるさ」

---

[9] 一人称主語の例は少ない。Ich *werde* das wohl kennen. （それ，多分知っていると思う）は筆者が知人から聞いたものである。「知っている」と発話時に断定するのを避けたと考えられる。「それ」とはブロッコリー入りグラタンを指す。
[10] Latzel (2004: 110f.) は戯曲を資料として *werden* と共起する頻度の高い動詞を調べ，時間副詞のない文の場合で sein, haben, müssen, können, sagen 等を挙げている。Leiss (1992: 191f.) は通時的な考察にもとづき，基本的に完了動詞の場合にのみ wI 構文に modal な意味を認めているが，そうとは限らない。wI 構文で用いられる動詞の傾向，分布は例えば人称によって変わることが予想される。Martin Walser 著 *Ein fliehendes Pferd* では，継続動詞よりも不随意的な動詞が多いという傾向が見られる。

(24) Und im Augenblick ist die Diskussion, wie Sie aus der Ostpresse wissen *werden*, leidenschaftlich im Gang. (Dittmann 1976: 211)
現在この議論は，皆さんも東の報道でご存じのように白熱しています。
(25) „(...) Haben Sie die Noten da?" „Irgendwo *werden* sie sein", sagte sie. (Clown, 201)
「(…) そこに楽譜はありますか？」「どこかにあると思います」彼女は言った。

推量を表すこの用法において，話者は主観的な判断を下す主体，判断者の役割を果たす。さらに vielleicht, wahrscheinlich, wohl などの話法詞を付け加えることによって，その事柄が事実である可能性の大小など，主観性の程度を規定することができる。[11]

2.4. 三人称主語の場合
2.4.1. 三人称主語の場合，話者は基本的に判断者

話者自身が主語によって表されている一人称主語に対して，発話の当事者ではない，第三者を主語とする三人称主語の場合には，2.3 の不随意的動詞と共起する場合と同様，話者が事柄の実現に積極的に関与することは，通常考えられない。従って結びつく動詞に随意性が認められるか否かに関わりなく，話者は主語と動詞によって表される事柄が起こるだろうと推量するという解釈となる。時間関係も上と同じく，完了動詞の場合には基本的に未来となるが，継続動詞の場合には，他の種々様々な条件が複合的にその解釈に関わる。

(26) Nun, sie *wird* wieder kommen. (Clown, 94)
ところで，彼女はきっと戻ってくるだろう。
(27) Die Finnen *werden* so schlau sein und ihre Umschläge den Stühlen, Sesseln, Gläsern und Töpfen anpassen. (Clown, 229)　フィンランド人は気が利くから，本のカバーを椅子やソファ，グラスや壺に調和させることだろう。

(27) で anpassen は完了動詞だが，主語が複数形であることから，反復的に用いられていると考えられる。また (28) のように，随意性のある動詞が用いられ，話者と三人称主語で表される主体との間に特別な関係がある場合に

---

[11] Vater (1975: 113) はこの用法で表される蓋然性が müssen と können との間に位置すると述べているが，いちがいにそうとは言えない。例えば Dieling (1983: 329f.) は *werden* が vielleicht だけでなく wahrscheinlich とも共起することから，蓋然性の度合いを規定するものではなく，あくまでも仮説を提示していると指摘している。

は，二人称主語の場合と同様に，話者から向けられた強い指示として解釈されることもある。

(28) Paul *wird* tun, was ich gesagt habe. (Vater 1975:124)
パウルには私の言ったことをしてもらいます。

同じく，随意的な動詞が用いられ，話者に一定の社会的役割が認められる場合，話者は実現性の高い予想を表すと解釈される。筆者の知人は，娘さんがイギリスに留学中，一時帰国をした時に次のように言っていた。

(29) Meine Tochter *wird* im Oktober wieder in London studieren.
娘は10月には、またロンドンで大学に通っています。

2.4.2. 報道場面やテレビなどメディアでの予定の伝達

次の文例で話者は，記事を書いた新聞記者であるが，一定の情報源にもとづいた「予定」を伝えていると考えられる。その際，政府筋のスポークスマンや対談の相手など，ニュース源が名指しされる場合が多い。ここで話者は情報を伝えるいわば伝達者 (Mitteilender)，仲介者 (Übermittler) の役割を果たしている。[12]

(30) Alle Schüler von der ersten bis zur sechsten Klasse *werden* ein blaues kurzärmeliges T-Shirt und eine Reißverschlussjacke tragen.
(*Berliner Tagesspiegel* „Lernen im Einheitslook", 29. 8. 2006) 1年生から6年生の全生徒が，（少なくとも週に一回は）短い袖の青いTシャツとチャックつき上着を着用することになった。（カッコ内は筆者による。ベルリン，シュパンダウ地区にある基礎学校が決めた制服導入に関する記事から）

(31) In einem Gespräch mit dem Tagesspiegel versicherte Wowereit, die Bundes-SPD *werde* sich nicht in die Koalitionsverhandlungen einmischen. (*Berliner Tagesspiegel*, 19. 9. 2006)
本誌とのインタビューの中でヴォーヴェライト（SPD所属の現ベルリン市長）は，連邦議会で社民党が連立内閣擁立に向けた交渉に干渉することはないと断言した。（カッコ内は筆者による）

---

[12] Itayama (1993: 235f.) 参照。Engel (1988: 495) は文語の場合と口語の場合とを区別し，次の例文が新聞記事であれば一般的に未来の事柄として，口語では推量として解釈されるだろうと述べている。Der Papst *wird* auch die südlichste Insel besuchen. 法王は最南端にある島も訪問するだろう。

また，テレビ・ラジオ番組などでよく見られる表現がある。(32) では司会者は上と同様に，推量としてではなく，プログラムで決まっている進行や手順，即ち予定を説明していると考えられる。

(32) (...) und Herr Littmann *wird* seine Gesprächspartner gleich selbst vorstellen. （Freiburger Korpus xcg.テレビ討論番組„Meinung gegen Meinung"から）そしてリットマンさんが討論の参加者を，すぐにご自身で紹介してくださいます。

2.4.3. 公の場面での集団的な意志の表明

次の文例での主語 Deutschland は，シュレーダー首相自身をも含めた一人称主語 wir と同等であると考えられる。シュレーダー首相は，集団の一員，あるいは代表として「我々」の強い意志を表明している。[13] この記事を書いた記者は，記事の内容を連邦政府スポークスマンの弁として伝えているため，間接話法であることを示す接続法の形 ließe と werde を用いている。

(33) Das ließe sich dann nicht mehr mit der Ankündigung von Bundeskanzler vereinbaren, Deutschland *werde* sich an einem Irak-Krieg nur passiv beteiligen. (*Süddeutsche Zeitung*, 8. 12. 2003)
それは連邦首相の，ドイツはイラク戦争に，消極的にのみ参加するだろう，という表明と一致しない。

3. まとめ

werden + Infinitiv 構文の意味・用法は，一見多義に見える。しかしその多義の現れ方には規則性が認められる。即ち，ひとつの基本的意味（空間的にはここでなく，時間的には今でない，あるいは（同時に）話者が知覚できない，確かめられない，話者にとって現前していない）と，主語の人称，動詞の動作様態と随意性，あるいは時間関係を表す副詞や話者の心的態度を表す話法詞などとの連関から，一定の用法が導かれることを示した。

時間関係に関しては動作様態（完了動詞であるか，継続動詞であるか）が，話者自身が行為者として事柄の実現に積極的に関与し意志を表しているのか，あるいは相手への指示を表しているのかの解釈には，主語の人称と，動詞に認

---

[13] Weinrich (1993: 232f.) が挙げたテクスト例参照。1990 年に定められた統一ドイツはこうあるべきという条例では，das vereinte Deutschland が主語としてしばしば用いられている。

められる随意性が関わる。さらにテクストの種類，主語の職業や社会的役割，話者と相手との間の社会的関係などが，用法の解釈に関わる。

　特に未来の事柄を表す場合，話者の推量，意志，確定的な予定，相手への強い指示・要求など複数の用法が認められる。それらの用法においては，話者の事柄の実現への関与の仕方によって，話者の果たす役割が異なることを指摘した。話者自身が行為者となる場合は，話者が自分の意志を表明する。話者が主観的な判断を述べる推量の場合には，判断者となり，また確定的な予定を伝える用法の場合には，話者はその情報を伝える伝達者の役割を果たす。話者の果たす役割は用法によって異なり，事柄が生起する可能性の大きさも同一ではない。しかしそこに共通しているのは，話者の事柄に対する一定の態度を表しているという点である。その意味で werden は，真に話法的 (modal) な助動詞であると考える。

引用出典

Böll, H. (1982) *Ansichten eines Clowns.* München: Deutscher Taschenbuch Verlag.
Walser, M. (1980) *Ein fliehendes Pferd.* Frankfurt am Main: Suhrkamp.
Institut für deutsche Sprache. Forschungsstelle Freiburg i. Br. (1974) *Texte gesprochener deutscher Standardsprache II. (Freiburger Korpus).* München: Max Hueber.

参考文献

板山眞由美／下川　浩（1996）「助動詞 werden について―その時間性と話法性についての一考察―」『流通科学大学論集―人文・社会編―』第9巻第1号, 1-10.
板山眞由美（1997）「現代ドイツ語における werden ＋不定詞について ― nicht jetzt, nicht hier, nicht gegenwärtig ―」日本独文学会『ドイツ文学』第99号, 48-59.
Dieling, K. (1983) Die Modalverben als Hypothesenfunktoren. In: *Deutsch als Fremdsprache* 20/6, 325-331.
Dittmann, J. (1976) *Sprechhandlungstheorie und Tempusgrammatik.* München: Max Hueber.
Duden (1998) *Grammatik der deutschen Gegenwartssprache.* 6. Auflage, hrsg. von der Dudenredaktion, Mannheim/Leipzig/Wien/ Zürich: Dudenverlag.
Engel, U. (1988) *Deutsche Grammatik.* Heidelberg: Julius Groos.
Gelhaus, H. (1975) *Das Futur in ausgewählten Texten der geschriebenen deutschen Sprache der Gegenwart.* München: Max Hueber.
Glas, R. (1984) *sollen im heutigen Deutsch.* Tübingen: Gunter Narr.
Helbig, G. / Buscha, J. (1986) *Deutsche Grammatik. Ein Handbuch für den Ausländerunterricht.* Leipzig: Enzyklopädie.

Itayama, Mayumi (1993) *Werden — modaler als die Modalverben!* In: *Deutsch als Fremdsprache* 30/4, 233-237.

Latzel, S. (2004) *Der Tempusgebrauch in deutschen Dramen und Hörspielen.* München: iudicium.

Leiss, E. (1992) *Die Verbalkategorien des Deutschen.* Berlin/New York: de Gruyter.

Marschall, M. (1987) Paul wird in der Badewanne sitzen. Das Futur in der gesprochenen deutschen Standardsprache und ein Teilsystem der deutschen Verbformen. In: *Deutsche Sprache* 15/2, 122-136.

Vater, H. (1975) *Werden* als Modalverb. In: Calbert, J. P. / Vater, H. (Hgg.) *Aspekte der Modalität*, 71-148. Tübingen: Gunter Narr.

Vater, H. (1994) *Einführung in die Zeit-Linguistik.* Hürt-Efferen: Gabel.

Weinrich, H.(1993) *Textgrammtik der deutschen Sprache.* Mannheim/Leipzig/Wien/Zürich: Dudenverlag.

16. 話法の助動詞の過去形
―― konnte が表す〈過去の可能性〉とその解釈をめぐって ――

末 松 淑 美

1. はじめに

　話法の助動詞 können は，主に能力や可能性などを表す。過去形 konnte もよく使われ，過去の可能性を表すのだが，単なる可能性だけではなく，〈出来事が起きた〉あるいは〈主語がある行為を行った〉という過去の事実として理解される場合がある。

(1a) In diesem Restaurant *kann* man japanisch essen.
　　 このレストランでは和食が食べられる。
(1b) In diesem Restaurant *konnte* man japanisch essen.
　　 このレストランでは和食が食べられた。
(2a) Wir *können* schwimmen gehen. Es ist ja warm genug.
　　 私たちは泳ぎに行ける。もう十分に暖かいから。
(2b) Wir *konnten* schwimmen gehen. Es war ja warm genug.
　　 私たちは泳ぎに行けた。もう十分に暖かかったから。

　(1a) と (2a) は，それぞれ不定詞で表現された行為が現在可能であることを，(1b) は (1a) と同じ行為が過去に可能だったことを述べている。つまり，(1a) と (1b) の意味の違いは，可能性が現在に関するものか，過去に関するものかという違いだけである。一方 (2b) は，母語話者によって直感的に〈泳ぎに行った〉と理解される。つまり，通常は〈過去の出来事〉として解釈される。
　一般動詞の場合，現在形と過去形の意味の違いは，〈時の違い〉だけである。そこで，分析の目的として次のような問題提起をしたい。
　konnte を含む文は，どのような条件の下で〈過去の可能性〉と解釈され，どのような条件が揃ったときに〈出来事が実際に起こった〉と解釈されるのか。
　次の第 2 節ではまず，können の用法を整理する。第 3 節では，実際に書かれた konnte を含む文を集め，母語話者の助けを借りながら，それぞれの文章がどのように解釈されるのかを分析する。最後に第 4 節で，その結果を考察する。

2. können の意味

　Duden の記述[1]を土台に，その他の文献[2]も参照しながら，können の意味用法を以下の 6 つに分類する。この A ～ F の分類は，第 3 節の表 1 の分類と共通である。Duden の記述は，用例が豊富で具体的である。〈可能性〉という意味も，何に起因する可能性かによって，さらに詳しく下位分類している。分類の中に文脈が少し加味されているので，解釈の違いにどのような要素が関わるかという問題を考えるためには，もっとも適した分類だと思われる。

　以下に，意味用法の名称と定義を日本語で，および同義の言い換え表現をドイツ語で記す。そこに記されたドイツ語で言い換えられるかどうかを分類の基準とした。さらにそれぞれの例文を現在形で挙げる。

A 能力：主語が持つ肉体的・精神的・心理的な能力 (... hat die Fähigkeit, ...)

(3)　Sie *kann* gut Klavier spielen.
　　　彼女はピアノを上手に弾ける。

B 機会 / チャンス：状況・条件から見て，主語に機会・チャンスがある。
　(... besteht für ... die Gelegenheit, ...)

(4)　In diesem Raum *kann* man Klavier spielen.
　　　この部屋ではピアノが弾ける。

C 因果関係：可能性が成立する根拠も同時に，副文などに示されている。
　(Wenn/Da ..., besteht die Möglichkeit, ...)

(5)　Da es schönes Wetter ist, *können* wir den geplanten Ausflug unternehmen.
　　　天気がいいので，予定のピクニックに行ける。

D 自然現象：自然の摂理・性質・原理に基づく可能性
　(Auf Grund der Natur der Dinge besteht die Möglichkeit, ...)

(6)　Nach dem Wetterbericht *kann* es regnen.
　　　天気予報によれば，雨が降るらしい。

---

[1] Der Duden in 12 Bänden, Bd. 4. (1995): *Grammatik der deutschen Gegenwartssprache.* S. 93-94.（1995 年版の記述をもとに調査したが，2006 年版では記述が一部新しくなっている。）

[2] Buscha, J./ Heinrich, G./ Zoch, I. (1993): *Modalverben*, Langenscheidt. S.15-16, 20-21.

E 許可：主語が何かを許可されている。たいていの場合，許可を与える人物・機関などが文の内容または文脈から明らかである。(= dürfen)

(7) Wer mit dem Test fertig ist, *kann* nach Hause gehen.
テストが終わった人は，帰ってよい。

F 推量：話者の主観的な推量・憶測 (= vielleicht)

(8) Sie *kann* noch an der Uni sein.
彼女はまだ大学にいるのかもしれない。

　A 能力は，主語が不定詞で表された行為を行う能力を持っていることを述べる働きをする。発話時点で〈ピアノを弾く〉という行為が行われているかどうかとは無関係に，能力があることを述べている。
　B 機会／チャンスでは，不定詞で表された行為を行う機会があることを述べている。状況的に条件が整って生じる可能性である。ただし，実際に〈ピアノを弾く〉という行為が行われるかどうかは不明である。
　C 因果関係は，**B 機会／チャンス**の一部と考えてもよいかもしれない。不定詞で表された行為が行われ得る理由が同時に述べられている。ただし，ここでも実際に〈ピクニックへ行く〉ことが実行されるかどうかについては何も述べられていない。
　D 自然現象の特徴のひとつは，人が関与できない現象に対して人が判断を加える点である。„Es kann regnen."という文は，しばしばこのあとに出てくる **F 推量**の例文としても挙げられることがある。**F 推量**が話者の主観的な推量であるのに対し，**D 自然現象**は過去の経験やデータなどに基づく客観的判断としての可能性を意味している。
　E 許可は，主語にある行為が許可されている状態であることを表す。実際に主語が〈家に帰る〉かどうかについては何も述べていない。
　F 推量は，話者の主観的な推量を表す。つまり，客観的な根拠から可能性を判断するのではなく，根拠が話者の憶測に起因するという点において主観的である。主語が実際に〈大学にいる〉かどうかについては何も述べていない。
　以上 6 つの用法を，現在形の例文を通して見てきた。いずれの場合も，何らかの行為や出来事が起こる可能性については述べているものの，実際に何らかの出来事が起こっている，あるいはこれから確実に起こる，と述べている文はない。

3. 〈過去の可能性〉と〈過去の出来事〉

ここでは，konnte を含む文の意味の解釈について調べたことを報告する。実際に konnte を使って書かれた文を集め，その意味を母語話者がどのように解釈するかを分析した。主に新聞・雑誌などの記事から例文を集めたが，辞書の例文を利用したり，母語話者との対話の中から生まれた例文もある。結果をまとめたものが次頁の表1[3]である。母語話者には，次のような質問をした。

> 不定詞で表現された出来事あるいは状態は，過去のある時点における〈可能性〉に過ぎないのか，それとも，〈実際に起こった出来事〉なのか。

その結果，次の3つの解釈が認められた。

a) 不定詞で表現された出来事あるいは状態が，過去のある時点で起こる可能性があった。しかし，実際にその出来事が起こったかどうかについては分からない。＝【可能性のみ】

b) 不定詞で表現された出来事あるいは状態が，発話時点までに実際に起こった。＝【＋実現】

c) 不定詞で表現された出来事あるいは状態が起こる可能性はあるものの，発話時点までにまだ起こっていない。＝【－実現】

a)とc)の違いは，〈不明〉か〈起こっていない〉かの違いである。いずれも，過去の可能性を認めているものの，a) が純粋に過去の可能性のみを述べている中立的な意味合いであるのに対し，c) では〈まだ起こっていない〉というニュアンスが含まれる。母語話者の反応が違ったので区別した。

表1では，第2節で分類した können の6つの意味を，解釈の結果の違いによりさらに細かく分類した。また，その解釈の違いに影響を与えた条件も表に記した。

3.1. 能力

この用法では，過去のある時点で〈主語が何らかの能力を持っている状態であったこと〉を述べている。つまり，主語の属性を表している。その場合【＋

---

[3] この表は konnte を含む肯定文のみの調査結果をまとめたものである。集めた例文には肯定文も否定文もあったが，否定文の場合，〈不可能だった〉という意味になり，すべての用法で〈不定詞で表された出来事は起こらなかった〉という否定の事実として解釈された。

表1　konnte の意味と解釈

意味用法		解釈に影響する諸条件	結果
A	能力 (… hatte die Fähigkeit, …)	A1：人間あるいはそれに準ずるものが持つ肉体的・精神的・潜在的能力を表す	【+実現】 (【可能性のみ】)
		〈遂行動詞の場合〉	【+実現】
		A2：非人間である対象物や機関などが持つ機能や許容量などを表す	【可能性のみ】
		A3：種属の属性としての能力を表す	(【+実現】)
B	機会・チャンス (… bestand die Gelegenheit / Chance, …)	B1：好機であり，意志を持って行動する人間がその状況に関わっている	【+実現】
		B2：状況に関わる主体が不明確	【可能性のみ】
		B3：単なる1つの可能性	【可能性のみ】 (または【+実現】)
C	因果関係 (Wenn/Da…, bestand die Möglichkeit, …)	文中または文脈中に可能性が生じる理由が述べられている	【+実現】
D	自然の摂理・現象 (Auf Grund der Natur der Dinge …)	D1：一般的な自然現象	【可能性のみ】
		D2：自然の出来事・災害	【-実現】
E	許可 (= durfte)	主語にはある行為が許可されている	【可能性のみ】
F	推量 (= vielleicht)	話者の主観的な推量	【可能性のみ】

実現】なのだが，その出来事が実際に過去のある時点で行われたかどうかという点から考えると，【可能性のみ】という場合も考えられた。3つのケースが区別できた。

(9) Der 5jährige Junge *konnte* bereits lesen. Seine Mutter hatte es ihm beigebracht.
　　その5歳の少年はすでに字が読めた。彼の母親が教えたのである。

(10) Ob Sie es glauben oder nicht: Ich war nicht schockiert, ich *konnte* es verstehen.
　　あなたが信じるか信じないかは分かりませんが，私はショックを受けなかった，理解

できたのです。

(11) Das Schiff *konnte* zweitausend Urlauber an Bord nehmen.
その船には2000人の乗客を乗せることができた。

(12) ?Vögel *konnten* fliegen.
鳥は飛ぶことができた。

　(9)は，主語にあたる人物が持つ能力を述べている。Ａ１に該当する例文である。〈少年が実際に字を読んだ〉という前提があって初めて成立する文なので事実と解釈され，その意味で【＋実現】である。ところが，この文が過去のある時点の状況について述べていると考えると，実際にその時少年が字を読んだかどうかは分からない。少年に読む気がなければ読まない。〈主語の意志〉次第である。〈読む能力があるのに読まなかった〉と言えてしまう。それで表１のような表記になった。一方(10)のように，不定詞が遂行動詞(performatives Verb)である場合には，当然その行為は同時に行われているので，結果は【＋実現】になる。
　主語が意志を持たない〈もの〉である場合がＡ２である。〈もの〉が持つ能力を人が確認して述べる内容で，(11)では，船の収容能力について述べている。しかし，実際に2000人もの乗客が乗ったことがあるかどうかについては何も述べていない。計算上得られた数字かもしれない。従って，結果は【可能性のみ】となる。
　3つ目のＡ３はＡ１と同じく，主語の持つ能力を述べているのだが，違うのは鳥という〈種の属性〉を述べている点である。過去形で述べた場合，鳥は現在ではもう飛べなくなっているような印象を与えてしまう。昔も今も変わらぬ〈普遍的属性〉は現在形で書くからである。過去形で述べた場合，〈発話時現在との時間的連続性はない〉ことが明示されているということをここで確認しておきたい。

3.2. 機会・チャンス
　用法Ｂの文は非常に多かった。まわりの状況から判断して，主語にはある行為を行う機会・チャンスがあったことを述べている。ここでも3つのグループが区別できた。

(13) Er *konnte* mit den Ersparnissen seines Vaters in den USA seine Ausbildung nachholen.
彼は父親の貯金のお陰で，アメリカで，教育を受けられた。

(14) Nur in Südnorwegen, an der mittleren Elbe, in Südfrankreich und Russland *konnte* sich der Biber halten.
　　ノルウェー南部，エルベ川中流，南フランス，ロシアでのみ，ビーバーは生き残ることができた。

(15) Shanghai – eine Stadt, in der man sich vor der Welt verstecken *konnte*.
　　上海は，世界から身を隠すことのできた町である。

(16a) Er *konnte* nach links gehen, aber auch nach rechts gehen.
　　彼は左へ行けたし，右へも行けた。

　(13) と (14) は**B１**の例である。主語が人と動物という違いはあるが，いずれも状況から可能になった好機を生かし，主語は不定詞で表現された出来事を実現した，と母語話者は直感的に理解する。例を２つ挙げたのは，(13) が nachholen という出来事を表す動詞であるのに対し，(14) が sich halten という継続的な状態を表す動詞だからである。いずれの場合も母語話者は【＋実現】，つまり実際に起こった出来事だと判断した。

　一方，(15) は man を主語とし，状況に具体的人物が関わらない**B２**の例である。状況を具体的に思い描くことができなくなり，文意も【可能性のみ】と解釈された。ただ，この文の主語を man から Peter などの具体名に変えると急に文全体が現実味を帯び，【＋実現】と理解される点は興味深い。

　B３では，〈好機〉〈良い機会〉という肯定的な価値判断のニュアンスが無くなり，選択肢の１つというような〈単純な可能性〉が述べられる。(16a) がその例である。結果はもちろん【可能性のみ】であるが，このグループの意味は流動的で，具体的状況を示すような副詞または前置詞句が加わると，すぐに【＋実現】と解釈される文に変身してしまう。

(16b) Er *konnte* auf diese Weise nach links gehen.
　　彼はこのようにして左へ行けた。

　状況から生まれた可能性は，状況が変わればすぐにその解釈も変わる。ここでは，状況から生まれた１つの可能性であっても，それが〈良い機会〉であり，同時にその機会を生かそうとする〈意志〉が状況に関わっている場合には，**B１**の例文のように【＋実現】と解釈されることを確認しておく。

3.3. 因果関係

　この用法は，用法Bの1つのヴァリエーションと言える。用法Bの定義にある〈状況〉に，用法Cの因果関係の根拠の部分が相当するからである。例文(17)では〈天気が良かったので〉という副文がそれに相当する。このグループに属する例文はすべて【＋実現】と解釈された。

(17)　Da es schönes Wetter war, *konnten* wir den geplanten Ausflug unternehmen.
　　　天気が良かったので，予定のピクニックに行けた。

3.4. 自然現象

　この用法の特徴は，人間の力がまったく及ばない現象の起こる可能性が述べられている点である。D1とD2の2つのグループを区別した。基本的にはほとんどの例文がD1のグループに属する。一方，自然現象に対する人の気持ちや興味が解釈に影響する場合がD2である。

(18)　Nach dem Wetterbericht *konnte* es regnen.
　　　天気予報によれば，雨が降るらしかった。
(19a)　Der Vulkan *konnte* wieder ausbrechen.
　　　その火山は，再び噴火するかもしれなかった。

　(18)は天気に関する例文で，過去形であっても〈雨が降るかもしれない〉という意味は変わらない。過去のある時点における〈可能性〉を述べており，雨が降ったか降らなかったかは不明である。一方，(19a)はD2の例である。同じく自然現象について述べているが，D1との違いは，その自然現象がもたらす結果に人が興味を持っているという点である。〈噴火したらたいへんだ〉という感情が背景にある場合，不定詞で表された出来事は発話時点までにまだ現実になっていないと解釈される。母語話者は，(19a)ではまだ火山は噴火していないと直感的に解釈することが多い。つまり，【－実現】である。
　どうしてそのように解釈できるのだろうか。1つの理由としては，自然現象が起こったことを知っていれば，当然(19b)のように言うはずだという認識があるからである。

(19b)　Der Vulkan ist wieder ausgebrochen.
　　　その火山は，再び噴火した。

また心理的にも，結果に対する期待・興味がある中で未だに〈可能性〉について述べるということは，〈その出来事は現在に至るまでまだ起こっていない〉と解釈される。ただし，Ｄ１の【可能性のみ】との境界ははっきりとしたものではなく，たとえば，早く雨が降ってほしいと待ち望んでいる人同士の会話における (18) は，Ｄ２の解釈になるだろう。

3.5. 許 可

主語にある行為が許されている。受動態などで行為者が隠されている場合もある。いずれにしても，許可されている行為を実際に行うかどうかは，その行為者の意志にまかされているので，結果も【可能性のみ】である。(20) は (7) を過去形にしたものである。帰宅した者がいたかどうかについては不明である。

(20) Wer mit dem Test fertig war, *konnte* nach Hause gehen.
　　　テストが終わった人は，帰ってよかった。

3.6. 推 量

過去のある時点における可能性について話者が推量して述べている。他の５つの用法のように，何らかの客観的な根拠から可能性が判断されるわけではない。不定詞で表現されている出来事や状態が実際に行われたかどうかについては文からは判断できず，結果は【可能性のみ】である。

(21) Sie *konnte* noch an der Uni sein.
　　　彼女はまだ大学にいるのかもしれなかった。
(22) Er *konnte* die Verabredung vergessen haben.
　　　彼は約束を忘れてしまったのかもしれなかった。

konnte は，(21) では状態を表す動詞 sein と，(22) では完了不定詞と結びついている。集められた例文は，このどちらかのケースがほとんどで，過去のある時点の状態に関する話者の推量を述べている。しかし，その状態が現実であったかどうかは文からは判断できず，結果は【可能性のみ】である。

4. まとめ

可能性を表現する können が過去形で使われ，〈過去の可能性〉を表す場合，一般動詞が過去の出来事や状態を描写するのとは異なった，解釈の幅が生じる。解釈に影響を与える要素として今回の分析で見えてきた点としては，次の３つ

が挙げられる。

① 意志を持って行動する主体がその出来事に関わっているかどうか
② 述べられている可能な出来事に対する価値観
③ 可能な出来事が起こることに対する期待や興味

①と②は，BとCの用法で，可能な出来事が【＋実現】と解釈されるときに関わってきた要素である。例文(13)では，〈教育が受けられる〉ことが〈良いチャンス〉であり，それを手に入れようとする〈意志を持った主体〉も存在している。それが，【＋実現】という解釈を可能にした。①の条件が無くなったときに【＋実現】と解釈できなくなる例としては，(15)があった。

③の条件は，Dの用法の例文(19a)で確認した。想定可能な自然現象がもたらす結果に対する恐怖や期待のような感情が，解釈に影響を与えた。

①〜③のいずれの要素も，〈規則性〉とまでは言えないが，少なくとも傾向は確認できた。文脈の中のどのような要素が，母語話者の直感的な判断に影響を与えるかを知ることは，konnteが表す可能世界を正しく理解するための一助になると考える。

17. 現代ドイツ語における「モダリティ」を担う表現形式の可能性

瀬 川 真由美

1. 問題提起

　現代ドイツ語にはモダリティ表現と呼べる現象がいくつか存在している。本稿では，現代ドイツ語における「モダリティ」表現には，いかなる形式が存在し，それらの形式が各々いかなる内容を表現する機能を担い，相互にどのような連関があるのかを記述する。

　第2節で「モダリティ」の捉え方を先行研究によって概観し，第3節で文法化について触れ，第4節で現代ドイツ語における「モダリティ」表現について言及し，第5節で今後の研究課題を指摘する。

2. 「モダリティ (modality)」

　本章では「モダリティ」が，言語的主観論と類型論においてどのように論述されているのかをまとめる。

2.1 「言語的主観論」における「モダリティ」[1]

　中右（2007）は〈最大限可能な言語的に有意味な一般化〉の探求のために，言語的主観性の見方が不可欠であることを論証する上で以下のようにモダリティを説明している。(1) 発話としての文の骨格的意味構造の仮説，すなわち〈階層意味論モデル〉が言語的主観性を捉える一般理論的枠組みを提供する。(2) モダリティ，発話行為，日本語敬語をめぐる多様な語彙・文法現象を仔細に観察してみると，〈主観的モダリティの二層構造〉の仮説こそが主観性の説明基盤となる。(3) こうした異質の言語現象を一つに束ねる共通の特質が〈発話時点における話し手の心的態度〉であり，この意味特質を指して〈モダリティ〉と称する。(4) わけても〈発話時点〉の概念を経験的に突き詰めて〈瞬間的現在時〉の意味に解すべき理由がある。(5) この最後の道具だてが〈言語的主観性〉を意味づける決定的な概念的基盤となる。

---

[1] 2.1は，中右実（2007：2f.）から抜粋引用した。

以上を主要な論点として，階層意味論モデルを基礎に命題態度と発話態度の下位類型と表現形式について論じている。

2.2　Palmer (1986) の類型論における「モダリティ」[2]

Palmer (1986) はモダリティとテンスおよびアスペクト，法 (mood) と法的体系 (modal systems)，命題的モダリティ (propositional modality) と事象的モダリティ (event modality) について述べている。

2.2.1　modality と tense / aspect

Palmer (1986:1f.) は類型論的観点から，命題 (proposition) との関連の仕方でモダリティをテンスおよびアスペクトと比較し，以下のように述べている。

> "Modality differs from tense and aspect in that it does not refer directly to any characteristic of the event, but simply to the status of the proposition."

すなわち，モダリティは事象の特性に言及するのではなく，命題の様相 (status) を問題にしているというのである。

2.2.2　mood と modal systems

「モダリティ」は文法的には (i) 法的体系と (ii) 法の2種類に分かれる。法的体系とは概略，法性を担う記号との組み合わせのことであり，法とは文法化された法性のことである。たいていの言語はどちらか一方しか有していない。しかしドイツ語は前者として法助動詞 (modal verbs) を有し，後者として法である直説法と接続法 (indicative and subjunctive) の双方を持つまれな言語であると指摘している。

2.2.3　propositional modality と event modality

モダリティについてさらに Palmer (1986:8f.) は以下のように下位区分を示している。

> "In summary, epistemic modality and evidential modality are concerned with the speaker's attitude to the truth-value factual status of the proposition (propositional modality). By contrast,

---

[2]　2.2.1~2.2.3 は Palmer (1986) をまとめた。

deontic and dynamic modality refer to events that are not actualized, events that have not taken place but are merely potential (event modality)."

　すなわち認識的モダリティ(epistemic modality)と証拠的モダリティ(evidential modality)は命題の真偽に対する話者の態度を表す命題的モダリティ(propositional modality)であり（例文1），義務的モダリティ(deontic modality)と力動的モダリティ(dynamic modality)は実現されていないが起こりえる事柄について述べる事象的モダリティ(event modality)だ（例文2）というのである。

(1) a. Kate may be at home now.　　　ケイトは今，家にいるかもしれない。
　　 b. Kate must be at home now.　　　ケイトは今，家にいるに違いない。
(2) a. Kate may come in now.　　　　　ケイトは今，入って来てもいい。
　　 b. Kate must come in now.　　　　ケイトは今，入って来なければならない。

　それぞれパラフレーズによって確認される。

(3) a. It is possible (possibly the case) that Kate is at home now.
　　 b. It is necessarily the case that Kate is at home now.
(4) a. It is possible for Kate to come in now.
　　 b. It is necessary for Kate to come in now.

2.3　mood / mode について

　Chung and Timberlake (1985) は mode の意味的・形態的・統語的特徴を，「事象」(event) に関して意味的には現実 (actual) と非現実 (non-actual) が想定され，現実は形態的に現実法 (realis mood) の直説法 (indicative) であり，非現実は形態的に非現実法 (irrealis mood) の接続法 (subjunctive) であり，用法としては条件 (conditional) や仮定 (hypothetical) であると述べている。加えて mode は「事象」が現実あるいは非現実であるのかを特徴付ける送り手 (source) と，「事象」の事実性について責任を担う関与者を含む受け手 (target) の一方あるいは双方を具現化するとしている。送り手は，母型文 (matrix clause) においては，典型的には話者であり，従節 (subordinate clause) においては，典型的には母型文の主語である。受け手は，母型文においては，典型的には主語であり，命令文においては受信者である。さらに

mode には「事象」を可能なものとして捉えている送り手（たとえば話者）を含意することがある認識的モード (epistemic mode) と，義務と許可の送り手（たとえば話者）を含意するが，「事象」が送り手を明らかにせずに叙述され得る義務的モード (deontic mode) が認められると述べている。

(5) a. John must finish his dissertation.
    b. =It is necessary for John to finish his dissertation.

2.4 epistemic mode と deontic mode の通時的変遷

Langacker (1991) によれば認識的モードと義務的モードは以下のような通時的変遷をたどると記述されている。

本動詞 (main verb) → 根源的（義務的）モード (root modals (deontic)) → 認識的モード (epistemic modals)

たとえば，英語の will は want に由来し，また can あるいは may も主語が「ある事柄を遂行する知的あるいは物理的な能力がある」ということを表していた。しかし，単に欲したり能力があるということにとどまらず，「何かを遂行するために」欲する，あるいは能力を有するという表現を内包するようになったという歴史的事実に基づいて以上のように述べている。

3 「文法化（grammaticalization）」の parameter 表示

文法化の目安として Lehmann (1985) と Lehmann (1995) が6つのパラメーターを設定している。

3.1 Lehmann (1985) の parameter

Lehmann (1985) は文法化の概念に関して6つのパラメーターを設定することを提案した。特徴的なことは言語現象に関し，範列的 (paradigmatic) な側面と統合的 (syntagmatic) な側面を分離し，それぞれに「重さ」「結束性」「可変性」を対応させ文法化の概念をより明確に示した点が挙げられる。しかし，これは共時的な側面が前面に出されていたため，Lehmann (1995) では，文法化が通時的なプロセスとしてどのように進展するのかを考慮しパラメーターを改変している。

3.2 Lehmann (1995) の parameter

Lehmann (1995) では「文法化」は通時的に変化する過程と捉え，以下のよ

うに parameter を設定している。各術語の解説と文法化の程度については次のようにまとめられる。

- Integrität: 記号の意味的音韻的な大きさ。大きいほど文法化は弱まる。
- Skopus: 記号の射程範囲。小さいほど文法化は強まる。
- Paradigmatizität: 記号がパラディグマに組み込まれている程度。高まるほどその記号の文法化は強まる。
- Fügungsenge: 融合の程度。増すほど文法化は強まる。
- Paradigmatische Variabilität: 記号の自由な使用の程度。少なくなると文法化が強まり義務性が増大する。
- Syntagmatische Variabilität: 記号の位置移動の可能性の程度。文法化が進めば位置移動の可能性の程度は低くなる。

4.　現代ドイツ語の「モダリティ（Modalität）」表現

　ドイツ語には「モダリティ (Modalität)」を担う可能性として形式的には話法の助動詞 (Modalverben)，話法詞 (Modalwort)，接続法 (Konjunktiv) の 3 種類が認められる。本節ではこれらの 3 種類の形式が各々いかなる内容を表現する機能を担い，それらの形式が相互にどのような連関があるのかを考察する。

4.1　話法の助動詞（Modalverben）

　ドイツ語には 6 つの話法の助動詞がある。(網掛け部分が当該の Modalverben とその訳例。)

(6)　Sie darf ins Kino gehen.　　　　　彼女は映画を観に行ってもいい。
(7)　Sie kann Auto fahren.　　　　　　彼女は車が運転できる。
(8)　Sie mag nicht tanzen.　　　　　　彼女は踊りが好きではない。
(9)　Sie muss zu Hause bleiben.　　　彼女は家にいなければならない。
(10)　Sie soll den Abwasch machen.　　彼女は食器を洗わなければならない。
(11)　Sie will surfen lernen.　　　　　彼女はサーフィンを習いたい。
(12)　Sie dürfte inzwischen fertig sein. 彼女はその間に済ませているかもしれない。
(13)　Sie kann mit dem Auto gefahren sein.　彼女は車で行ったのかもしれない。
(14)　Sie mag recht haben.　　彼女の言っていることは正しいかもしれない。
(15)　Sie muss in der Stadt gewesen sein.　　彼女は街にいたに違いない。

(16) Sie **soll** Sängerin gewesen sein. 　　　彼女は歌手だった<u>そうだ</u>。
(17) Sie **will** geschlafen haben. 　　　　　彼女は眠っていた<u>と言っている</u>。

　文 (6) ～ (11) の話法の助動詞は文の主語の能力・好み・意志，主語に関する必然性，主語に与えられた許可・義務などを表し義務的 (deontisch) と解釈される。例文 (12) ～ (15) の話法の助動詞は話者が「事象」に「確からしさ」を認めていることを表し，例文 (16)(17) の話法の助動詞は話者が他者の主張を再現していることを表している。以上のことから例文 (12) ～ (17) の話法の助動詞は認識的 (epistemisch) と解釈される。

4.2　話法詞 (Modalwort)

　ドイツ語には話法性を持つ副詞が存在する。この語群は話法詞と呼ばれ，他の副詞と異なり，文肢として解釈されることはない。話法詞によって「事柄」に関する話者の「納得の程度」や「確信の度合い」「事実性についての判断」が表される。井口（2000）[3] は話法詞の下位分類として「話し手の判断に関わる話法詞」と「話し手の心情・評価に関わる話法詞」に大別している。

4.2.1　「話し手の判断に関わる話法詞」

　話し手が，想定世界の「命題」がどのように現実世界にあてはまるのか判断していることを表わす「話法詞」を「話し手の判断に関わる話法詞」と呼ぶ。(網掛け部分が当該の「話法詞」とその訳例。)

(18) Das war **womöglich** noch untertrieben.
　　　それは<u>もしかすると</u>まだ控え目だったかもしれない。
(19) **Unstreitig** ist er ein bedeutender Komponist der Gegenwart.
　　　彼が現代の重要な作曲家であることは<u>議論の余地もない</u>。
(20) Er war **angeblich** krank.　彼は病気だった<u>ということだ</u>。

　例文 (20) では「彼が病気だった」ということを話者は自分で直接に承知したのではなく，伝聞であることを angeblich を文中に置くことによって表している。

4.2.2　「話し手の心情・評価に関わる話法詞」

　想定世界の「命題」に対して話し手がどのような「心情・評価」を抱いてい

---

[3]　4.2.1~4.2.3 は井口 (2000) をまとめた。

るのかを表わす「話法詞」を「話し手の心情・評価に関わる話法詞」と呼ぶ。
(網掛け部分が当該の「話法詞」とその訳例。)

(21) Der Patient hat erfreulicherweise die Krankheit überwunden.
その患者は喜ばしいことにその病気に打ち勝った。
(22) Hoffentlich ist er schon in Tokyo angekommen.
彼はもう東京に着いていればいいのだが。

たとえば (22) は話し手が命題に対してポズィティヴな心情を表している。
井口 (2000) では膨大な例文が掲載されているが本稿ではその一部を抜粋引用した。

4.2.3 話法詞 (Modalwörter) の特徴

話法詞の特徴について Helbig/Buscha (1996: 500-512) は次の4種類のメルクマールを設定し，これらのメルクマールの組み合わせで話法詞は下位分類され得ると述べている。

(i) ［＋ factiv］：命題が事実として存在することを前提とする。
(ii) ［－ factiv］：命題が事実として存在することを前提としない。
(iii) ［Sprecherbezug］：話者に関連する。
(iv) ［Subjektsbezug］：文の主語に関連する。

ただし例文 (23) に見られるように Subjektsbezug は Sprecherbezug を排除するものではなく含意しているので，［Sprecherbezug］と［Subjektsbezug］は絶対的対立ではない。

(23) Der Fahrer hat leichtsinnigerweise überholt.
ドライバーは軽率にも追い越した。
→ Es ist leichtsinnig von dem Subjekt (Fahrer), dass er überholt hat.　追い越したとは主語（ドライバー）は軽率だ。
→ Der Sprecher hält (ich halte) es für leichtsinnig vom Subjekt (Fahrer), dass er überholt hat.　追い越したとは主語（ドライバー）は軽率だと話者（私）は思う。

4.3 接続法 (Konjunktiv)

ドイツ語には動詞を形態的に変化させ，話法を担わせる接続法がある。発

話の再現と非現実の事柄を表す機能を担っている。その用法をHelbig/Buscha (1996)からまとめる。[4]

4.3.1　発話の再現

ドイツ語には発話を再現する方法として一般的には直接話法（direkte Rede：例文(24))，間接話法（indirekte Rede：例文(25))，独立的間接話法とも呼ばれる報告話法（berichtete Rede：例文(26))の3種類が認められるが，接続法が発話の再現において担う役割は例文(25)と(26)に代表される間接話法である。

(24) Der Mann sagte: „Ich habe schon genug Geld. Meine Söhne sind auch zufrieden."
その男の人は言った。「私にはもう十分にお金がある。私の息子たちも満足している。」

(25) Der Mann sagte, (a) dass er schon genug Geld habe / (b) er habe schon genug Geld.　その男の人は，自分にはもう十分にお金があると言った。

(26) Seine Söhne seien auch zufrieden.　彼の息子たちも満足しているそうだ。

4.3.2　非現実（Irreal）な事柄の表記

発話の再現にあっては接続法はいくつかの可能性のうちの一つであるが，非現実条件文（Irrealer Konditionalsatz）にあっては接続法が非現実を表す唯一の手段である。（以下(27)～(31)では網掛け部分が接続法の動詞）

(27) Wenn er Zeit hätte, ginge er spazieren.
彼にもしも時間があったら，散歩に行くだろうに。

次に非現実認容文（Irrealer Konzessivsatz）の例文を挙げる。

(28) Auch wenn ich Zeit hätte, würde ich mir den Film nicht ansehen.
もし時間があったとしても，その映画は見ないだろう。

さらに非現実結果文（Irrealer Konsekutivsatz）の例文を挙げる。

(29) Das Wasser ist zu kalt, als dass man darin baden könnte.
水が冷たすぎて，泳げない。

---

[4]　4.3.1~4.3.2は例文も含めHelbig, G./Buscha, J.(1996)から抜粋引用した。なお，思考の再現については扱わない。

また非現実願望文（Irrealer Wunschsatz）の例文を挙げておく。

(30) Ich kann dir nicht helfen. Könnte ich dir doch helfen!
私には君を助けられない。助けられればなぁ。

最後に話法動詞構造（Modalverbkonstruktion）の例文を挙げる。当該の構造は実現され得ない要求を記述する。

(31) Er hat das Buch vergessen. Er hätte das Buch nicht vergessen dürfen. 彼はその本を忘れてしまった。忘れてはならなかったのに。

5. 今後の研究の発展の方向性と可能性

現代ドイツ語において「モダリティ」表現の可能性として以下の3種類の形式が存在し，それぞれの用法が確認された。

(i) 話法の助動詞を用い，意味が (a) 義務的 (deontisch) と (b) 認識的 (epistemisch) な用法に分かれる。認識的な読みは一定の意味的特徴を持つ動詞と共起し現在形の場合にのみ可能である。義務的な読みにはそのような制限は見受けられない。2種類の用法で文法化の程度は異なっているようである。（例文(6)〜(17)）

(ii) 話法詞を用い命題に対する (a) 話し手の判断，(b) 話し手の心情・評価，などが表現される。話法詞は語彙内在的に，話者が推測あるいは伝聞などの何らかの仲介を通して知った事柄を述べていることを示す機能を担っており，否定や語順に関して他の副詞とは異なる振る舞いをする。文法化の程度は低く語彙内在的な要素が文の構成に影響を与えている。

(iii) 接続法を用い (a) 発話の再現，(b) 非現実の事柄を表現する。話者が直接に経験したのか否かにより使用される。話者が何らかの仲介を通して知った事柄を発話する際に引用や伝聞であることを示す場合，主に接続法Ⅰ式が用いられ，非現実の事柄を表現する場合，接続法Ⅱ式が用いられる。

以上の文法化の度合いについては「操作テスト」（当該の言語記号が，疑問の対象になり得るか，否定の対象になり得るか，他の言語記号と並列が可能かなど）により言語事実から分析することができる。この点に関しては瀬川（2006）で論じた。

今後の研究課題としてドイツ語においてはどのレベルで「モダリティ」表現が可能であり，時制，文法化とどのように関わっているのかなどを解明することが残されている。ドイツ語の文法現象の記述と仕組みを解明することにより

ドイツ語の表現形式の体系を追求することに発展していくものと思われる。

参考文献
井口 靖 (2000)『副詞』(ドイツ語文法シリーズ第5巻) 大学書林.
瀬川真由美 (2006)「「文法化」と「操作テスト」」『麗澤大学紀要』第82巻, 27-42.
中右 実 (2007)「〈言語的主観性〉の統一理論に向けて. モダリティ・発話行為・敬語からの展望」『日本言語学会第134回大会予稿集』, 2-15.
Autenrieth, T. (2005) Grammatikalisierung bei Modalpartikeln. In: Leuschner, T./ Mortelmans, T./De Groodt, S. (Hgg.) *Grammatikalisierung im Deutschen*, Linguistik Impulse & Tendenzen, 309-334. Berlin/New York: Walter de Gruyter.
Chung, S./Timberlake, A. (1985) Tense, aspect and mood. In: Shopen, T. (ed.) *Language typology and syntactic description. Vol. III.* 202-258. Cambridge: Cambridge University Press.
Helbig, G./Buscha, J. (1996) *Deutsche Grammatik. Ein Handbuch für den Ausländerunterricht.* Leipzig: Enzyklopädie/Langenscheidt.
Langacker, R.W. (1991) *Foundations of Cognitive Grammar. Vol. 2 Descriptive Application.* Stanford: Stanford University Press.
Lehmann, Ch. (1985) Grammaticalization : Synchronic Variation and Diachronic Change. In: *Lingua e Stile* 20, 303-318.
Lehmann, Ch. (1995) Synsemantika. In: Jacobs, J./von Stechow, A./ Sternefeld, W./ Vennemann, Th. (Hgg.) *Syntax. Ein internationales Handbuch zeitgenössischer Forschung. 2. Halbbd.* (HSK 9.2.), 1251-1266. Berlin/New York: Walter de Gruyter.
Palmer, F. R. (1986) *Mood and modality.* Cambridge: Cambridge University.

VI 文からテクストへ

18. 補文の統語論と意味論

藤 縄 康 弘

1. はじめに

　補文（Komplementsatz）とは「補足成分として・の・文・」のことであり，典型的には，主語や目的語の機能を果たす副文を指す（例：er weiß nicht, *dass/ob sie ihn liebt*「彼は彼女が自分を愛していることを／…愛しているかどうか知らない」）。こうした定形後置の補文（Verbletzt-Komplementsatz; 以下「VL補文」）は，通常の補足成分同様，述語に応じて異なった種類のものが使い分けられるわけだが，その詳細についての説明は，補足成分や文型のことを比較的詳しく取り上げた文法書である在間（2006: 276ff.）やヘルビヒ＆ブッシャ（2006: 701ff.）においてさえ十分とは言い難い。また，VL補文を取る述語には定形第2位の文（Verbzweitsatz; 以下「V2文」）も続き得るが（例：ich denke, *sie liebt ihn*「彼女は彼を愛していると思う」)，このような，にわかに主文とも補文ともつかない表現については，学習者が参照できるレベルでの解説はいっそう限られている。

　そこで本稿は，こうした文法的記述の不足を補うべく，典型的な補文であるVL補文がどう下位分類され，それらがどんな意味論的・統語論的原理に基づいて上位文述語と結びつくのか，ひととおり確認する。その上で，上述のようなV2文がどれほど補文の体系に収斂するのか検証する。

2. VL補文

　VL補文の分布（＝どの補文がどのような構文的環境に現れるか）は，補文の文法的特徴と上位文述語の意味との相互作用として捉えられる。VL補文は，従属の接続詞またはこれに準ずる疑問詞のような文法的手段により「（間接）疑問文」や「（間接）感嘆文」といった文のムード（Satzmodus）を暗示する一方，上位文述語は，その意味に応じて特定のムードの補文を選択したり，除外したりする。文法的には，VL補文自体が格や格に準じた前置詞（例えばauf seinen Freund warten「友を待つ」のaufやnach einem Artikel suchen「論文を探す」の nach）を持つわけではないものの，このような範疇を示す相関詞（Korrelat）が介在することにより，VL 補文は，通常の名詞句等による補足成分と共通の文法関係（主語・目的語の関係）に現れ，基本的にはそれらと同じ要領で態の変更に関与する。

2.1. VL 補文の下位分類

　VL 補文は従属の接続詞等の質によって下位分類される。補文を導く代表的な接続詞は，すでに冒頭の例で挙げた dass と ob である。両者は，補文の内容が間接疑問文なら ob，そうでなければ dass というかたちで対立する。こうした従属の接続詞に導かれる dass 文や ob 文に加え，wer「だれ」，was「何」，wo「どこ」などの疑問詞に導かれる w 文も補文となり得る。その際，疑問詞が即，間接疑問文を導くとは限らないことに注意が必要である。すなわち，ob 文に遡る w 文（例：er fragt mich, *wer heute kommt*「今日，誰が来るのか尋ねる」← ... *ob heute jemand kommt*「今日，誰か来るのか…」）と dass 文に遡る w 文（例：ich ärgere mich, *wie lange* man arbeiten muss「いかに長時間働かねばならないことかと腹立たしく思う」← ... *dass* man *so lange* arbeiten muss「これほど長時間働かねばならないことを…」）とがあり，前者の疑問詞は間接疑問文を導く一方，後者で疑問詞が導くものは間接疑問文ではなく，間接感嘆文である。

　こうして，間接疑問文としての ob/w 文，間接感嘆文としての w 文，そして dass 文の 3 者が区別されることになる。その際，dass 文を「間接平叙文」と特徴づけることは妥当でない。というのも，dass 文はムードを示す ob 文や w 文だけでなく，これを示さない条件文（wenn 文）やある種の時間文（wie 文）とも競合し得る（例：ich freue mich, *dass* Sie kommen「いらして下さることが嬉しい」– ich würde mich freuen, *wenn* Sie kämen「いらして下されば嬉しい」；ich sah, *dass* das Haus brannte「家が燃えるのを見た」– ich sah, *wie* das Haus brannte「家が燃えるのを見ていた」）。[1] こうしたケースでは，接続詞の選択（dass か wenn か，dass か wie か）は，動詞の法（直説法か接続法か）やアスペクト（非進行相か進行相か）の違いを反映し，しかも，これらの範疇は文のムードに対して中立的である。そこで，dass 文は「間接平叙文」のような特定のムードに限られない表現——つまりムードの

---

[1] このような wenn 文については Fabricius-Hansen (1980)，wie 文については Vater (1976) を参照。

次元で無標（unmarkiert）の表現——と見るのが適切なのである。

　なお，主文であれば，「命令文」というムードも認められるところであるが（例：bleib zu Hause!「家にいなさい」），補文では，これに対応する範疇がないことにも注意されたい。確かに，主文命令文に対する間接的な表現は存在するが（例：er sagt mir, *dass ich zu Hause bleiben* **soll**「彼は私に家にいるようにと言う」），そのような表現は，従属の接続詞や動詞の活用といった文法的手段ではなく，話法の助動詞のような語彙的手段に負っているからである。

2.2.　どんな意味の述語がどの VL 補文を取るか

　VL 補文を取る述語は，その意味に応じ，3 種類の VL 補文のうち 1 種類，2 種類，または，3 種類すべてを容認する。

　1 種類の補文のみ取り得る述語として，ひとつには，無標の dass 文のみ認めるものがある。behaupten「言い張る」や erzählen「語って聞かせる」，sagen「言う」のような陳述の述語（例：er **behauptet**, *dass er sie nicht kennt*「彼は彼女を知らないと言い張っている」），denken「思う，考える」，glauben「思う」，meinen「…ではないかと思う」のような意思表明の述語（例：ich **denke**, *dass er zu Hause bleibt*「彼は家にいると思う」），wollen「望む」，wünschen「願う」，möchte「…して欲しい」のような願望の述語（例：ich **will**, *dass er zu Hause bleibt*「彼が家にいることを望む」），veranlassen「誘発する」，zulassen「認める」，verursachen「引き起こす」，verhindern「阻む」のような（広義の）使役の述語（例：er **veranlasst**, *dass wir um 6 Uhr geweckt werden*「彼は私たちが 6 時に起こしてもらえるようにしてくれる」），sehen「見る」，hören「聞く」，beobachten「観察する」のような直接知覚の述語（例：man konnte **beobachten**, *dass es blitzte*「稲妻が走るのを観ることができた」）など多岐にわたるが，いずれの述語も，意味論的に見て，疑問や感嘆を帯びた内容を補文に求めるものではない。[2] 1 種類の補文のみ取り得る述語のもうひとつは，間接疑問文のみ取り得るもので，fragen「尋ねる」や sich erkundigen「問い合わせる」のような

---

[2] ただし，同じ動詞でも意味が変われば，補文の取り方も異なることがある。例えば sagen は，いま指摘した単純な陳述のほか，「(人に) 教える，知らせる」という教示の意味でも用いられるし（この意味では「人」を表す与格目的語を取り得る），sehen, hören, beobachten 等も，純粋な直接知覚だけではなく，「見て / 聞いて / 観察して知る」という知的認識の意味でも用いられる。こうした用法の場合，後述する知識の述語のケースに準じ，dass 文だけでなく間接疑問文や間接感嘆文も許される。

質問の述語がそうである（例：ich möchte Sie **fragen**, *ob* Sie ihn kennen / *wo* Sie waren「彼のことをご存知かどうか／どこにいらしたのか，お尋ねしたい」）。こうした，無標の dass 文のみ，または間接疑問文のみ容認する述語に対して，間接感嘆文のみ容認する述語は見当たらない。

　次いで，述語が 2 種類の補文を許す場合，第一に，無標の dass 文と間接疑問文を取り得る述語として sich überlegen「熟慮する」，nachdenken「よく考える」のような熟慮の述語や sich vorstellen「想像する」，vermuten「推測する」のような想像の述語が挙げられる（例：ich **habe mir überlegt**, *dass* ich noch eine Stunde arbeiten kann「熟慮の末，もう 1 時間仕事ができると判断した」；ich **habe mir überlegt**, *welchen Titel* der Artikel tragen soll「記事にどんな題をつけたらよいか熟慮した」）。熟慮や想像の下に示される事柄は，当の熟慮や想像の結果，結論や確信としてある程度確定していることもあれば，そうでないこともあるので，その差に応じて無標の dass 文と間接疑問文とが使い分けられる。第二に，無標の dass 文と間接感嘆文を容認する述語として bedauern「遺憾に思う」，sich ärgern「腹立たしく思う」，sich freuen「嬉しく思う」のような感情の述語がある（例：ich **ärgere mich**, *dass* ich am Sonntag arbeiten muss「日曜日に働かねばならないことを腹立たしく思う」；ich **ärgere mich**, *wie lange* man arbeiten muss ＝ 既出）。この種の述語は，当該の事柄が事実であることを前提とする事実的（faktiv）な述語（Kiparsky & Kiparsky (1970) 参照）であるが，そのように予め事実と認められる事柄は疑問文とは相容れないので，非疑問文に相当する件の 2 種類の補文が選ばれることになる。これら dass 文と間接疑問文，または dass 文と間接感嘆文を取り得る述語に対し，間接疑問文と間接感嘆文という組合せを認める述語は見当たらない。というのも，これら有標の 2 文を一括する性質は「無標」の否定，つまり「特徴がなくはない」ということだが，これでは特徴づけとしてあまりに具体性に欠け，意味をなさないからである。

　最後に，3 種類の補文すべてを容認する述語は wissen「知っている」，erfahren「知る」，sagen「（人に）教える，知らせる」など，知識の所有や移転を表す述語である（例：er **weiß** nicht, *dass* sie ihn liebt「彼は彼女が自分を愛していることを知らない」；er **weiß** nicht, *ob* sie ihn liebt / *wen* sie liebt「彼は彼女が自分を愛しているかどうか／誰を愛しているのか知らない」；er **weiß** nicht, *wie sehr* sie ihn liebt「彼女がどれほど彼のことを愛しているか，彼は知らない」）。知識は，問いと答えのやり取り，つまり——複数の個

人間で顕在的に行われるものであれ，一個人の内面で潜在的に営まれるものであれ——対話を通じて確立されるものなのだから，こうした述語が疑問文・非疑問文のいずれをも取り得るのは，ごく自然なことである。

2.3. 主語や目的語としての VL 補文

VL 補文は，通常の名詞句等による補足成文同様，これを求める述語に対し，主語や目的語の文法関係で現れる。もっとも，文法関係を示す指標である格や格に準ずる前置詞を自ら持たない VL 補文において，文法関係を示すものは必ずしも顕在化しない相関詞である。

相関詞には，主格の es, 対格の es, および da(r)- ＋前置詞があり，主格の es は主語としての VL 補文と相関し（例：stimmt **es**, dass …?「…というのは本当ですか？」），対格の es や da(r)- ＋前置詞は目的語としての VL 補文と相関する（例：ich bedauere **es** sehr / ich freue mich **darüber**, dass …「…ことを極めて遺憾に思う / 嬉しく思う」）。その際，相関詞は，VL 補文を中核的文構造（＝枠構造，枠構造左方の前域，および枠構造に挟まれる中域）の外に配置（＝外置）したときにはじめて現れるものであり，VL 補文が中核的文構造の中（といっても，形態上の理由からもっぱら前域，つまり平叙文の冒頭に限られるが）に置かれる限りは顕在化しない（つまり，dass …, stimmt *****es** / dass …, bedauere ich *****es** nicht / dass …, freue ich mich *****darüber**)。

また，VL 補文が外置されたからといって，必ず相関詞が現れるというわけでもない。相関詞の必要性は，補文を取る述語に負うところが大きい。例えば，sagen, glauben, meinen などの陳述・意思表明の述語では，相関詞は不要であり，実際ほとんど用いられない一方（例：ich glaube / meine, dass …「…と思う」），[3] bedauern, sich ärgern, sich freuen などの感情の述語では任意に可能（例：ich bedauere (**es**) / ich freue mich (**darüber**), dass … ＝既出），lieben「好む，よいと思う」，hassen「憎む」などの好悪に関わるものに至っては不可欠である（例：ich liebe **es**, dass …「…というのはよい」)。

このように，必ずしも明示的とは言えないながらも，相関詞がはたらくことにより，VL 補文は文でありながら，名詞句の範疇に関連づけられる。その結

---

[3] しかし，可能は可能。ただし，その場合，通常の意思表明とは異なる強い心的態度の表明となる。詳細は三瓶 (1985) を参照。

果，本質的には名詞句と同じ方法で主語や目的語の関係を満たし，名詞句と同じ方法で態の交替に関与する（例：er erzählte *dies*「彼はこう語った」→ *dies* wurde erzählt「こう語られた」；er erzählte, *dass ...*「彼は…と語った」→ *dass ...*, wurde erzählt「…と語られた」）。

3. V2文

V2文は，見かけ上，主文平叙文と紛らわしい。しかし，あくまでこれとは異なる範疇として，基本的にはVL補文に準じて捉えられる。確かに，VL補文には見られない振る舞いもあるが，これはVL補文との形態的相違に起因するものと考えられる。

3.1. 主文平叙文との相違

V2文は，とりわけ発言・意思表明の述語とともに用いられると，主文平叙文と紛らわしい（例：er **sagt**, *er hat sie nie gesehen*「彼は彼女に会ったことがないと言う」）。現にこの種の述語には，談話上のタグとして，主文平叙文に挿入される用法がある（例：*er hat sie*, **so sagt er**, *nie gesehen*「彼は，本人が言うには，彼女に会ったことがない」）。とはいえ，こうした用法では，例えば，主文平叙文で言及される人物とタグの主体が同一の場合，タグのほうが従の要素ゆえ，こちらの表現が代名詞でなければならない（例：Hans$_i$ hat sie, so sagt er$_i$, nie gesehen「ハンスは，本人が言うには，彼女に会ったことがない」）。しかしV2文では，そこがまさに逆で，VL補文の場合に準ずる（例：Hans$_i$ sagt, er$_i$ hat sie nie gesehen – Hans$_i$ sagt, dass er$_i$ sie nie gesehen hat「ハンスは彼女に会ったことがないと言う」）。こうした現象や他の現象により，主文平叙文とは別に，副文としてのV2文の範疇が認められるのである。[4]

3.2. 間接平叙文としてのV2文

V2文は，VL補文として間接感嘆文を容認しない述語のうち，補文の事柄を時間的に限定しないものの下で可能である。

例えば，意思表明の述語 glauben で現在の私の信念を言うとき，この信念に照らして妥当な事柄は，現在より前のことかもしれないし，後のことかもしれないし，同時のことかもしれない（例：ich **glaube**, *ich habe zu viel*

---

[4] より詳しくは Oppenrieder (1991: 182ff.) や Rinas (1997: 104ff.) を参照。

gegessen / ich bin krank / er kommt morgen「食べ過ぎた / 病気だ / 彼は明日来ると思う」)。つまり，上位文の示す「私の信念」が現在だからといって，補文の事柄の時間までこれに連動して決まるというものではない。このような場合，当該の事柄は V2 文で示すことができる。これは，sagen や behaupten のような陳述の述語の下でも同じである（例：er **sagt**, er hat sie nie gesehen / er kennt sie nicht / er wird das nie wieder tun「彼は彼女に会ったことがない / 彼女を知らない / そんなことはもう決してしないと言う」)。

ちなみに，これらの述語では，上位文述語の当事者と実際の話し手とで補文の当否に関する判断が異なり得るため，話し手はこの判断の示し方如何で，誠実さを疑われる恐れがある。例えば，彼女が独身であることが明白になった状況で話し手が自分の勘違いに言及するという場合，当の勘違いの主としての私は，確かに以前，sie ist verheiratet「彼女が結婚している」と思ったかもしれない。しかし，この内容をいま，そのまま ich dachte, sie **ist** verheiratet「彼女は（確か）結婚していると思ったよ」と肯定的断定を示し得る直説法で表現すると，たとえ ich dachte「思った」で過去の認識である旨断ってはいても，内心ではなお，事実でない内容を是認しているかのように取られかねない。そこで話し手は，補文に接続法を使うことで，当事者（＝誤った認識をしていた「私」）の判断から距離を置く姿勢を明確にすることができる。その際，この接続法は VL 補文（＝ dass 文）より V2 文のほうでより必要とされる。というのも，同じ文脈で V2 文を dass 文に換え，ich dachte, **dass** sie verheiratet **ist** と言えば，補文が直説法のままでも，不誠実の誹りを受ける危険は相当程度回避される一方，V2 文を使う限りは，ich dachte, sie **wäre** verheiratet「彼女は結婚しているとばかり思ったよ」と接続法にしなければ，正しい認識に立った表現とは受け取られにくいのである。

また，wollen や wünschen のような願望の述語にも，陳述・意思表明の述語と同様の性質が認められる。ただし，願望の場合，願望に照らして望ましいとされる事柄が，願望時以前のことであれば，「実際にはそうでなかった」という含みを，願望時と同時またはそれ以後のことであれば，「実際にはそうでないかもしれない」という含みを持つことから，V2 文による表現はほとんど義務的に非現実話法の形を取る（つまり，現在の願望を表出する述語に過去形を，補文に接続法第 II 式を使わねばならない：ich **wünschte**, er **hätte** mir geholfen / ich **wäre** ein Vogel / er **würde** kommen「彼が手伝ってくれたらよかったのに / 鳥だったら / 彼が来てくれたらいいのに」)。

一方，VL 補文として間接感嘆文を認めない述語であっても，（広義の）使

役や直接知覚の述語では，当該の事柄は上位文より後時か同時に限定され，前時はあり得ない。これらの述語は，後時にそうなること，または当該時点でそうであることを含んでいるため，「そうでないかもしれない」，「そうでなかったかもしれない」という非現実性への留保の姿勢が示される余地はなく，接続法は無用である。そこで，このような述語の下に，接続法を可能にするV2文が現れることはない（例：sie **veranlasst**, *er kommt / käme – sie **veranlasst**, *dass er kommt*「彼女は彼が来るようにする」; man konnte **beobachten**, *es blitzte* – man konnte **beobachten**, *dass es blitzte* = 既出）。

　結局，V2文は，上位文述語が補文の事柄を時間的に指定しない場合，その当否の判断を必要に応じて補文のほうで示さねばならない，という要請に応える表現である。そのような「当否の判断」は，通常，平叙文によって示されるものである。そこで，V2文は（dass文では保留した）「間接平叙文」の特徴を持つと考えられる。また，当否の判断を上位文述語から独立して示すということは，当該の事柄の事実性を前提にすることとは相容れない。このためV2文は，「事実的」な述語の下では —— 間接感嘆文を許す bedauern や sich freuen はもとより，許さない es ist wichtig / angenehm「重要だ / 心地よい」などであっても —— 不適格なのである（例：ich **bedauere**, *dass er das getan hat* / *er hat das getan*「彼がそんなことをしてしまい遺憾だ」; **es ist wichtig**, *dass er dort bleibt* / *er bleibt dort*「彼がそこに留まることは重要だ」）。[5]

3.3. VL補文に見られない振る舞い

　これまで，V2文がVL補文の体系に収まることを説明してきたが，V2文にはVL補文には見られない振る舞いも認められる。列挙すると，補足疑問文への答えとして単独で用いられず（例：Was würdest du in diesem Fall glauben?「このケースはどう思いますか？」– *Dass Fritz gelogen hätte.*「フリッツがうそをついたということではないでしょうか」/ *Fritz hätte gelogen.* (Reis 1997: 140))，相関詞がなく（例：jeder wird (*es) sagen, *sie ist / sei zu jung dafür* (ebd.: 139)「彼女はそれにはまだ若過ぎると誰もが言うだろう」)，前域に配置できず（例：*er_i sei unheimlich beliebt, möchte jeder$_i$ glauben; 他方：*dass er_i unheimlich beliebt sei*, möchte jeder$_i$ glauben (ebd.)「自分が

---

[5] もっとも，Kiparsky & Kiparsky (1970) の線で事実的とされる wissen のような知識の述語では微妙な問題が残る。藤縄 (2006: 20f.) を参照されたい。

すごく好感を抱かれていると誰もが思いたがるものだ」）。[6] 主語にできない（例：*??das sei falsch*, kann nur dann gesagt werden, wenn ...; 他方：*dass das falsch sei*, kann nur dann gesagt werden, wenn ...「それが誤りということは…のときにだけ言える」）。

　しかし、これらの振る舞いの根はひとつである。つまり、補文の示すものはそもそも具体的なモノではなく抽象的な事柄であるのに加え、V2 文は指示代名詞の das と同根の接続詞 dass も持たないため、十分な指示力に欠ける。そこで、VL 補文とは異なり、単独で答えの焦点を示すことができないし、相関詞（＝代名詞・代名副詞）で受けることもできない。また、相関詞がなければ、中核的文構造内部に位置づけられないので、前域に現れることもないし、前域に現れない以上、この位置で優先的に実現される主語でもあり得ない。

　ところで、VL 補文よりも制限された V2 文のこうした振る舞いは、基本的に再帰代名詞のケースに比肩し得る。主語と同一という以上に具体的な指示対象を持たない再帰代名詞には、強形（強勢を伴った sích または sich sélbst）と弱形（強勢も selbst も伴わない sich）の 2 種類の形態がある。このうち指示力の低い弱形の再帰代名詞は、補足疑問文の答えとして単独で機能せず（例：Wen hat er betrachtet?「彼は誰を眺めていたの？」– *Sich; しかし：*Sich sélbst*「彼自身だよ」）、前域に立てず（例：*sich hat er betrachtet; しかし：*sich sélbst* hat er betrachtet「自分の姿を彼は眺めていた」）、受動文で主語になれない（例：es wird *sich* aber gewaschen!「体を洗うこと！」）。とはいえ、強形と交替する弱形の再帰代名詞が補足成分であること自体は、こうした特異な振る舞いを根拠に否定されるわけではない。

　同様に、定形第 2 位という形態的な理由で指示力に乏しい V2 文が、配置可能性で VL 補文と異なるからといって、即、補文でないということにもならない。むしろ「間接平叙文」としてムードの次元で首尾一貫して VL 補文と体系をなす V2 文は、定形第 2 位の補文と言えるのである。

4. まとめ

　本稿では、補文について大きく 2 つのことを確認した。ひとつは、典型的な補文である VL 補文の分布がムードの区別に基づいているということである。VL 補文は、間接疑問文としての ob/w 文、間接感嘆文としての w 文、お

---

[6] もとより *er sei unheimlich beliebt*, sagte er「すごく好感を抱かれている、と言った」のような表現は可能だが、反例にはならない。というのも、これは 3.1. で V2 文と区別した「主文平叙文＋タグ」に準ずる表現だからである（注 4 の文献を参照）。

よび無標の dass 文とに下位分類され，上位文述語の意味に鑑みて適切なものが選択される。もうひとつは，VL 補文を取る述語の一部に後続する V2 文について，それが主文ではなく，補文の体系に属することを確認した。V2 文は，間接感嘆文を容認しない述語のうち，補文の事柄を時間的に指定しないものの下に現れる間接平叙文であり，当の事柄の当否について，上位文述語の当事者と実際の話し手とで異なり得る判断の差を明示するのに役立つのである。

参考文献
在間　進（2006）『[改訂版] 詳解ドイツ語文法』大修館書店．
藤縄康弘（2006）「補文の類型論と現代ドイツ語の不定詞」小川暁夫／岡本順治編『ドイツ語研究と言語類型論──共通の展望に向けて──』(日本独文学会研究叢書 039), 5-25.
ヘルビヒ，G.／ブッシャ，J.（在間　進訳，2006）『現代ドイツ文法 新装版』三修社．
三瓶裕文（1985）「話者の心的態度と統語現象── daß 補文をめぐって」日本独文学会『ドイツ文学』第 74 号, 85–99.
Fabricius-Hansen, C. (1980) Sogenannte ergänzende *wenn*-Sätze. Ein Beispiel semantisch-syntaktischer Argumentation. In: Mogens, D. u.a. (Hgg.) *Festschrift für Gunnar Bech: Zum 60. Geburtstag am 23. März 1980*, 160-188. Kopenhagen: Institut for germansk filologi.
Kiparsky, P. / Kiparsky, C. (1970) Fact. In: Bierwisch, M. / Heidolph, K.-E. (Hgg.) *Progress in Linguistics*, 143-173. den Haag u.a.: Mouton.
Oppenrieder, W. (1991) *Von Subjekten, Sätzen und Subjektsätzen. Untersuchungen zur Syntax des Deutschen*. Tübingen: Niemeyer.
Reis, M. (1997) Syntaktischer Status unselbständiger Verbzweit-Sätze. In: Dürscheid, C. / Ramers, K.H. / Schwarz, M. (Hgg.) *Sprache im Fokus: Festschrift für Heinz Vater zum 65. Geburtstag*, 121-144. Tübingen: Niemeyer.
Rinas, K. (1997) *Präsuppositionen und Komplementierung: Zur Erklärung von A.c.I.-Konstruktionen, Langen Extraktionen, ‚Neg-Raising', Verbzweit-Einbettungen, Kohärenten Konstruktionen und verwandten Phänomenen*. Trier: WVT.
Vater, H. (1976) *Wie*-Sätze. In: Braunmüller, K. / Kürschner, W. (Hg.) *Grammatik: Akten des 10. Linguistischen Kolloquiums Tübingen 1975, Bd. 2*, 209-222. Tübingen: Niemeyer.

19. 体験話法
——作中人物の心情の共体験——

三 瓶 裕 文

1. はじめに

　物語[1]において，語り手は，作中人物の発言や思考を，仲介者として読者に伝える。そのための言語的手段が複数存在する。直接話法，間接話法，体験話法 (erlebte Rede)，[2] 自由直接話法[3] などである。

　本稿の目的は，作中人物の元の (original) 発言・思考が，体験話法という形で地の文に織り込まれるありようを観察することで，

I. 体験話法の特徴と読者に及ぼすはたらきを浮き彫りにし，そこから
II. 体験話法の翻訳の基本原理を導くことにある。

　限られた紙幅である。もとより，包括的・詳細な記述を目指すものではない。体験話法のごく基本的な構図を浮き彫りにすることができれば，それでよしとしなければならない。

2. 体験話法 ― 間接話法と自由直接話法の間で
2.1. 理論的基盤

　考察の理論的基盤は，三瓶（1996, 2000, 2004），Mikame (1996) などで提示・例証した認知・テクスト言語学的原理と物語論 (Erzähltheorie) である。ここに，その輪郭のみを素描すれば次のようになる。

---

[1] 本稿では対象を物語に限定するが，ノンフィクションにも体験話法は出現する。Suzuki (1991) 参照。

[2] 英語やフランス語では名称は異なる。自由間接話法 (free indirect speech, style indirect libre) や描出話法 (represented speech) などである。日本語の体験話法については保坂 (1977，1981)，保坂・鈴木 (1993)，三瓶 (1996) 参照。

[3] 内的独白 (Innerer Monolog) に相当する。「自由」というのは伝達動詞 (sagen や denken) を持つ導入部から自由，つまり導入部を持たずに独立という意味である。語り手が作中人物になりきって（＝1人称・現在），作中人物の意識をいわば一心同体で描写する。Fludernik (2006:95ff.) 参照。

語り手の原点 (Origo: hier-jetzt-ich[4]) と作中人物との間にはスカーラが存在し，語り手の視点 (Perspektive) は，作中人物への認知的距離に応じていわば連続的に行き来する。[5] 語り手の視点が，作中人物の視点から認知的に距離を置いている (distanziert) か，それとも作中人物の視点の近くにあるか，という認知的距離の遠近のありようは言語的に反映する。

2.2. 直接話法と間接話法

本節では，体験話法の特徴を浮き彫りにするための下地作りとして，直接話法，間接話法を観察する。問題の核心は，作中人物の「想定される[6]元の発言・思考」のどの要素が，間接話法や体験話法に「そのまま (unverändert)」取り込まれ，どの要素がそのままでは取り込まれずに変更・変換を受けるか，にある。[7] 直接話法では定義上，作中人物の元の発言・思考が直接，すなわち，生のまま再現される。破格な (abweichend) 文構造，心情表現（間投詞，心態詞や方言[8] など），直示詞なども変更されずにそのまま再現される。

例文 (1) の返答部分は有標度の高い語順であり，強い感情が含意される。[9]

(1) „Also, was ist mit dem Anton?" *„In der Rechenstunde eingeschlafen ist er"*, erzählte Pünktchen. (Kästner, Pünktchen:80)[10]
「それで，アントンがどうかしたのかい？」「算数の時間に，眠ってしまいました。(…)」
（池田訳:102）

これに対し，間接話法では，作中人物から距離を置いた語り手の視点から，元の発言・思考が「編集」[11] される。すなわち，1) 人称や法の変換（直説法→

---

[4] Bühler (1982:102f.) に拠る。
[5] 視点のこのような連続的移動性が，各話法の変種・混合 (中間) 形が存在することの決定的な因子となる。三瓶 (2000, 2004) や例文 (5) を参照。
[6] 「元の思考」には，「想定される」が必要だが，以後紙幅の制約上省く。
[7] 詳細には立ち入らないが，核心は導入部の有無ではないので，誤解の恐れが無い限りにおいて，直接話法と自由直接話法を区別しないことがある。
[8] 「方言」が直接話法で再現される理由について Mikame (1996) 参照。
[9] 視点や表現の有標度が高くなることに比例して主観性が高くなることを，Mikame (1996) で例証した。
[10] 例文出典は本稿末を参照。斜体字は筆者による。紙面節約のため，本文中では，作家名は姓だけ，作品名は略記して挙げる。数字は該当ページを表す。作中人物名は翻訳文以外は原語表記とした。また，一部，例文や記述が筆者の既発表論文と重複するが，その都度の言及は省略した。
[11] 田口（1993）の用語。

接続法)，2) 主観性・感情の反映である有標 (markiert)・破格な構文，また心態詞，間投詞，直示詞などの心情・視点表現は，そのままの形では間接話法に取り込まれない。無標な表現に変更されるか，部分的に変更・削除される。作中人物の心情・感情の濾過，裏返しに言えば，平静・中立・客観という語り手の心的態度である。

このことは，例文 (1) の発言が，間接話法では無標の語順に変換されることで裏付けられる。元の発言の主観性も濾過される。

(2) a. *Pünktchen erzählte, in der Rechenstunde eingeschlafen sei er.
    b. Pünktchen erzählte, er sei in der Rechenstunde eingeschlafen.

そして次の例，短い一文の中に，間投詞 au，有標の語順，有標強勢，感嘆符そして指示代名詞 der，という強い感情の発露[12]ばかりが束ねられている。間接話法に取り込むのは無理である。直接話法がふさわしい。

(3) „Au, ist der schwer!", stöhnte Nina. (Pausewang, Gott: 45)
   「あら，これ，なんて重たいの！」ニーナはうめいた。（筆者試訳）

次の例は，典型的間接話法である。語り手の視点は原点にあり，作中人物から距離を置いている。作中人物である Pogge 夫人の発言に対する語り手の中立的態度，もっと言えば語り手が Pogge 夫人とは意見を異にすることが間接話法の使用に含意される。

(4) Ihr Vater, der Herr Pogge, war Direktor einer Spazierstockfabrik. Er verdiente viel Geld, und viel zu tun hatte er auch. Seine Frau, Pünktchens Mutter, war allerdings anderer Meinung. *Sie fand, er verdiene viel zu wenig Geld und arbeite viel zuviel.* (Kästner, Pünktchen:10)
   点子ちゃんの父さん，ポッゲさんは，ステッキ工場の社長だった。お金をどっさりもうけるけれど，そのかわり，めっぽういそがしい。奥さん，つまり点子ちゃんの母さんは，そんなことはないと言う。ポッゲさんはほんのちょっぴりしかかせぎがなくて，なのにめっぽういそがしい，と言うのだ。（池田訳：16）

但し，間接話法でも，語り手の視点が作中人物に近づいた場合には作中人物の視点性を帯びる。例えば，作中人物の視点からの直示詞が使われる。

---

[12] 強い感情の発露としての指示詞について Mikame (1997, 2005) 参照。

(5) ①Dann sagte er ihr, er komme *morgen* wieder — ②denn *am nächsten Tag* hatte er Ausgang —, und rannte den weiten Weg zurück. (Kästner, Klassenzimmer: 74)

①男の子は，あしたも来るね，と言って，帰って行った。②翌日は，れっきとした外出日だったからだ。(池田訳：113)

①では，語り手は視点を作中人物 er（＝男の子）に近づけ，作中人物の視点からの直示詞 morgen を用いている，次いで②の地の文では，語り手の視点はスカーラ上を作中人物から離れて語り手の原点に戻るので morgen は am nächsten Tag となる。

以上，語り手の視点が原点近くにある場合は (4) のような典型的間接話法が用いられ，語り手の視点がスカーラ上を作中人物の方に近づくと，(5) ①のような作中人物の視点性を帯びた間接話法となることを見た。

2.3. 体験話法

語り手の視点がさらに作中人物に近づくと，[13] 作中人物の視点性が優勢となり，その分，語り手の視点性が弱まる。体験話法となる。作中人物の元の思考[14] は，

1) 作中世界から距離を置いた地の文[15] と同じように，語り手の視点から人称や時制が変換される—典型的には，3人称・直説法・語りの時制（erzählende Tempora[16]）：過去（完了）。しかし，
2) それ以外の要素（語順，有標・破格な構文，また心態詞，直示詞などの心情・視点的表現），つまり作中人物の視点からの元の思考表現は保持され，そのまま再現される。

以上，端的にいえば，「語り手の視点と作中人物の視点の重なり，但し，作中人物の視点が優勢」となる。以下，体験話法の実例を観察する。

少年 Anton は病気の母親のために家計を助けるべく靴ひもを売るアルバイトをしている。深夜帰宅した Anton はソファーに横になっていろいろと思い

---

[13] 正確には，作中人物から若干の距離を置いた「部分的な」視点の一体化である。作中人物べったりの，完全な視点的一体化は自由直接話法である。

[14] 体験話法は作中人物の「発言」も再現するが，本稿では「思考」に絞る。

[15] おそらく自明のこととして言及されることがないのであろうが，地の文は語り手が作中世界から距離を置いた (distanziert) 描写である。

[16] Weinrich (1985)，Thieroff (1992) 参照。紙幅の都合で上記典型形に絞る。

をめぐらす。斜体字部（筆者による）が体験話法である。

(6) ①Er (=Anton) legte sich wieder hin. ②*Die Rechenaufgaben hatte er gemacht.* ③*Aufs Diktat vorbereitet hatte er sich auch.* ④*Hoffentlich schrieb Herr Bremser der Mutter keinen Brief.* ⑤*Denn dann kam es heraus, daß er abends auf der Weidendammer Brücke stand und Schnürsenkel verkaufte.* ⑥*Hatte er noch genug Schnürsenkel?* ⑦*Die braunen würden nicht mehr lange reichen.* ⑧*Man trug anscheinend mehr braune Schuhe als schwarze.* ⑨*Oder gingen braune Schnürsenkel schneller entzwei?* ⑩Anton legte sich auf seine Schlafseite. ⑪*Hoffentlich wurde die Mutter wieder ganz gesund.* ⑫Dann schlief er endlich ein. (Kästner, Pünktchen:75)

①アントンは，あらためて横になった。②算数の宿題はすませた。③書き取りの予習もばっちりだ。④ブレムザー先生，母さんに手紙なんか書かないでほしいなあ。⑤だって，そんなことになったら，毎晩，ヴァイデンダム橋で靴ひも売りをしていることが，ばれてしまう。⑥靴ひもは，まだあったっけ？⑦茶色いのが，もうなくなる。⑧黒い靴より，茶色い靴のほうが多いのかな。⑨それとも，茶色い靴ひものほうが，早く切れるのかな？⑩アントンは，いつもの向きに寝返りをうった。⑪母さんが元のように元気になるといいな。⑫そして，アントンはようやく，眠りについた。(池田訳：96)

①は地の文。「横になった」という作中人物 Anton の「行動」から心情描写が続くことが予想される。[17] ②，③は地の文と同じ「語りの時制」の一方，元の思考の有標の語順（例えば③＜Aufs Diktat vorbereitet habe ich mich auch.）はそのまま地の文に織り込まれている。Anton の思考描写である。④同じく Anton の思考描写。その証拠に，話し手の心情に関わる話法詞[18] hoffentlich の思考の主体は作中人物であり，語り手ではない。論点を浮き立たせるためにあえて言い換えれば *Ich (=Anton) hoffe, Herr Bremser schreibt der Mutter keinen Brief.* となる。一人称代名詞 Ich は紛れもなく Anton である。⑤その Anton の思考の再現，体験話法であることは文脈から明らかであろう。[19] ⑥元の思考は *Habe ich (=Anton) noch genug Schnürsenkel?* ⑦「未来・推量の助動詞」werden は，過去形を持たないの

---

[17] 作中人物の心情描写の前触れが暗示的に地の文中の作中人物の行動や情景描写に現れることがある。Steck-Meier(1999) 参照。
[18] 話し手の心情や判断に関わる話法詞について井口 (2000) 参照。
[19] denn 因由文の思考再現について，鈴木 (2005: 126ff.) 参照。

で，接続法2式 würde を代用したもの。形は接続法2式だが，機能は「直説法・過去」という「過去未来 (futurum praeteriti)」である。地の文に織り込まれたこのような würde は体験話法の明示的な合図となっている。[20] ＜ Die braunen werden ... reichen. ⑧ anscheinend の思考の主体は Anton である。そのことを見るためにあえて言い換えれば，Man trägt, scheint mir (= Anton), mehr ... . となる。⑨は⑥と同じく疑問文の語順を取り込んでいる。⑩作中世界から距離を置いた地の文。心理描写が続くことを予想させる。⑪ hoffentlich の思考の主体は Anton であり，語り手ではない。本動詞としての werden「…になる」には，推量・未来の助動詞の場合とは異なり，直説法・過去形 wurde が存在する。論点を浮き立たせるために，これら二点をまとめて言い換える。Ich (= Anton) hoffe, die Mutter wird wieder ganz gesund. ⑫語り手の視点は再び Anton から離れた。地の文である。

　さらに観察を重ねる。親に見捨てられ施設にいる赤毛の少年 Peter は，既に定年退職した教師を慕って，無断で施設を脱け出し，かつての教師の家に向かって自転車を走らせている。

(7) ①Plötzlich schwitzte er (=Peter). ②*Vielleicht hatten ihn die Kinder im Dorf schon erkannt?* ③*Man würde ihn schnappen und zurückbringen.* ④*Eine Mütze müßte er haben, keiner durfte seine roten Haare sehen.* ⑤*Dort arbeitete ein Bauer, seine Mütze lag auf dem Wagen.* ⑥*Der Mann bückte sich gerade.* ⑦*Sollte er —?* ⑧*Es würde ganz leicht sein.* ⑨*Oder sollte er nicht?* ⑩Peter seufzte, [...] (Wölfel, Rächer:22f.)

①突然汗が出てきた。②もしかしたら村の子どもたちにもう気づかれたかな？③（もし気づかれていたら）つかまって連れ戻されてしまうだろう。④帽子をかぶったほうがいいだろうな，誰にも僕の赤毛を見られてはいけないんだ。⑤あそこで農家の人が仕事してる，帽子は車の上だ。⑥ちょうどかがんだ。⑦盗っちゃおうかな？⑧すごく簡単だろう。⑨やっぱりやめておいたほうがいいかな？⑩ペーターはため息をついた。（筆者試訳）

①地の文。冷や汗であろう，後に作中人物 Peter の不安な心理の描写が続くことを私たち読者に予想させる。② Vielleicht の思考の主体は Peter である。語り手ではない。＜ Vielleicht haben mich (=Peter) die Kinder im

---

[20] Herdin (1905: 36ff.), Steinberg (1971: 172ff.), 鈴木 (2005:65ff., 106ff.) 参照。

Dorf schon erkannt? Peter は自分が子どもたちに実際に気づかれた可能性は低い (< vielleicht) と認識。③元の思考では，その現実度の低い仮定を受けた würde が想定され (< Man *würde mich schnappen* … .), [21] 体験話法にも würde のまま取り込まれている。④目的語先置の有標な語順。müßte は，元の思考で「弱い（非断定的）」心的態度の表出として使われている接続法2式を引き継いだものであろう。< *Eine Mütze müßte ich* haben, keiner darf *meine* roten Haare sehen. ⑤ Dort の先行詞が先行文脈に明示されていないことから，Dort は文脈指示でなく，現場直示 (Situative Deixis) である。語り手が作中人物の視点で作中世界を共に知覚する外界知覚の体験話法と捉える。⑥これも，gerade があることから外界知覚の体験話法と捉えられる。⑦の人称代名詞 er の指示対象は何であろうか？⑦を仮に地の文ととると，文脈指示 (Anaphorische Referenz) で表面上の解釈は農夫となってしまう。先行文脈との連関性，独立文の語順，直説法・過去（接続法の解釈は無理がある）などから Peter の視点の体験話法と認定される。元の思考は Soll *ich* (=*Peter*) —？となろう。⑧ Peter は帽子を盗むことはたやすいと予測。元の思考は Es *wird* ganz leicht sein. であろう。[22]「過去未来」の würde である。⑨は⑦と同じ理由で体験話法。⑦から⑨は，語り手が Peter に視点的に寄り添っている体験話法だからこそ，外からは窺い知れない作中人物の内心 (das Innere) の葛藤を描けるわけで，読者も，地の文との間の「段差」がないので，地の文を読んでいるうちに無意識に作中世界に没入し，作中人物の内心の葛藤を共体験できることになる。⑩地の文。

次節の関心事である，体験話法の翻訳への橋渡しとして次の例を検討してみよう。八歳の女の子 Nina は，母猫を亡くした子猫 Soso を家に連れて帰ったが，母親に反対され，Soso を連れて家出した。たまたま知り合った親切な外国人一家が Soso を預かると申し出てくれたので Nina は嬉しくなりいろいろと想像をめぐらす。体験話法が予想される。実際，体験話法により Nina の思考が再現される。語り手はさらに究極まで Nina に近づき，自由直接話法を織り込む。

(8) ①Nina überlegte. ②*Hier würde er* (= Soso) *es wirklich gut haben.*

---

[21] würde が，元の思考で直説法 wird か，非現実接続法 (Irrealis) の würde かは，作中人物が事態の現実度をどう認識するかについての「読者の想定」に拠る。それ故，どちらの「法」を想定するかは，読者が母語話者でも決めがたいことがある。これは「元の思考」に「想定される」という但し書きが必要な所以でもある。
[22] 直説法の方が子どもにふさわしい (kindgemäß) という母語話者の指摘もあった。

③*Welcher Kater hat schon einen Puppenwagen zum Schlafen?* ④*Und wenn Soso hier bleiben durfte, dann konnte sie ja auch heim.* ⑤*Dann war ja alles gut!* (Pausewang, Gott: 80)
①ニーナはじっくりと考えた。②ここなら子猫のゾーゾーも本当に幸せだろう。③おもちゃの乳母車を寝床にしている猫が一体いるかしら？ ④それにゾーゾーがここにずっといてもいいなら，そしたら私も家に帰れるんだし。⑤そしたら本当にすべてが好都合だ！（筆者試訳）

①地の文。überlegte によりこれから Nina の思考・意識の描写が続くことが予想される。②直示詞 Hier により語り手が Nina の視点に寄り添っていることがわかる。直示詞により読者の視点も作中世界に引き入れられ Nina の視点をとる。[23] würde は「過去未来」。元の思考は Hier *wird* er es … . であろう。③自由直接話法である。体験話法なら定形は hatte であろう。自由直接話法により，反語という強い感情が，体験話法よりもより直接的に吐露されている。作中人物と完全な視点上の一体化，平たく言えば，作中人物との距離ゼロ，作中人物べったりなので，「女の子ことば」の翻訳になろう。④，⑤語り手の視点は Nina からわずかに離れ，体験話法を用いる。自由直接話法という「意識の流れ (Bewusstseinsstrom)」の先行文脈，さらには場所の直示詞 hier，心態詞 ja，感嘆符など，体験話法による Nina の視点・意識の表出である。弱いとはいえ再び現れた語り手の視点性，若干の距離感の反映で「女の子ことば」を濾過した翻訳となっている。

2.4.　翻訳の観点から

　体験話法は，語り手が作中人物に視点的に近づくことで，本来外からは窺い知ることのできない作中人物の内心を共体験的 (miterlebend) に再現する表現方法である。端的に言えば，[24] 体験話法は「作中人物になったつもりで」作中人物の思考を再現する時に生じる。このことの自然な帰結として，「翻訳も作中人物になったつもりで」という原理が導かれる。より具体的には，「元の思考に戻す」ことになる。残された紙幅では，色々な糸から織り成される翻訳の原理のごく一端を垣間見るにとどまる。

---

[23] Ehlich (1983) は，Eichendorf の作品を素材にして，直示表現が読者の視点を作中世界に引き入れることを述べている。Mikame (1997:166f.) も参照。

[24] 正確には後続のどの鉤括弧にも「自由直接話法ほどには作中人物べったりではなく」という但し書きが付く。日本語の体験話法での「女性ことば」の濾過について三瓶 (1996) 参照。

(9) ①Er (= Anton) saß auf seinem Stuhl und schüttelte den Kopf. ②*Was hatte er denn angestellt.* ③Draußen schlug die Korridortür. (Kästner, Pünktchen: 87f.)

①アントンは，いすにすわったまま，悲しげに首を横にふった。②ぼくがなにをしたっていうんだろう。③外で，廊下のドアがばたんと閉じる音がした。(池田訳：111f.)

②が体験話法，作中人物である少年 Anton になったつもりで，つまり想定される元の思考 Was habe *ich* (= *Anton*) denn angestellt. に戻って，「ぼく」という「1人称」で翻訳されている。[25]

3. 結び

本稿の目的は，I. 体験話法の特徴と読者に及ぼすはたらきを浮き彫りにし，そこから II. 体験話法の翻訳の基本原理を導くことであった。

要点のみをかいつまんで挙げて結びとする。

I. 語り手の視点が，作中人物に近づいて，作中人物の視点と殆ど重なったとき，体験話法の成立となる。視点的に作中人物と殆ど一体化しているので，本来外からは窺い知れない作中人物の内心を共体験的に描き出すことができる。言語的特徴としては，作中人物の元の思考は，地の文と同じように語り手の視点から人称や時制が変換される（3人称・直説法・語りの時制が典型的）。しかし，それ以外の要素（語順，有標の構文，また心態詞，直示詞などの心情・視点表現），つまり，作中人物の視点からの元の思考表現は保持され，そのまま再現される。

体験話法は，前後に導入部も無く，巧みに地の文に織り込まれている。読者は，体験話法の言語的特徴（人称・時制・法に関して地の文との間に「段差がない」，読者を作中世界に引き込む「直示詞」など）に導かれ，地の文を読んでいるうちに殆ど無意識に作中人物の視点に近づく。[26] 作中人物の内心を共体験することになる。

II. 作中人物になったつもりで，但し，わずかに残る語り手の視点性，作中人物との若干の距離感を考慮して翻訳する。

---

[25] 体験話法と自由直接話法の間に，形態上明瞭な対立のあるドイツ語と異なり，日本語では，両話法の形態上の差異が小さい。それ故，わけても「男の子」の場合，両話法の境界はあいまいである。詳論は三瓶 (1996) 参照。

[26] 仲介者としての語り手の背景化とその反比例で作中人物と読者の距離が近くなることも一因である。これについては Mikame(1996) 参照。

引用例文出典（紙幅の制約上，発行地，発行年，版は省く）
Kästner, Erich: Das fliegende Klassenzimmer: Cecilie Dressler Verlag
ケストナー，エーリヒ『飛ぶ教室』池田香代子訳，岩波書店
Kästner, Erich: Pünktchen und Anton, Cecilie Dressler Verlag
ケストナー，エーリヒ『点子ちゃんとアントン』池田香代子訳，岩波書店
Pausewang, Gudrun: Ich geb dir noch eine Chance, Gott! Ravensburger Buchverlag
Wölfel, Ursula: Der rote Rächer. Ravernsburger Buchverlag

参考文献
井口 靖（2000）『副詞』（ドイツ語文法シリーズ第5巻）大学書林．
鈴木康志（2005）『体験話法──ドイツ文解釈のために──』大学書林．
田口紀子（1993）「物語の言語分析──ナラトロジー」大橋保夫他著『フランス語とはどういう言語か』，293-312．駿河台出版．
保坂宗重（1977）「テキスト理論による文章の分析──日本語の体験話法について──」『日本語と文化，社会5 ことばと情報』，161-196．三省堂．
保坂宗重（1981）「日本語における体験話法──西欧語の体験話法との比較において──」『茨城大学教養部紀要』第13号，95-109．
保坂宗重／鈴木康志（1993）『体験話法（自由間接話法）文献一覧──わが国における体験話法研究』茨城大学教養部．
三瓶裕文（1996）「日本語とドイツ語の体験話法について──間接話法と自由直接話法の間で──」『一橋論叢』第115巻第3号，40-63．
三瓶裕文（2000）「視点，認知的距離，心的態度」日本独文学会『ドイツ文学』第104号，78-87．
三瓶裕文（2004）「ドイツの子どもの本の体験話法について」一橋大学語学研究室『言語文化』第41巻，95-114．
Bühler, K. (1982) *Sprachtheorie. Die Darstellungsfunktion der Sprache*. Ungekürzter Neudruck der Ausgabe von 1934 (Jena). Stuttgart/New York: Gustav Fischer Verlag.
Ehlich, K. (1983) Literarische Landschaft und deiktische Prozedur: Eichendorff. In: Schweizer, H. (Hg, 1985) *Sprache und Raum: Psychologische und linguistische Aspekte der Aneignung und Verarbeitung von Räumlichkeit*, 246-261. Stuttgart: Metzler.
Fludernik, M. (2006) *Einführung in die Erzähltheorie*. Darmstadt: Wissenschaftliche Buchgesellschaft.
Herdin, E. (1905) *Studien über Bericht und indirekte Rede im modernen Deutsch* (Dissertation Uppsala). Almqvist & Wiksells Buchdruckerei.
Mikame, H. (1996) Markierte Perspektive, perspektivische Annäherung des Sprechers an das Objekt und direkte Wahrnehmung — Zur Signalisierung des psychisch-kognitiven Nähe des Sprechers zum Objekt —. In: *Sprachwissenschaft* Heft 4, 367-420.
Mikame, H. (1997) Zum Demonstrativartikel *dieser* als Signal der subjektiven Einstellungen des Sprechers zum Referenten. In: Hayakawa, T. / Sengoku, T. / Kimura, N. / Hirao, K.

(Hgg.) *Sprache, Literatur und Kommunikation im kulturellen Wandel. Festschrift für Eijiro Iwasaki anläßlich seines 75. Geburtstags*, 155-178. Tokyo: Dogakusha.

Mikame, H. (2005) Zur deiktischen und anaphorischen Referenz im Deutschen – Eine kognitiv-textlinguistische Untersuchung. In: Narita, T. / Ogawa, A. / Oya, T. (Hgg.) *Deutsch aus ferner Nähe. Japanische Einblicke in eine fremde Sprache. Festschrift für Susumu Zaima zum 60. Geburtstag*, 185-211. Tübingen: Stauffenburg.

Steck-Meier, E. (1999) *Erich Kästner als Kinderbuchautor. Eine erzähltheoretische Analyse.* Bern/Berlin/Frankfurt a.M./New York/Paris/Wien: Peter Lang.

Steinberg, G. (1971) *Erlebte Rede. Ihre Eigenart und ihre Formen in neuerer deutscher, französischer und englischer Erzählliteratur.* Göppingen: Alfred Kümmerle.

Suzuki, Y. (1991) Erlebte Rede und der Fall Jenninger. In: *Germanisch-Romanische Monatsschrift* 72 (Neue Folge 41) Heft 1, 5-12.

Thieroff, R. (1992) *Das finite Verb im Deutschen. Tempus — Modus — Distanz.* Tübingen: Gunter Narr.

Weinrich, H. (1985) *Tempus. Besprochene und erzählte Welt. 4. Aufl.* Stuttgart: Kohlhammer.

20. 代名詞使用から見た
ドイツ語テクスト構成のしくみ

田 中 愼

1. はじめに

　「文法」は,「文を形成する規則の体系」と捉えることができるが, この「文」という単位の理解は甚だあいまいなものである。「文」の一般的・汎言語的に通用する定義は未だにないし, また, 厳密な学問的な議論以前に, 一つの言語から他の言語へ翻訳する作業において, 一つの言語で「一つの文」であるものが他の言語では複数の文で訳されるということは誰もがしばしば経験するところである。言語はそれ自体では文のような「区切り」を持っていない。このように考えてみると多くの「文法」は「文の法」ではなく, 言語の各レベルを超越した規則体系であるということになる。ドイツ語と日本語の文法が異なれば, そのことは, 当該言語間の文の構造, パターンが異なるということに留まらず, 語彙体系, 文章構造の違いを含意している。

　本稿では, この考え方の一つの帰結として,「文章（テクスト）の構成法」としての文法規則について代名詞の使用を例にして考察していく。その際, ドイツ語, 英語, 日本語の代名詞体系の相違は, それぞれの言語におけるテクスト構成の違いに現れてくるということを示したい。

2. 代名詞の種類, 人称代名詞と指示代名詞

　まず, それぞれの言語における代名詞の振る舞いの違いを観察するために, 以下の例を見てみよう。

英　　語　　(1e)　Hans$_i$ met Alfons$_j$. He$_{i/j}$ had a raincoat on.
ドイツ語　　(1d)　Hans$_i$ traf Alfons$_j$. Er$_{i/?j}$ trug einen Regenmantel.
　　　　　　(1d')　Hans$_i$ traf Alfons$_j$. Der $_{*i/j}$ trug einen Regenmantel.
日本語　　(1j)　ハンス$_i$はアルフォンス$_j$と会った。彼は$_{?i/j}$/φ$_{?i/j}$レインコートを着ていた。

　これらは, 基本的に同じ意味を表す2つの文の連なりから成っているもので

あるが，2番目の文における代名詞の解釈においてそれぞれ異なりを見せる。

　英語の文 (1e) で，人称代名詞 he は文脈によってどちらも指示しうるが，どちらかというと主語に係る解釈が無標のものと考えられる。

　ドイツ語の人称代名詞 er においてこの傾向はさらに強まる。er はこの場合先行する文の主語である Hans に係るのが無標の解釈とされ，Alfons に係る場合にはこの代名詞は有標なアクセントを受けることが多い。それに対し，(1d') のように指示代名詞が立つ場合，指示代名詞は直前の名詞句に係るものと考えられ，主語に係る解釈は成り立たない。

　日本語では一般に人称代名詞はないと考えられるが，[1] 人称表現形といわゆるゼロ代名詞[2]のふるまいを観察すると，両方とも直前の語を受ける解釈が無標なものとなる。このことから，日本語においてはいわゆる人称代名詞的な係り方ではなく，指示代名詞的な指示関係が標準的なものであるということがわかる。

　以上，英語，ドイツ語，日本語で，代名詞表現における係り方の相違点を概観したが，これらの現象はどのような原理に基づいているのであろうか？

2.1. 人称代名詞・指示代名詞の指示のちがい：アナファーとダイクシス

　ドイツ語の照応的人称代名詞（er, sie, es および sie（複数））と指示代名詞（der, die, das, die（複数））は，多くの文法書で文体的なバリエーションとされ，その意味する内容は等価とされることが多い。[3] しかしながら上例 (1d) や (1d') で示されるように，これらの2つの代名詞は共通した部分はあるにせよ，それぞれが異なる機能を持っているものと考えられる。

　人称代名詞による指示は一般に照応（アナファー）関係と呼ばれ，その解釈には，文法関係の他，世界知 (Weltwissen)，文法上の性などが一定の役割を果たすと考えられている。

---

[1] 日本語における人称表現がヨーロッパ諸語における人称代名詞と同じカテゴリではないことは多くの研究によって指摘されている。詳細は Tanaka(2006) など。

[2] 主に中心化理論など照応現象を計算主義的に扱う理論で想定されている「省略されている動詞の項」(unexpressed arguments of the verb, (Walker/Iida/Cote 1994: 194)) のこと。

[3] 例えば Duden (1995) では指示代名詞と人称代名詞の違いについては，文体的なヴァリエーションとして使用されるという記述が見られるのみである。„Die Rückweisung [...] durch der usw. statt durch das Personalpronomen wird oft als umgangssprachlich empfunden und in der Literatur stilistisch genutzt." (Duden 1995: 333)（人称代名詞の代わりに der などによって指示する場合，その用法はしばしば日常言語的なものとみなされ，文学作品などでは文体的な効果を持つものとして使用されている。）

(2) Hunde_i lieben Briefträger_j. Sie_{i/j} schließen oft mit ihnen_{i/j} Freundschaft. (Zifonun et al. 1997: 545) 犬は郵便配達人が好きだ。彼ら（犬・郵便配達人）はしばしば彼ら（郵便配達人・犬）と友達になる。

(2)の文では，代名詞 sie および ihnen がどちらの要素 (Hunde, Briefträger) を指すかについてははっきりしないが，文法構造から sie が（同じ主語である）Hunde を指し，ihnen が Briefträger を指す解釈が無標のものとなる。Ehlich (1982) は，アナファーを「話し手がすでに注目しているものについてその意識を継続することを指示するプロセス」と定義しているが，[4] アナファーのプロセスには，話し手，聞き手の間に存在するテクストの流れを自然な形で保持するという話し手のテクスト構成のストラテジーが働いているのである。

これに対し，指示代名詞による指示は，直示（ダイクシス）関係と呼ばれ，話し手が眼前にある対象に対して「直接」指示を行うものと考えられている。ダイクシス指示は，典型的には談話環境における話し手のそばにあるものについて指差しなどを用いて指示されるものである。(2)の文の主語人称代名詞を指示代名詞に変えると「直前の」対象を指示する解釈が義務的になる。この場合，談話環境内での「実在物」ではなく，テクスト世界の「直前のあるもの」を指示するという意味で直示表現を用いている。[5]

(2') Hunde_i lieben Briefträger_j. Die_{*i/j} schließen oft mit ihnen_{i/*j} Freundschaft.

(3a) Wir hatten vorige Woche *Gäste aus Limburg*, und die/*sie waren so begeistert über Elburg. (Abraham 2003: 472) 我々は先週リムブルクからのゲストを迎えた。彼らはエルブルクにとても感激していた。

---

[4] "The anaphoric procedure is a linguistic instrument for having the hearer continue (sustain) a previously established focus towards a specific item on which he had oriented his attention earlier. The anaphoric procedure is performed by means of anaphoric expressions." (Ehlich 1982: 325)

[5] これらのテクスト内の直示表現は Textdeixis や Anadeixis などのような用語で呼ばれることが多い。Mikame (2005) が指摘するように，ダイクシスは「話し手からの距離」を問題にするものであり，一方でアナファーは「聞き手の知識」に基づくものであるということから本来全く違うプロセスを指すものであるが，テクスト世界をどう捉えるかにより結果として類似したものを表すことになることも多い。アナファーとダイクシスの相違についてはさまざまな議論があるが，とりわけ Diewald (1991)，Consten (2004)，Ehlich (1982) などに詳しい。

(3b) *Gäste aus Limburg* blieben eine ganze Woche. *Die/Sie waren ganz begeistert über Elburg. （同上） リムブルクからのゲストは一週間ずっと滞在していた。彼らはエルブルクにひどく感激していた。

　例 (3a)，(3b) は，上に述べたアナファー指示とダイクシス指示の違いを示している。(3a) ではテキスト上で直接先行する要素であるものが指示されるために指示代名詞が適切な指示表現となる。[6] 一方で (3b) では，すでに主語として聞き手の意識の中で中心を占めている要素について後続するテキストでも引き続き述べられるということが人称代名詞による指示受け (Wiederaufnahme) によって表現されている。

　以上，ドイツ語における人称代名詞と指示代名詞の使い分けによる指示方法の違いを概観した。ドイツ語においては，人称代名詞と指示代名詞といった異なる言語手段が存在し，異なった指示方法を実現している。[7] 一方で，英語では非有生物の指示には it/that という対立が存在する一方で，有生物の指示についてはこれらの指示方法は未分化のままであり，その違いは主にアクセントの有無で表現されることとなる。次節では，この英語とドイツ語の対立が，所有冠詞の領域でも観察されることを見る。

2.2. 所有冠詞

　代名詞領域で見られたドイツ語における人称代名詞と指示代名詞の機能的分

---

[6] 指示代名詞によるダイクシスの「直前」指示は，必ずしもテクストの線状展開上での「直前」を指すものではない。

　(i) *Gäste aus Limburg* hatten wir vorige Woche, und die/*sie waren so begeistert über Elburg.（リムブルクからのゲストを先週むかえたが，彼らはエルブルクにとても感激していた。）

　上例 (i) では直前指示ではないのにもかかわらず，人称代名詞ではなく指示代名詞が選択される。この場合，指示対象である名詞句 Gäste aus Limburg はアクセントを受け，談話上もっとも際立ちを持った要素となっている。話し手はその要素を眼前で展開されるものとして指示代名詞を用いて直示している。

[7] このドイツ語における人称代名詞と指示代名詞との役割分担は完全な形とはなっていない。例えばドイツ語の定冠詞は，このアナファーとダイクシスという機能に関しては中立的であり，アナファーとダイクシスの二つの機能を持つ。しかしながら，これらの機能の差異は話し言葉においては音調的な差異として実現している（一般に冠詞がアクセントを持ち強調される場合，この冠詞は話者の直前の対象を指すダイクシス的冠詞として解釈される）。これに対し，Ehlich (1979) は，アナファー体系およびダイクシス体系を完全な形で体現している形式としてヘブライ語の代名詞類の ZÄ と HU を扱い，アナファーおよびダイクシスの機能の違いを示した。

担は，所有冠詞においても見られる。

(4d)　Es gibt einen amerikanischen Sänger$_i$, der seinen Sohn$_j$ in *dessen*$_{*i/j}$/ *seinem*$_{i/j}$ Geburtsort durch ein schreckliches Unglück verlor. (Abraham 2003: 451) 恐ろしい事故により息子を彼の生まれた場所でなくした，一人のアメリカ人の歌手がいます。

(4e)　There is an American singer$_i$ who lost his son$_j$ in *his*$_{i/j}$ place of birth in the course of a terrible accident. (Abraham 2003: 454)

　(4d) において指示所有冠詞 dessen をとるか人称所有冠詞 seinem をとるかによってその指示対象は異なりを見せる。指示所有冠詞をとる場合は，その指示対象はダイクシス的なプロセスにより「直近」の名詞句（seinen Sohn）に一義的に決まるのに対して，人称所有冠詞の場合，その指示対象の解釈は文構造も含めたコンテクスト情報に依存している。
　それに対して，英語では対応する指示所有冠詞がなく，指示関係を一義的に表示しようとする場合には，語彙的な書き換えによって行うことになる。

(4e')　There is an American singer$_i$ who lost his son$_j$ in *the latter's*$_{*i/j}$ place of birth in the course of a terrible accident.

2.3.　日本語

　以上，ドイツ語の代名詞使用について英語と対比して見てきた。ドイツ語では，人称代名詞と指示代名詞の分化がなされており，これらを使い分けることによりアナファー的な文のつながりとダイクシス的なそれとが共存しているということがわかる。さて日本語はこの点に関してどのようなふるまいを見せるだろうか。
　すでに例文 (1j) で見たように日本語の文の連なりはドイツ語の指示代名詞タイプ，すなわち直近のものを指すダイクシス的な展開を示す。日本語では，ドイツ語と異なり，いわゆるアナファー的なつながりを明示的にする代名詞がないことになる。そのため，日本語では，話し手がその場にいて，「直近」の状況を述べていくというテクストの展開パターンが多くなる。

(5j)　来たら，もういなかったよ。

　日本語，特に話し言葉で典型的に多いのがいわゆる主語の省略であるが，この現象も「直近」からの描写という考え方から理解される。(5j) の最初の動詞

の主語は，観察者である一人称であり，「来た」というプロセスとともに動く。その結果，「来たら」の発話終了時，観察者は「来たところ」にいて直近から状況を眺めていることになる。「いなかった」の主語は，「誰」であってもよく，観察者が見るのはただ「もういなかった」という状況のみである。

(5d)　Als ich hier ankam, waren sie nicht mehr da.
　　　僕がここに着いたとき，彼らはもういなかった。

それに対し，ドイツ語で同じ状況を描写する場合，直近からの描写というより，ich や sie などが明示されている，一歩下がった位置からの「中立的な」描写になることが多い。[8] このように日本語では専らダイクシス的な，英語では主にアナファー的な情景描写が行われ，ドイツ語ではこれらの2つの方法がそれぞれ共存していると考えることができるだろう。[9]

3. 指示のしくみとテクスト構造

以上，代名詞の分布をもとに各言語における指示方法の違いを概観し，それが文の接続のタイプの違いをもたらすことを概観してきた。本節では，この指示のしくみの違いがテクスト構造全体に影響を及ぼすことを「省略」と「言い換え」という2つの現象に絞って見ていきたい。

3.1. 省略のタイプ：直示表現の省略

(5j) の例で見たように日本語では，「私」「ここ」「いま」「これ」など談話内の「直近」の対象物は言語化されないことが多い。[10] この「ダイクシス表現の省略」と言っていい現象は，ドイツ語にも（特に話し言葉に）広く見られる。

(6a)　[Da] Kannst du nichts machen.　　　（それじゃ）しかたがないね。
(6b)　[Das] Kann ich leider nicht sagen.　　（それは）残念だけど教えられない。

---

[8] Mikame (2005: 187) では，アナファー的指示を「聞き手の知識に依存するものであり，（話し手からの）遠近とは関係のない，いわば距離に関して中立的なもの」と述べている。
[9] 基本的にここで述べられている2つの指示のストラテジーは基本的にすべての言語で多かれ少なかれ普遍的に観察されるものであり，違いは「有無」というより程度の問題であると考えられる。
[10] 言語化される場合には，これらの「直近を指示するもの」は必然的に強調され対照の意味を帯びる。
　(i)　僕は知らない。（他の人はともかく）
　(ii) ここは禁煙だ。（あちらで吸ってください）

(6c) 　[Die/ Der] War ganz schön schlapp. （そいつは）もう完全に疲れ切っていた。
(6d) 　[Ich] Bin gestern hier angekommen. （僕は）昨日ここに着いた。
(6d') *Gestern bin hier angekommen.

　この「ダイクシス表現の省略」は，一定の規則に従っており，基本的に「直近の対象物」を文頭に置いてある要素と考え，その部分が「省略」されると考えることができる。英語にも，「ダイクシス表現の省略」は見られるが，その用法は主に一人称代名詞の省略に限られる。

(6e) 　[I] Wish you were here.
(6f) 　[I] Hope to see you again soon.

　このように省略，その中でもいわゆる語用論的省略に限って各言語を対照させていくと，前節で述べた指示の方法の違いによって，「省略のしやすさ」が異なることがわかる。話し手から近い距離から状況を描写するダイクシス型の傾向の強い日本語には省略が多く見られ，聞き手の知識に基づいて話し手が文を組み立てるアナファー型の指示が多い英語では省略は避けられ，ドイツ語はその中間的な言語として省略に関しても両言語の中間的な特徴を持っている。

3.2. 同一指示対象の「言い換え」によるテクスト結束性の形成

　日本語にはアナファー的な指示方法があまり用いられないという事実は，日本語話者のドイツ語学習者がテクスト理解の際に覚える「言い換え」の理解の問題にも反映している。[11] 一般にドイツ語や英語の（特にジャーナリズム的文体の）テクストにおいては，同語反復を避けるという傾向が強く，それゆえ同一対象が同じテクスト上でさまざまに言い換えられて表現されることがある。

(7) ジャーナリズム的文体における言い換え

　　Calmund erklärte, *er* habe sich bereits seit einiger Zeit Gedanken über seinen Rückzug aus dem Tagesgeschäft gemacht. Dies habe *er* aber so lange zurückgestellt, bis der Club wieder erfolgreich war. Mit Platz drei in der abgelaufenen Spielzeit und der damit verbundenen Rückkehr auf die internationale Bühne sei dies nun gelungen. In den

---

[11] Ide (2005) では，この問題が日本人ドイツ語学習者を被験者として行った実験をもとに論じられている。外国語学習者が習得の際に犯す間違いについては，いわゆる文のレベルの研究は多くあるが，テクストレベルでの研究は未だにあまり多くの研究がなされていない分野である。

vergangenen Jahren hatte *Calmund, der sich selbst als „Fußball-Verrückten" bezeichnet,* mehrfach einen Rückzug angedeutet. Vor allem am Ende der Saison 2002/2003 war *der übergewichtige Manager* gesundheitlich stark angegriffen, als „sein Club" nur mit Mühe im Endspurt der Saison den Abstieg in die 2. Liga vermeiden konnte. (Stern.de 09.06.2004)

カールムントは，しばらく前から日常的な業務から引退することを考えていたことを明らかにした。しかしながら，彼はこのことをチームが再び良い成績を上げるようになるまでは保留しておこうとしたということだ。今シーズン，チームは三位という成績を上げ，再び国際舞台に返り咲くことによって，このことに成功した。ここ数年来，この自らサッカー狂を自称するカールムントは，何度か引退をほのめかした。とりわけ「彼のクラブ」がやっとのことでシーズンの終わりになって2部リーグへの降格から逃れることができた2002・2003年シーズンの終わりには，この体重過多のクラブマネージャーは健康状態もかなり悪くなっていたという。

上のテクスト例では，同一の対象Calmundが様々に言い換えられている(er — er — Calmund, der ... — der übergewichtige Manager)。この「同一指示物の言い換え」は現代ドイツ語では重要な表現手段となっており，これによって「(指示物)の役割や機能の多面性を示す背景情報や付加情報を述べたり，話者の意見や推測や評価などを間接的に表現することが可能になっている (Polenz ²1988: 143)。この「同一指示物の言い換え」を支えているのは，上の例からもわかるように人称代名詞や冠詞などのアナファー的なつながりを表す表現手段である。この「言い換え」はテクスト上のアナファー的な結束性を基礎として，テクストの論の展開に多様性や奥行きをもたらすものと考えることができるだろう。

それゆえ「言い換え」は，アナファー的な指示方法が用いられることのない日本語においてはほとんど行われず，またそれゆえに日本人学習者にとって大きな習得上の課題になることが多い。Ide (2004: 2) が指摘するように，日本人学習者は，「様々に表現される対象物の間の結束性を構築することができず，指示名称が異なると指示対象も異なるものとして理解してしまう傾向にある」のである。

この現象において，ドイツ語・英語というアナファー的な結束性を持っている言語とダイクシス的テクスト展開を専らにする日本語という対立が見えてくる。いずれにせよ，指示の方法の違い（アナファー vs. ダイクシス）がテクス

ト構成の方法の違いに強く反映しているということが確認される。

4. まとめ

本稿では，ドイツ語，英語，日本語について，代名詞の体系の有無，また係り方の違いを概観し，それがその言語における基本的な記述のストラテジーといったものを成していると考えられることを示した。この指示ストラテジーは，当該言語の文法の基本構造を広く決定しており，その範囲は文のレベルを超えてテクスト構成に及んでいる。話し手が自分自身の距離から直接知覚する対象を記述するダイクシス的な指示では省略の多用が特徴的に見られ，一方，聞き手の知識を中心に叙述を行うアナファー的な指示においては，「省略」の代わりに人称代名詞を用いることにより中立的な記述が実現され，またこのアナファー関係を利用した「言い換え」を用いることによってテクストが展開されていくことになる。この他本稿では触れられなかったが，本稿で扱った指示のストラテジーの違いはドイツ語，日本語，英語のそれぞれの「文法」のいたるところにその反映を見ることができる。

参考文献

田中　愼（2005）「Plädoyer für Textgrammatik: 語と文とテクストのリンケージ」植木迪子編『テクスト文法が拓く地平』（日本独文学会研究叢書 036），6-28.

田中　愼（2006）「テクストのルール：中心化理論によるアナファーの記述」日本独文学会『ドイツ文学』第 127 号（Neue Beiträge zur Germanistik. Band 4/ Heft 5），30-48.

Abraham, W. (2003) Pronomina im Diskurs: deutsche Personal- und Demonstrativpronomina unter „Zentrierungsperspektive". Grammatische Überlegungen zu einer Teiltheorie der Textkohärenz. In: *Sprachwissenschaft* 27/4, 447-491.

Consten, M. (2004) *Anaphorisch oder deiktisch?: Zu einem integrativen Modell domänengebundener Referenz.* Tübingen: Niemeyer.

Diewald, G. (1991) *Deixis und Textsorten im Deutschen.* Tübingen: Niemeyer.

Duden (1995) *Grammatik der deutschen Gegenwartssprache.* 5. Auflage, hrsg. von Günther Drosdowski, Mannheim/Leipzig/Wien/Zürich: Dudenverlag.

Ehlich, K. (1979) *Verwendungen der Deixis beim sprachlichen Handeln: linguistischphilologische Untersuchung zum hebräischen deiktischen System.* Frankfurt am Main: Peter Lang.

Ehlich, K. (1982) Anaphora and Deixis: Same, Similar, or Different? In: Jarvella, J. / Klein, W. (Hg.) *Speech, Place and Action,* 316-338. Chichester: Wiley & Sons.

Ide, M. (2004) Ordnung der sachlichen und logischen Gliederung — Topik und Gedankenführung in mhd. Texten. In: Mattheier, K.J. / Nitta, H. (Hg.) *Sprachwandel und Gesellschaftswandel — Wurzeln des heutigen Deutsch*, 35-68. München: iudicium.

Ide, M. (2005) Substantivierung und Pronominalisierung aus kontrastiver Sicht. In: Narita, T. / Ogawa, A. / Oya, T. (Hgg.) *Deutsch aus ferner Nähe. Japanische Einblicke in eine fremde Sprache. Festschrift für Susumu Zaima zum 60. Geburtstag*, 213-233. Stauffenburg: Tübingen.

Mikame, H. (2005) Zur deiktischen und anaphorischen Referenz im Deutschen – Eine kognitiv-textlinguistische Untersuchung. In: Narita, T. / Ogawa, A. / Oya, T. (Hgg.) *Deutsch aus ferner Nähe. Japanische Einblicke in eine fremde Sprache. Festschrift für Susumu Zaima zum 60. Geburtstag*, 185-211. Tübingen: Stauffenburg.

Polenz, P. v. (^{2}1988) *Deutsche Satzsemantik. Grundbegriffe des Zwischen-den-Zeilen-Lesens*. Berlin/New York: Walter de Gruyter.

Tanaka, S. (2006) Satzstruktur und Textorganisation – deiktische und anaphorische Referenzstrategien (Manuskript für einen Gastvortrag an der Universität Hamburg, Juli 2006).

Walker, M. A. / Iida, M. / Cote, S. (1994) Japanese Discourse and the Process of Centering. In: *Computational Linguistics* 20, 193-223.

Zifonun, G. / Hoffmann, L. / Strecker, B. et al. (1997) *Grammatik der deutschen Sprache*. 3 Bände (Schriften des Instituts für Deutsche Sprache 7, 1-3). Berlin/New York: de Gruyter.

VII 動詞の用法を探求する

21. 非人称存在文の
コミュニケーション的機能について
―― „Es gab eine Zeit, wo ..." などの構文をめぐって ――

湯淺英男

1. はじめに

「存在文」(existential sentence) の典型として，英語では there に be 動詞が続く there 構文を思い浮かべるが，ドイツ語でそれに相当するものは，非人称主語 es を用いた es gibt の構文であろう。本稿ではこれを非人称存在文と呼ぶことにする。ところでこうした存在文についてわれわれは，具体的な物（あるいは人）がある場所に存在することを表わすと考えがちであり，手持ちの英和辞典で there 構文を調べても最初に挙がっている例文は，There is a book on the desk.（『コンサイス英和辞典』，第 13 版，2001）である。しかしながら総語数約 1 億語の British National Corpus を用いて there 構文を分析した今道 (2006a, 2006b) によれば，There is a + N. の N に入る上位 50 位までの名詞を見ても，ほとんどが need, danger, tendency, difference, problem, sense 等々の抽象的概念を表わす名詞で，具体的実体的な存在物は 33 位に man が入るのみである。言い換えれば，「本は机の上にある」といった「存在」の表現ではなくて，「～については必要性がある」といったある種の抽象的概念的属性表現が，少なくとも現代英語においては there 構文の本来的用法となっている。[1] 英語の there 構文同様，ドイツ語の es gibt という非人称存在文にも「存在する」とは異なる意味がないのか，あるいは何らかのコミュニケーション的機能を有してはいないのかを探るため，本稿では経験的用法的立場からいくつかの考察を行なってみたい。そしてここでは，18 世紀から 20 世紀初頭にわたる文学作品を収めた „Deutsche Literatur von Lessing bis Kafka" (Berlin: DIRECTMEDIA Publishing GmbH, 1998) を，コーパスとして用いることにする（上記コーパスを本稿では DL と略記する）。

---

[1] 今道 (2006b) には，英語の分析とパラレルな関係にある，マンハイム・ドイツ語研究所のコーパスを用いたドイツ語の非人称存在文の分析もあるが，対格名詞の意味的具体性・抽象性が主な論点であるため本稿では特に立ち入らない。

2. 非人称存在文における対格名詞句の意味論的性格
2.1. 定名詞句か不定名詞句か——「新情報」呈示の機能

　英語で存在を表わす *there* 構文は，「談話の中に新しい話題を導入する機能をもつのであるから，その新しく導入される要素は本来新情報をになうものでなければならない」とされる（中村 1980: 500）。これを形式的文法的に言えば，「一般に不定名詞句に限られる」ということになる（中村 / 金子 2002: 82）。このことは，ドイツ語においても一般にはあてはまる可能性がある。例えば中川 (1999: 3) は das Bonner Zeitungskorpus を用い，es gibt のあとに対格名詞句が続く語順 の非人称存在文について，出現する名詞句を計量的に分析している（中川は文の最初の成分のあとに gibt es と逆の語順で続く場合も調べているが，本稿ではこれには触れない）。そこでは上記コーパス冒頭から 200 例の当該構文を調べており，その結果に基づけば，わずか 10 例 (5%) しか対格名詞句に定名詞句は用いられず，それ以外はすべて不定冠詞・否定冠詞及び無冠詞の名詞句という結果になっている。中川は新聞というジャンルのコーパスを用いて分析したが，われわれは先に触れた DL という文学作品中心のコーパスを用いてこの点を確認してみたい。上記論文で中川は，分析対象の動詞 geben を現在形に限っているが，本稿では geben が過去形である用例のみ扱い（これは DL 内のほとんどの作品が小説で過去形の用例が多く，集めやすいため），かつ中川 (1999) が「正語順」と呼ぶ es gab という語順に限定して調べる。

　そこでまず，es gab のあとにどのような対格名詞句が来る場合を「定」(definite) あるいは「不定」(indefinite) と規定するのかを明らかにしておきたい。その前提として，DL の中に総数で 421 例出現した，[2] es gab の語順をとる当該構文を，出現する対格名詞句の冠詞等の有無・種類及び名詞の単・複の区別に従ってどのように分類したのか，具体例と共に示しておく（以下，イタリック体での強調は湯淺によるものであり，例文は作家名と DL 総ページ中のページ数のみ記載）。

(1) a. 不定冠詞が付加された単数名詞句の場合（形容詞などの付加語の有無は問題としない。また 1 例のみであるが，einen のような対格の不定代名詞が来る場合も含む）

---

[2] 出現回数を数えるに際し，本稿では同格として挙げられている場合を除き，同一の es gab に und や oder 等を用いて複数回当該対格名詞句が挙げられている場合は，別個のものとして数え上げた。ただ，Allein es gab auch *Mittel und Wege*, die (...).（しかし…のような方法手段もあった）(Forster, 16976) のような対句的表現の場合には一つとして数えた。

Es gab *ein Gezänk* mit der Polizei, (...).
警察との間に言い争いがあった (B. v. Arnim, 3111)

b. 否定冠詞が付加された単・複の名詞句の場合（形容詞などの付加語の有無は問題としない）
Es gab also *keine Ruhe*, nicht einmal im Tode; (...).
つまり静寂はなかった，死の中にすらなかった (Rilke, 81793)

c. 無冠詞で，複数名詞のみの場合
Es gab aber *Ausnahmen* von dieser Einteilung, (...).
しかしこの区分には例外もあった (Kafka, 55582)

d. 「定」の意味を伴わない付加語のある複数名詞句の場合
Es gab *unzählige Fragen*.　無数の問があった (Novalis, 75677)

e. 無冠詞で，単数名詞のみの場合
Es gab nur *Bewegung* in der Natur; (...).
自然の中には動きのみがあった (Rilke, 81793)

f. 「定」の意味を伴わない付加語のある単数名詞句の場合
Es gab *gewaltigen Lärm*, (...).
ものすごい騒音があった (Klingemann, 62890)

g. 不定代名詞の場合（nichts のような否定の意味をもつもの，後ろから形容詞あるいは zu-不定詞句で修飾されるものも含む）
Es gab *nichts Kostbares* mehr *zu zerreißen*.
もはや引き裂かれるべき高価なものは何もなかった (Heine, 40124)

h. 定冠詞などが付加された単・複の名詞句の場合（形容詞などの付加語の有無は問題としない）
Es gab *das bekannte dumpfe Gepolter* (...).
聞き覚えのある鈍いドスンドスンという音が生じた (Raabe, 79039)

ここで上記の分類基準をふまえて「定」「不定」を規定するならば，本稿では最後の定冠詞等が付く (1h) のみを「定」とし，他はすべて「不定」と見做す。また (1) に従って DL 内の当該対格名詞句 421 例を分類・整理すると，それぞれの出現比率等は (2) のようになる（本稿における百分率はすべて小数点以下第二位を四捨五入して示し，項目の表記も簡略化した）。

(2) es gab のあとに来る対格名詞句の分類と出現回数・比率（総数：421例）

不定冠詞＋単数	否定冠詞＋単・複	無冠詞＋複数	付加語＋複数
107	73	74	76
25.4%	17.3%	17.6%	18.1%

無冠詞＋単数	付加語＋単数	不定代名詞	定冠詞等＋単・複
24	24	30	13
5.7%	5.7%	7.1%	3.1%

従って，定名詞句と不定名詞句の出現回数や比率も (3) のようになる。

(3) es gab のあとに来る定名詞句と不定名詞句の出現回数と比率

定名詞句	不定名詞句
13 (3.1%)	408 (96.9%)

　このように DL を使った非人称存在文の対格名詞句の頻度分析（語順は es gab，時制は過去形に限定）からすれば，ほぼ 100 パーセントに近い確率で，不定の名詞句が es gab に後続していると見做せる。これは先に示した中川 (1999) の新聞コーパスの分析結果より，さらに不定の比率が高まっている。上記のような分析を基にすれば，ドイツ語の非人称存在文も英語の there 構文同様，談話の中に新しい話題・情報を導入する機能を持っていると言えるであろう。例えば Weinrich (1993:398) は，es gibt の構文を「呈示的連辞」(Präsentativ-Syntagma) と呼ぶ。これは es という「地平代名詞」(Horizont-Pronomen)——換言すれば，「テーマ的中立代名詞」(thematisches Neutral-Pronomen, Weinrich 1993: 389) のこと——を用い，後続する名詞を「目立つ」(auffällig) ように呈示する「地平表現」を意味する。Weinrich は不定冠詞を「後方照応的」(kataphorisch) な冠詞と見做し，「その後方照応性と es gibt を使っての焦点化 (Fokussierung) が，注意を向けさせる信号 (Aufmerksamkeitssignale) となっている」と述べる (Weinrich 1993:398)。これはある意味で，ドイツ語非人称存在文のコミュニケーション的機能を文法的構文的に説明したものと言える。

2.2. 「eine Zeit ＋関係文」の構文について――出来事の呈示

　英語の there 構文では，抽象的概念を表わす名詞が多用されていることを冒頭で紹介したが，ドイツ語の非人称存在文においても，出現頻度の高い名詞や形式が存在する。例えば DL の過去形当該構文を分析した限りでは，関係文を後ろに持つ eine Zeit（時代）や Zeiten（時代［複］）が対格名詞句になっていることが比較的多い。なお当該構文の目的語における eine Zeit 及び Zeiten の突出した出現頻度については，今道 (2006b:122f.) も参照。またそれ以外でも，einen Augenblick（瞬間），eine Epoche（時期），ein Zeitalter（時代），Jahrhunderte（世紀［複］），Tage（日々［複］），Abende（晩［複］），Stunde（時間）など，時間概念に関わる単・複の対格名詞句に関係副詞 wo や「in ＋関係代名詞」が接続し，関係文が続く形式も目に付く。ここでは関係文を従え，なおかつ形容詞なども付加されない eine Zeit, Zeiten, einen Augenblick, Augenblicke の場合を抽出し，その出現頻度を見ておく。

(4) a. 不定冠詞が付く単数名詞句の分類（総数：107 例）

eine Zeit ＋関係文	einen Augenblick ＋関係文	その他
19（17.8%）	3（2.8%）	85（79.4%）

　b. 冠詞等も付かない複数名詞のみの場合の分類（総数：74 例）

Zeiten ＋関係文	Augenblicke ＋関係文	その他
9（12.2%）	7（9.5%）	58（78.4%）

　上記の (4) の a，b のどちらにおいても，Zeit(en), Augenblick(e) の二つの名詞句を合わせれば，それぞれの種類の名詞句グループ内で 2 割を超えており，決して少ない出現頻度とは言えない。ここでは eine Zeit が対格名詞句となる例を三つ紹介しておこう。

(5) a. (…); es gab für die meisten *eine Zeit*, wo sie viel dachten und der Religion vergaßen; (…).　たいていの人たちにとって，たくさんのことを考えて，宗教のことを忘れてしまう時代があった (A. v. Arnim, 560)
　　b. (…), es gab *eine Zeit*, wo diesseits und jenseits des Flusses Deutsche wohnten; (…).　河のこちら側と向こう側にドイツ人が住んでいた時代があった (Fontane, 12301)

c. Es gab *eine Zeit,* in der ich Tag um Tag in eine Kirche ging, (...).
私が毎日毎日教会へ行っていた時代があった (Kafka, 56413)

どうしてこのような構文が多いのか理由を考えておきたい。前述したようにWeinrich は当該構文に「呈示的」機能を認めているが，(5) を例にとればどれも eine Zeit に焦点が当てられ，その名詞句が呈示される。しかしながら eine Zeit だけでは，あまり意味のある情報とは言えず，関係文が eine Zeit を制限的に規定して初めて eine Zeit は意味を持ち，文としても意味のある情報伝達が可能となる。つまり eine Zeit という不特定の，言い換えれば「不定」の名詞が持つ後方照応機能及び関係文との制限的な被修飾関係によって，後続の「出来事」にも焦点が当てられることになる。DL のコーパスの中には，例えば出来事の生起する「空間」を「不定」な場所と規定する Es gab Stellen, wo ...（…する場所があった）や，出来事そのものを総体としては「不定」なものとして捉える Es gab Fälle, wo ...（…という事例があった）のような関係文付き不定名詞句表現も存在する。この種の非人称存在文は，「時間」「空間」「事例」といった，定的な出来事を包摂する上位の意味的レベルの名詞句を「不定」として扱い，そのことで出来事全体をも焦点化し新情報として呈示しているのである。[3]

2.3. 「音」「声」の対格名詞句について ―「生起」と「存在」の関わり

当該の非人称存在文においては，DL で収集した例文を見る限り，「音」や「声」を表わす対格名詞句の出現が多いように思われる。ここでは不定冠詞のついた対格名詞句に限って，実際にどのような名詞が現われるのかを示しておきたい。複数回出現する名詞句は (6a) に，また1回の出現だが，これと同種の意味的分類に入ると思われるものは (6b) に挙げた。

(6) a. Ton（音），Lärm（騒音），Krach（騒音），Geschrei（叫び声）
    b. Klang（響き），Echo（こだま）

また「音」「声」の発生行為を表わす動詞から派生した名詞や，「音」「声」を必然的に伴う行為を意味する名詞を含めれば，使用頻度は一層上がる。例え

---

[3] 英語において安藤 (2005: 766) は，「there is a sense in which という言い方は，特に学術書において 'in a sense'（ある意味では）と同義によく使用される」と述べている。このことは a sense より，むしろ関係文のほうにコミュニケーション上の焦点が当たっていることを示している。

ば，以下の名詞がこの種の名詞と言える。

(7) Gelächter（笑い声），Gemurmel（つぶやき），Zischeln（ささやき），Aufatmen（吐息），Unterredung（話し合い），Durcheinanderreden（言葉のやりとり），Hin- und Widerreden（言葉の応酬），Begrüßung（挨拶），Schlag（打撃音），Gezänk（喧嘩），Streit（争い）等

さらに言葉や歌に関わる名詞として，Wort（言葉），Reim（韻）なども対格名詞句として現われる（上記のような「音」に関わる名詞の出現状況は，(1) の諸例でも幾分伺われる）。

このように「音」「声」に関わる名詞句の出現にわれわれが注目するのは，英語の there 構文との共通性も見て取れるからである。例えば信頼性の高い Longman Corpus Network を基礎資料とした『ロングマン英和辞典』(桐原書店，2007) では，「発生」「出現」の文脈を形成する there の用法に，(8) のような例文が挙げられている。

(8) a. Suddenly there was *a loud crash*.
    b. There appeared to be *a debate* going on.
    c. There came *a knock* at the door.
    d. There followed *several long speeches*.

つまり there 構文に出現する (8) の名詞句は，すべて (6)(7) で挙げた「音」「声」に関わるドイツ語の名詞句と同種と言ってよい。なお英語では be 動詞以外でも，「出現」等に関わる自動詞が使われているが（中村／金子 2002, 安藤 2005 参照），このことは，慣用句と化したドイツ語の es gibt と比べ，英語の there 構文の方がアスペクト的表現に関し依然柔軟な構造を持っていることを示している。

ドイツ語の非人称存在文においてわれわれは「存在する」という意味をまず考えるが，「音」「声」の対格名詞句の出現回数の多さは，「発生」「生起」「出現」といった意味がかなり優勢であることを予想させる。あるいは es gibt 自体が持ち得る「存在」という意味と，「発生」等の意味との区別が文法的には――例えば両方の意味に関わる動詞を包含する「能格動詞」(ergative verb) という範疇に見られるように――かなり希薄であって，名詞自体の意味が，自らにふさわしい述語的意味を選択し，それを前景化しているにすぎないとも言える。

3. おわりに

　本稿では主に DL をコーパスに用いて，ドイツ語の非人称存在文の分析を進めた。そして当該構文には，例えば eine Zeit や Zeiten などを対格目的語にとりながら，焦点は実質的には主文内要素ではなく，むしろ出来事が表現されている後続の関係文に当てられ，主文の対格名詞句自体は，その出来事が生起する「不定」の時間として，新情報の開始を告げる先駆け的信号機能を果たしている例が多く確認された。あるいは「音」「声」あるいはその発生源である出来事・行為の生起を，レーマにふさわしい新たな情報としてコミュニケーション上，際立たせて「呈示」している例も目立った。このようにドイツ語の非人称存在文には，単純な形式にも拘らず多様な，そして極めて特徴的な用法・機能が潜んでおり，今後なお一層の解明が俟たれる。

参考文献（本文で言及したコーパス，辞書は除いた）
安藤貞雄（2005）『現代英文法講義』開拓社．
今道晴彦（2006a）「There 存在文における定性と不定性の関わり——BNC に基づく分析を手掛かりとして——」言語文化学会『言語文化学会論集』第 27 号，67-82．
今道晴彦（2006b）「現代英語および現代ドイツ語における存在構文の成立条件について——言語コーパスに基づく分析を手掛かりとして——」神戸大学博士論文．
中川裕之（1999）「es gibt 存在構文の文構成」大阪外国語大学外国語学部ドイツ語研究室『Sprache und Kultur』第 32 号，1-15．
中村　捷（1980）「There 分裂文」『英語青年』2 月号，20-22．
中村　捷／金子義明編（2002）『英語の主要構文』研究社．
Weinrich, H. (1993) *Textgrammatik der deutschen Sprache.* Mannheim/Leipzig/Wien/Zürich: Dudenverlag.

22. kommen の使用条件
――ダイクシスと意味の観点から――

渡 辺 伸 治

1. はじめに

　日本語のクルに対応するドイツ語を一つあげるとすれば，kommen ということになろう。しかし，もちろん，クルと kommen の使用条件は完全に一致するわけではない。本稿の目的は，具体的な移動を表す kommen のダイクシスに関する使用条件を，意味を関連させながら簡潔に記述することである。論述の流れは，kommen の使用条件がどの様に精密化されてきたか，先行研究を基本的には年代順に追っていくという形を取るものとする。また，最後に，視点に基づく kommen の分析の問題についても触れることにする。

2. kommen の使用条件

2.1. Fillmore (1972) ／渡辺 (2007)

　Fillmore (1972:6) は come の使用条件をいくつか規定しているが，本稿では次の四つの場合が問題になる。[1]

1) 次の条件が最低限一つ満たされていると想定される場合に使用できる：

　(C-1) 発話時に話し手が到着点にいる
　(C-2) 到着時に話し手が到着点にいる
　(C-3) 発話時に聞き手が到着点にいる
　(C-4) 到着時に聞き手が到着点にいる

　(1) が適格になるのは，(C-3) あるいは (C-4) のどちらか一方が満たされているか，ともに満たされている場合ということになる。

(1)　I will come there tomorrow. (p.7)

---

[1] 厳密に言えば，Fillmore (1972) は当該の規定を明示的に使用条件として記述しているわけではないが，本稿では使用条件として論を進めていく。なお，ここで詳しく考察する余裕はないが，イク/クルを分析した大場 (1997) は，使用条件と意味を分けて考える必要があることを述べている。

2) 到着時に到着点が home base の場合：

　1)に挙げた条件が満たされていなくとも，(2)のように，到着点が話し手，聞き手の自宅のような場合（Fillmore は home base と名付けている）には come を使用できる。

(2)　Fred came to my apartment twice last week while I was gone. (p.10)

3) 移動の結果として，移動主体（以下，主語で表される人という意味とする）が到着点で話し手，聞き手に出会うことが想定されている（されていた）場合：[2]

　(3)が適格なのは，1)，2)の条件は満たされていないが，移動主体が到着点で話し手と出会うことが想定されていたからである。

(3)　She came to the corner where we were going to meet, but I'd got stuck in traffic and never made it. (p.10)

4) 移動主体が話し手，聞き手といっしょに移動する場合：[3]

　(4)が適格なのは，移動主体が話し手と移動するからである。

(4)　She'll come home with me. (p.11)

　以上，come に関する Fillmore (1972) の使用条件であるが，1)の条件の (C-2)，(C-4) は到着時を問題にしている。しかし，渡辺 (2007) は，移動主体の到着時と話し手，聞き手の到着時の前後関係は必ずしも確定できる，あるいは，意識されるとは限らないとしている。そして，到着時という時点を考慮しない坂本 (1988)，Sitta (1991)[4] を参考に，3)の条件がこれらの条件にとって代わるとしている。

---

[2]　「出会い」という要素は，Fillmore (1972:11)，ならびに，日本語のクルに関して坂本 (1988:54) が挙げているが，3)の記述はこのままの形で Fillmore，坂本が挙げているわけではない。詳しくは渡辺（2007）を参照されたい。

[3]　4)の記述はこのままの形で Fillmore が挙げているわけではなく，筆者が Fillmore の説明をまとめたものである。

[4]　Sitta (1991:166) は，kommen には，1) 発話時に話し手，聞き手がともに到着点にいる場合の用法，2) 話し手か聞き手のどちらか一方に関係する (entweder auf den Produzenten oder aber den Adressanten bezogen) 用法，3) 到着点が場所を表す方向副詞類で明示化されている用法の三つの用法があるとしている。ただし，Sitta は，2)ではどのように「関係」するのかは述べていない。

以上，come の使用条件を記述したが，すべて，ドイツ語の kommen にも当てはまるものである。まとめると次のようになる。

kommen の使用条件 1：最低限次のどれか一つの条件が満たされている場合に使用できる

条件 1：発話時に話し手そして / あるいは聞き手が到着点にいる

条件 2：到着時に到着点が話し手そして / あるいは聞き手の home base

条件 3：移動の結果として，移動主体が到着点で話し手そして / あるいは聞き手に出あうことが想定されている（されていた）

条件 4：移動主体といっしょに話し手そして / あるいは聞き手が移動する

2.2. Rauh (1981) ／ 渡辺 (1986) ／ Watanabe (2003)

　Rauh (1981) は，上で挙げた Fillmore の 1) の条件はドイツ語の kommen にも当てはまるとした上で，kommen は，come と異なり，次の性質を持つとしている。

(5) 到着点が方向規定詞によって明示されている場合にはダイクシスに関する制約が中立化する

　すなわち，到着点が方向規定詞によって明示されている場合には，1) の条件が満たされていなくとも kommen は使用できるようになるということである。[5] 例えば，話し手と聞き手が駅以外の同じ場所にいるとする (6) は，上の使用条件 1 が満たされていないが適格である。

(6)　Wie komme ich zum Bahnhof?　駅にはどう行けばいいでしょう？

　(6) を見る限りでは，Rauh の指摘は正しいことになるが，実は不十分である。到着点が方向規定詞によって明示されている場合でも，kommen の使用が不適格になる場合があるからである。見ていこう。

　渡辺 (1986), Watanabe (2003) は，Shirooka (1984) が規定する意志動詞，無意志動詞の二分類に基づき，Rauh の指摘が当てはまるのは，無意志動詞の kommen のみであることを指摘している。城岡の意志動詞，無意志動詞の分類とは，形式的に，例えば，命令形で用いられている場合を意志動詞，「Ich

---

[5]　Rauh は Fillmore の 2) から 4) の使用条件には言及していないが，これらの使用条件も満たされていないことが前提になる。

hoffe, dass ich 動詞（現在形）（私は，私が（動詞（現在形））ことを願っている）」という文型で用いられている場合を無意志動詞と規定するものである。

例えば，(7) の環境は，(6) と同じく話し手，聞き手が駅以外の同じ場所に位置し，上で挙げた使用条件1が満たされていないものとする。

(7) a.*Kommen Sie gleich zum Bahnhof!　すぐ駅に行ってください！
b. Ich hoffe, dass ich zum Bahnhof komme, wenn ich diesen Weg nehme.　この道を行くと，駅に着けばいいのですが。

この場合，意志動詞の kommen であることが明示されている (7)a は，到着点が方向規定詞によって明示されているにも関わらず不適格になる。一方，無意志動詞の kommen であることが明示されている (7)b は適格になる。意志動詞の kommen ではダイクシスの制約は中立化しないのである。なお，(7)a が不適格になるのは，kommen に意志動詞の用法がないからではないことは，上で挙げた使用条件1の条件1が満たされている環境とする (8) が適格なことから明らかである。

(8)　Kommen Sie gleich hierher!　すぐここに来てください。

以上まとめると次のような使用条件になる。

kommen の使用条件2：無意志動詞の kommen は，到着点が方向規定詞によって明示されている場合には，ダイクシスに関する制約が中立化する

なお，ここで規定する無意志動詞とは言語的な概念であり，言語外世界の問題としての意志とは無関係であることには注意が必要である。例えば，(6), (7)b では，もちろん，移動主体である話し手は駅に行く意志を持っているのである。

2.3.　渡辺 (1994)

渡辺 (1994) は kommen のダイクシスと意味の関係を考察している。そこでは，kommen は意味的に $kommen_1$ から $kommen_3$ の三つのタイプに分類され，すべての kommen は［＋方向性］と［＋到達］を持つとされている。違いは，移動に関する素性が［＋能動移動］($kommen_1$) か，移動に関する素性を持たない[6]（$kommen_2$）か，［＋受動移動］($kommen_3$) かであるが，この違

---

[6]　$kommen_2$ が移動に関する意味素性を持たないという記述が妥当かどうかは検討する必要がある。

いは，Rauh (1981) のダイクシスの制約の中立化と関連していると述べられている。また，類義語の観点から，例えば，kommen₁ は (9)a のように fahren と，kommen₂ は (9)b のように gelangen と，kommen₃ は (9)c のように受動態と同じグループを形成するとされている。

(9) a. Kommen/fahren Sie hierher!　　　ここに来てください。

　　b. Er ist ans Ufer gekommen/gelangt.　彼は岸に着いた。

　　c. Er kommt ins Lager/wird ins Lager geschickt.
　　　彼は収容所に送られる。

以上，渡辺 (1994) の考察は，意志動詞，無意志動詞の分類も関連させると，次の表のようにまとめられる。

	[移動]	ダイクシスの制約	意志性	類義表現
kommen₁	[＋能動移動]	あり	意志動詞	fahren
kommen₂	素性持たない	なし	無意志動詞	gelangen
kommen₃	[－受動移動]	なし	無意志動詞	受動態

2.4. Di Meola (1994)

　Di Meola (1994) は，渡辺 (1986, 1994)，Watanabe (2003) 同様，kommen はダイクシス用法と非ダイクシス用法を持つと指摘している。しかし，この二分類は，渡辺 (1986)，Watanabe (2003) の意志動詞，無意志動詞の二分類とは異なることには注意が必要である。Di Meola のダイクシス用法は，上で挙げた Fillmore (1972) の come の使用条件が成立している環境で用いられた kommen という意味であり，非ダイクシス用法の kommen はそれ以外の環境で用いられた kommen という意味である。すなわち，kommen 自体の分類ではなく，kommen が使用されている環境の分類なのである。従って，Di Meola の非ダイクシス用法の kommen は，原理的に渡辺 (1986)，Watanabe (2003) の無意志動詞の kommen であるが，無意志動詞の kommen が come の使用条件が成立している環境で用いられる場合には，Di Meola の分類では，定義上，ダイクシス用法の kommen ということになる。[7]

---

[7] kommen に関する Di Meola (1994) のダイクシスの考え方の問題点に関しては，渡辺 (1996)，Watanabe (2003) を参照されたい。

Di Meola (1994:48, 60) は，意味に関しては，kommen は［＋接近］の用法と［＋到達］の用法があることを述べ，それぞれの用法は次のような形でダイクシスに対応している旨，指摘している。

(10) a. Sieh mal, da kommt mein Bruder! (p.60)
　　　　ほら，お兄さんがやって来る！　　　　［＋接近］ダイクシス用法
　　b. Mein Bruder ist gerade gekommen. (p.60)
　　　　お兄さん，ちょうど来たところです。　　［＋到達］ダイクシス用法
　　c. Mein Bruder ist bis nach Japan gekommen. (p.60)
　　　　お兄さん日本まで行ったんだよ。　　　　［＋到達］非ダイクシス用法

ポイントは，［＋接近］の用法はダイクシス用法のみ持つということである。これは基本的には正しいが，本稿では，次のように精密化した形で一つの独立した使用条件として規定する。

kommen の使用条件 3：移動主体が話し手そして / あるいは聞き手に接近する場合に用いられる

この使用条件では上で挙げた kommen の使用条件 1 における条件 2 (home base)，条件 3（出会い）が無関係になっていることが重要である。すなわち，［＋接近］という意味の kommen は，あくまで，物理的に話し手そして / あるいは聞き手に接近する場合にのみ使用できるということである。また，この使用条件では発話時という時点は必要ない点も重要である。

それでは，［＋接近］という意味の kommen は意志動詞なのだろうか，あるいは，無意志動詞なのだろうか。この点に関しては，接近の用法であることを明示する näher という語句と共起した (11)a が適格になり，(11)b が不適格になることから，意志動詞であると規定できよう。

(11) a. Kommen Sie näher!　　　　　　もっと近づいてください。
　　b. *Hoffentlich komme ich näher.　願わくばもっと近づければ。

3. kommen と視点

前節では具体的な用法の kommen がどの様な使用条件を持つのか記述したが，本節では「視点」に基づく kommen の分析の問題を考察する。[8]
　言語研究においては「統一的説明」というものが志向され，ある概念で説

---

[8] 視点概念の多様性については渡辺 (1999) を参照されたい。

明できる現象が多ければ多いほどその概念は有効であると考えられている。この考え方自体は妥当であるが，統一的説明の際に用いられる概念がどのような性質を持つものなのか意識しておく必要がある。kommen の場合も視点という概念を用いて次のような使用条件を持つと統一的に記述することもできる。

(12)　kommen は視点が到着点にある場合に使用できる

　この使用条件は直感的にはうなずけるものがあるかもしれない。しかし，この使用条件が正しいことを証明するためには，まず，視点とは何か定義する必要がある。また，定義された視点が到着点にあることを kommen の使用とは独立に明示する必要がある（kommen が使用されていることを視点が到着点にあることの現れとすることは循環論である）。そして，視点が到着点にあることが明示された環境でのみ kommen を使用できれば，この使用条件は正しいことになる。しかし，管見の及ぶ限りこのような点を考慮に入れて kommen の使用条件を統一的に記述した研究はない。それでは，(12) は上のような過程を経ないで記述した場合には何を言っていることになるのであろうか。考えてみよう。

　この場合には，この記述は前節で挙げた様々な具体的な使用条件をまとめて「kommen は，使用条件1から4のうち最低限一つが満たされていれば使用できる」とした場合と同じ意味を持つと考えられる。使用条件1から4における到着点のことを視点が置かれている到着点とレッテルを貼っているという意味である。到着点に視点がある場合に kommen が使用されるのではなく，kommen が使用されている場合の到着点のことを視点が置かれている到着点とレッテルを貼っているということである。(12) の記述のレッテル的な性質は，(12) の記述だけでは kommen の使用条件を記述したことにはならないことに表れている。例えば，ドイツ語学習者は，kommen は (12) の使用条件を持つことを学んだとしても，前節で見たような具体的な使用条件を学ばなければ正しく kommen を使用できるようにならない。また，英語の come，日本語のクルも視点という概念を用いれば (12) の使用条件を持つことになるが，(12) だけでは kommen / come / クルの違いは説明できない。さらに (12) に基づくと別の問題が生じる場合もある。例えば，hin は視点に基づけば (13) のような使用条件を持つことになろう。

(13)　hin は視点が出発点にある場合に使用できる

　そうすると，hinkommen という動詞は，hin が視点が出発点にあることを

要求し，kommen が視点が到着点にあることを要求するため，原理的には存在しなくなる。しかし，もちろんこの動詞は存在するのである。

4. おわりに

本稿では，具体的な用法の kommen がダイクシスに関するどの様な使用条件を持つか，意味と関連させ考察し，使用条件 1 から 4 を規定した。また，最後に，視点に基づく kommen の分析の問題点を考察した。この問題は，言語研究における概念設定，統一的説明には注意が必要なことをよく表しているといえよう。

参考文献

大場美穂子（1997）「移動を表す動詞「行く・来る」の使用法について」『東京大学言語学論集』16, 153-172.

坂本比奈子（1988）「日本語の動詞『行く／来る』とタイ語の動詞 pay/maa の対照研究」『麗沢大学紀要』47, 41-74.

渡辺伸治（1986）「ドイツ語移動動詞 kommen におけるダイクシス特性中立化について」東京大学詩・言語同人会『詩・言語』29, 1-11.

渡辺伸治（1994）「kommen のダイクシスと意味」日本独文学会『ドイツ文学』第 93 号, 125-133.

渡辺伸治（1996）「書評：Claudio Di Meola: *kommen* und *gehen*」『阪神ドイツ文学論攷』38, 135-139.

渡辺伸治（1999）「「視点」諸概念の分類とその本質」大阪大学『言語文化研究』25, 389-402.

渡辺伸治（2007）「英独オランダ語のダイクシス動詞── go/gehen/gaan と come/kommen/komen」大阪大学言語文化研究科『言語における時空をめぐって．言語文化共同研究プロジェクト 2006』, 41-50.

Fillmore, C. J. (1972) How to know whether you're coming or going. In: *Descriptive and Applied Linguistics 5* (Tokyo: I.C.U.), 2-17.

Rauh, G. (1981) On *coming* and *going* in English and German. In: *Papers and Studies in Contrastive Linguistics 13*, 53-68.

Shirooka, K.(1984) Zur Problematik der Absichtsverben und der absichtsfreien Verben. In: *Doitsu Bungaku* (Japanische Gesellschaft für Germanistik) 73, 138-149.

Sitta, G. (1991) *Deixis am Phantasma. Versuch einer Neubestimmung* (Bochumer Beiträge zur Semiotik 31). Bochum : Brockmeyer.

Watanabe, S. (2003) Zur Deixis *kommen, bringen* und *mitbringen*. In: *Zeitschrift für germanistische Linguistik 30/3*, 342-355.

23. 分離・非分離動詞 durchfahren と対応する基礎動詞表現について

黒 田　　廉

1. はじめに

　分離・非分離前綴りの使い分けについては，一般に前綴りが具体的・空間的意味の場合は分離，抽象的・比喩的意味の場合は非分離というものがよく知られている。[1] Helbig/Buscha (1991: 223f.) にも前者の例として (1) が，後者の例として (2) が挙げられている。

(1) Er hat sich eine Jacke übergeworfen.　　　彼は上着を羽織った。
(2) Er hat sich mit seinem Nachbarn überworfen.　彼は隣人と仲違いした。

　しかし，しばしば指摘されるように，この「具体的・空間的」か「抽象的・比喩的」かという基準には例外も多い。Helbig/Buscha も，(3) や (4) のような，非分離でも具体的・空間的意味が表されている例を挙げている。

(3) Die Sportlerin überspringt die Höhe von 1,90m.
　　スポーツ選手は 1.90m の高さを跳び越える。
(4) Das Flugzeug hat das Gewitter durchflogen.
　　飛行機は雷雨を通り抜けた。

　上述のような意味による基準に対し，前綴りを同形の前置詞と関連づけて説明するやり方もみられる。

(5) Er fährt durch den Park.　　彼は公園を通る。
(6) Er durchfährt den Park.　　彼は公園を通過する。
(7) Er fährt durch.　　　　　　彼は通過する。

　Wunderlich (1983), Olsen (1994) は，(5) の前置詞の目的語 den Park が動詞の目的語とされることにより (6) が形成され，(7) は den Park が省略される

---

[1] Eroms (1982), Fleischer/Barz (1993: 343), 中山 (2001: 97) などにも同様の記述がみられる。

ことにより，²形成されたとする。³このような説明では，前綴りが分離した文（以下，「分離動詞文」），分離していない文（以下，「非分離動詞文」）が，基本的には同じ意味を表す基礎動詞と前置詞句から成る文（以下，「基礎動詞文」）の派生形としてとらえられている。⁴

では，実際にそのような対応関係は認められるのであろうか。認められる場合，「分離動詞文」「非分離動詞文」と「基礎動詞文」とは形式面以外にどのような違いがあるのだろうか。先行研究ではしばしば作例を用いて考察が行われているが，⁵本稿では実際に使用されている例に基づき，durchfahrenの場合について基礎動詞表現と比較しつつ，各表現のおおよその特徴および傾向を述べる。対象としてdurchfahrenを選んだのは，分離，非分離どちらも可能で比較に適当であり，⁶頻度も高く例文の収集が容易であることによる。例文はInstitut für Deutsche Spracheの検索システムCOSMAS IIを利用し，実例を100例ずつ抽出した。

2. 「非分離動詞文」，「分離動詞文」と「基礎動詞文」

2.1. 「非分離動詞文」と「基礎動詞文」

まず，収集した「非分離動詞文」100例を，表されることがら別に分類すると，以下の通りになる。すなわち，(8) のような「人・乗り物の移動」を表す文が85例，(9) のような「(考え・感情が) 思い浮かぶ」ことを表す文10例，その他5例⁷である。

---

² Olsenは (7) のdurchについて (5) のden Parkが「存在的に束縛されている」という言い方をしている。またErben (1975: 79) やKühnhold (1973) のように，前綴りを前置詞句の「凝縮 (Verdichtung)」とよぶことも多い。
³ 大矢 (1999) は，さらに，über-非分離動詞を対象に，移動以外の場合についても，前置詞の意味から出発した説明を試みている。
⁴ 非分離前綴りを前置詞と関連付けることの理論的な観点からの問題点については高橋 (2003) 参照。
⁵ たとえば，Wunderlich (1983)。
⁶ 分離，非分離2つの用法をもつ動詞は意外に少ない。Langenscheidtのドイツ語辞典 (2003) ではdurch-動詞として分離151，非分離42の計193語の見出し語があるが，このうち，分離，非分離同形なのは16組しかない。また，um-動詞は分離92，非分離32の計124語あるが，分離，非分離同形なのは6組しかない。
⁷ 「(人・乗り物以外の) 移動」: Er (=Blitz) durchfuhr die Elektroleitungen im Hausinneren (稲妻が家屋内の電線に伝わった。)，「物の貫通」: ... ein Splitter durchfuhr sein linkes Bein. (破片が彼の左足を貫いた。) など。

(8) Viel wichtiger sei es, den Parcours fehlerfrei zu durchfahren. (MM)[8]
　　ずっと重要なのは競技コースをミスなく走り抜けることである。
(9) ... dann durchfuhr alle Anwesenden in der Halle ein Schreck. (MM)
　　そのとき広間にいた出席者全員に恐怖が走った。

「基礎動詞文」については，(10) のような「人・乗り物の移動」91 例，(11) のような「(手などを) さっと動かす」4 例，(12) のような「(考え・感情が) 思い浮かぶ」3 例，その他 2 例[9]であった。

(10) Seit Anfang des Monats fahren keine Lastwagen der Stadt mehr durch die Straßen, um den Sperrmüll mitzunehmen, ... (MM)
　　今月初めから，もう市のトラックは粗大ゴミ回収に町を走らない。
(11) Er fuhr sich mit beiden Händen durch das Haar ... (MM)
　　彼は両手で髪をかき上げた。
(12) ... ein eisiger Schreck fuhr ihm durch die Glieder. (MK2)
　　ぞっとする恐怖が彼の全身を走った。

「非分離動詞文」でも「基礎動詞文」でも大部分の場合「人・乗り物の移動」が表現されている点では同じである。
　しかし，動詞あるいは前置詞の目的語となる個々の名詞（以下，「場所」）をみた場合，両表現にはかなりの相違がみられる。「非分離動詞文」では「コース (Parcours, Strecke など)」(18 例)，「障害 (Sperren, Absperrungen など)」(7 例)，「トンネル (Tunnel)」(5 例) を表す名詞が多い。[10] これに対し，「基礎動詞文」では「町 (Stadt)」(11 例)，「地域 (Gegend, Gebiet)」(10 例)，「通り (Straße)」(9 例)，「場所 (Ort)」(4 例) といった名詞が多数を

---

[8] 各例の最後にある略号は出典を示す。BM = Berliner Morgenpost, FR = Frankfurter Rundschau, GT = St. Galler Tagblatt, MM = Mannheimer Morgen, MK2 = Mannheimer Korpus 2, NK = Neue Kronen-Zeitung, P = die Presse, SN = Salzburger Nachrichten, TT = Tiroler Tageszeitung, VN = Vorarlberger Nachrichten, ZT = Züricher Tagesanzeiger.
[9] 慣用句の例：j³ durch Mark und Bein gehen（骨身にしみる），ただし動詞は fahren，他者による移動の例：Bärtschi fuhr seine Gäste ... mit dem einzigen Roten Pfeil, ... durch das Gleisfeld ...（ベルチは客を現存する唯一の「赤い矢」号にのせて車両基地の線路上を通り…）。
[10] これらを基礎語とする類義の複合名詞（Slalom-Parcours（スラローム・コース），Rundstrecke（周回コース）など）や複数形も含める。その他に，地域名，国名，市町村名といった地名 15 例などがあった。

占めた。[11]

　「場所」となる名詞のみならず，そのとらえ方も「非分離動詞文」と「基礎動詞文」とでは異なることが観察できる。たとえば，(13) の「Sperren（封鎖）」，(14) の「Canyon（グランド・キャニオン）」は単なる移動が行われる場所ではない。そこの移動自体を目的とした行為の対象としてとらえられている。

(13) Er flüchtete mit Vollgas ..., durchfuhr *mehrere Sperren* ... (NK)
　　彼は全速力で逃走し…，いくつかの封鎖を突破した。
(14) Beim zweiten Versuch, *den Canyon* zu durchfahren, ... (VN)
　　グランド・キャニオンを走破しようとする 2 回目の試みの際は…

　行為の受け手となる「場所」は，しばしば受動文の主語としても取り上げられ，移動行為との関係が述べられる。[12]

(15) ..., dass *die Hauptstraße* wieder durchfahren werden könne. (MM)
　　メインストリートが再び通過可能になること…
(16) ..., als *Rickenbach* noch nicht täglich von 14 000 Lastwagen und Personenwagen durchfahren wurde. (GT)
　　リッケンバッハがまだ一日 14000 台のトラックと乗用車に通過されていなかった時は…
(17) *Schriesheim* wird etwa gegen 14.45 Uhr durchfahren. (MM)
　　シュリースハイムは大体 14 時 45 分頃通過される。

　(15) では「Hauptstraße（メインストリート）」について，通過の可否が言及されている。(16) では Rickenbach という町について通行量が，(17) では Schriesheim という地名に関して通過時間帯が問題とされている。
　以上のように，「非分離動詞文」は，(8) や (17) のような「競技でのコースの通過」(25 例)，(13) のような「障害の突破」(7 例) を描く場合に多く用いられ，「場所」を行為の対象とする表現であると考えられる。
　これに対し「基礎動詞文」の場合では，「場所」は移動行為の及ぶ対象としてではなく，移動が行われる物理的な空間あるいは位置として表されている。

---

[11] 複数形および複合名詞も含む。その他，地域名，国名，市町村名，通り名といった地名 33 など。
[12] 24 例（受動的意味の文も含む）。例： ... allerdings ist der Rundkurs nur einmal zu durchfahren.(MM)（…ただし，サーキットは 1 周するだけだ。）

(18) … passierte der Unfall um 13.50 Uhr auf der Albisriederstrasse. Der Bus fuhr auf der Busspur durch *die Albisriederstrasse* stadteinwärts, … (ZT)　…事故は13時50分にアルビスリーダー通りで起きた。バスはアルビスリーダー通りのバスレーンを町中へと走っていた。

(19) Poppig bemalte Straßenbahnen fahren durch *die Stadt* … (FR)
カラフルに描かれた市電が町中を走る。

　(18) の「Albisriederstrasse（アルビスリーダー通り）」はバスが事故当時通行中であった位置を，(19) の「Stadt（町）」は市電が走る空間を示している。

(20) Der 202er startet an der … fährt durch *die Unterführung Leerweg* zum Bahnhof, weiter über den Langener Norden zur Zimmerstraße, … (FR)　202番線は…を出発し、レーアヴェークのガード下を通って駅に行き、さらにランゲナー・ノルデンを経由してツィマー通りに至る…

　(20) では鉄道の路線が叙述されているが、「Unterführung（ガード下）」は移動経路上に存在する通過点の一つとして挙げられているに過ぎない。(18) 〜 (20) いずれにおいても、移動行為とそれが及ぶ「対象」という関係でとらえられているわけではない。
　「基礎動詞文」については、(18) のような「（出来事の時点における）人・車のある場所での移動」（12 例）、(19) や (20) のような「（鉄道・バスなどの）公共交通機関の通行・通過」（10 例）、(10) のような「（ゴミ収集車などの）町の中の移動」（7 例）を描く際に用いられるという傾向がみられた。

2.2.　「分離動詞文」と「基礎動詞文」

　「分離動詞文」[13] の場合、(21) のような「人・乗り物の移動」を表す例が 98 例、その他 2 例 [14] あった。

(21) … befindet sich eine Tempo-30-Zone. Die fahren aber trotzdem mit

---

[13] 分離前綴りの durch- と副詞の durch との境界は必ずしも明確でないが、ここでは、(a) 基礎動詞と続き書きされる、(b) 枠終結要素となっているという 2 点を主な判断基準とした。

[14] 「他者による移動」の例：Sind die Türen breit genug, um einen Toilettenstuhl durchzufahren? (FR)（ドアは（介護用の）トイレ付きいすを通すだけの広さがありますか？）、および「抽象的・比喩的な意味」の例：„alle kritischen Daten bis zum Schaltjahr 2000 durchgefahren werden"（重大なデータはすべて閏年の 2000 年までにチェックされなければならない。）

70 durch. (BM)
　　…時速 30km 区域がある。しかしそれでも彼らは 70km で通過する。

　「基礎動詞文」では「人・乗り物の移動」は 91 例であり，やはり大半が移動を表す表現であるという点で両者は等しい。

　「分離動詞文」と「基礎動詞文」との形式的な違いは「場所」が明示されるか否かであるが，前綴りは前置詞句の名詞部分の単純な省略形というわけではない。[15] (21) の durch を durch die Tempo-30-Zone（時速 30km 区域を通って）の代用とみなすことは可能だが，前綴りではそのような空間的意味よりは結果的意味が主であると考えられる。[16] すなわち，(22) では空間関係は前置詞句 zwischen Leitplanken und Busheck（ガードレールとバス後部の間を）によってすでに表現されており，durch- は「通過して」という意味を表しているとみられる。[17] (23) でも通「過」に焦点が当てられていることが明らかに読み取れる。これに対し「基礎動詞文」の場合には，(18) や (19) が示すように，必ずしも移動の完了は前提とされていない。

(22) Während ein Radfahrer zwischen Leitplanken und Busheck dúrchfahren konnte, ... (TT)
　　自転車に乗っていたうち 1 人はガードレールとバス後部の間を通過できたが，…
(23) ..., sie fahren bei Rotlicht gleich durch, ... (ZT)
　　…彼らは赤信号もすぐに通過する。

　「分離動詞文」ではその他に，前綴りが基本的には「中断なしで」という意味で使われている例が多数見出された。このような用法は前置詞には認められない。たとえば，(24) は「電車が途中駅に停車しない」(6 例)，(25) は「目的地まで直行する」という意味の文である（10 例）。

(24) Die S-Bahn hielt in der neuen Station am Torhaus nicht an, sondern fuhr durch. (FR)
　　その都市高速鉄道はトーアハウスの新駅には停車せず通過した。

---

[15] 省略は文脈や典型的知識から「場所」を補える場合に可能ということはよく知られている。次例で Hörer の移動先はそれが通常置かれる Gabel と解釈される：Er legt den Hörer auf (die Gabel).（彼は受話器を（受話器受けに）置く。）三瓶 (1988: 49) 参照。
[16] Eroms (1982) も分離前綴りの durch- ではこのような結果的な意味を表す用法が生産的であると述べている。
[17] 前置詞句が空間関係を表す例は 20 例（durch: 8, unter: 7, zwischen: 5）。

(25) Sie fuhr nie bis zur Hauptwache durch, sondern stieg immer schon am Hauptbahnhof aus. (BM)
彼女は決してハウプトヴァッヘまで直行せず、いつも中央駅でもう下車してしまった。

「一定期間走り続ける」という継続的行為を表した例はとくに多く（17例）、なかでも (26) のような「（レースで）ピットインしない」という状況を描写したものはその典型である。

(26) Heinz-Harald Frentzen im gelben Jordan riskierte, mit nur einem Boxenstop durchzufahren ... (NK)
黄色のジョーダンチームのハインツ・ハラルト・フレンツェンは、あえてたった1回ピットインしただけで走り続けた。

3. おわりに

本稿では、durchfahren の前綴りが分離していない文および分離している文100例について、基礎動詞の文100例と対応関係をみてきた。非分離、分離どちらの場合も――程度差はあるものの――「人・乗り物の移動」ということがらが表現されている点では基礎動詞文と同じであった。ただし、目的語となる名詞やそのとらえ方、前綴りの意味、各表現が主として用いられる状況についてはかなり違いがあることも具体的に示した。前綴りに関しては、理論的研究を中心に前置詞との関連性に注目されがちであるが、実際に表現が使われる際にみられる特徴あるいは傾向についての分析も必要であろう。

参考文献

大矢俊明（1999）「概念構造と分離・非分離動詞――über をめぐって――」筑波大学現代語・現代文科学系科学研究費補助金研究成果報告書『レキシコンに関する総合研究』（研究代表者：原口庄輔），45-67.

高橋亮介（2003）「ドイツ語の場所格交替と複合動詞の意味構造」東京大学大学院総合文化研究科『言語情報科学』第1号，203-216.

中山 豊（2001）『コレクションドイツ語8 文法』白水社．

三瓶敦子（1988）「分離動詞の意味構造」大阪市立大学セミナリウム刊行会『セミナリウム』第10号，45-67.

Erben, J. (1975) *Einführung in die deutsche Wortbildungslehre*. Berlin: E. Schmidt.

Eroms, H.-W. (1982) Trennbarkeit und Nichttrennbarkeit bei den deutschen Partikelverben mit *durch* und *um*. In: L. M. Eichinger (Hg.) *Tendenzen verbaler Wortbildung in der deutschen Gegenwartssprache*, 33-50. Hamburg: Buske.

Fleischer, W./ I. Barz (1993) *Wortbildung der deutschen Gegenwartssprache*. Tübingen: Niemeyer.

Helbig, G./ Buscha, J. (1991) *Deutsche Grammatik. Ein Handbuch für den Ausländerunterricht*. Leipzig / Berlin: Enzyklopädie/Langenscheidt.

Kühnhold, I. (1973) *Deutsche Wortbildung I - das Verb*. Düsseldorf: Schwann.

Olsen, S. (1994) Lokativalternation im Deutschen und Englischen. In: *Sprachwissenschaft* 13/2, 201-235.

Wunderlich, D. (1983) On the compositionality of German prefix verbs. In: Bäuerle, R./ Schwarze, Ch./ von Stechow, A. (eds.) *Meaning, Use, and Interpretation of Language*, 452-465. Berlin: de Gruyter.

辞書

Langenscheidts Großwörterbuch Deutsch als Fremdsprache. (2003) Berlin: Langenscheidt.

VIII 語の意味と辞書，そしてドイツ語教育へ

24. 修飾の一タイプについて

堀 口 里 志

1. はじめに

　ドイツ語を読んだり聞いたりする時，知らない表現（語や句）に出会うことがある。そのようなとき，その表現を辞書で調べても出ていなくて，しかし，その表現の構成要素は知っているという場合，それらを組み合わせて意味を考えようとする。例えば，次のような語の場合である。

　　Kultursuppe

　辞書を引いても見出し語として出ていないが，Kultur + Suppe と分けられる。しかし，それぞれは「文化」，「スープ」であるからといって，「文化スープ」としたのでは意味不明である。どう解釈してよいか戸惑ってしまう。同じようなことは，複合語でなくても，形容詞が名詞を修飾する句の場合でも起こる。例えば：

　　ethnische Suppe

　「民族のスープ」では，何を言っているのかすぐには解釈できない。
　本稿では，このような表現における修飾を1つの修飾タイプとして捉え，その特徴を見ていく。

2. 修飾の2つのタイプ

　修飾というと，修飾部が被修飾部に限定を加えると考えるのが一般的な捉え方である。〈修飾部＋被修飾部〉と〈被修飾部〉とをその外延で比べると，前者は後者に含まれる。内包で比べると，前者が後者より多くなる。Rotwein は〈被修飾部〉の Wein に〈修飾部〉の Rot が限定を加えている。rotes Auto は，車の部分集合を表し，車の中でも赤いものに限定を加えている場合もあれば，Auto で指された特定の対象について色の特徴を述べる場合もあるが，指されているものが Auto であることに変わりはない。

ところが，〈修飾部＋被修飾部〉の組み合わせが，被修飾部が単独で通常意味するものとは違う，全く別種のものを指すようなタイプがある。

Sozialbombe

この語が表すものは通常の「Bombe＝爆弾」の一種ではない。壊滅的な被害をもたらすかもしれないような社会問題を言い，例えば，就労しない若者が増加している現象などを指してこの表現を用いる。被修飾部ではBombeの通常持つ意義素のうち，一部の意義素が前面に出て他の意義素は後退している。修飾部と整合性のない意義素は打ち消されている。

　　前面に出た意義素　　——「壊滅的な被害をもたらす」
　　打ち消された意義素　——「爆発の元になる火薬などの爆薬」

被修飾部の意義素の一部が打ち消されるこのタイプの修飾では，被修飾部がメタファーとして用いられる。これをメタファー修飾とここで呼んで，通常修飾と区別することとする。2つの修飾タイプは常に明瞭に分類できるわけではない。例えば，下の3つの表現にメタファーを認めるかどうかは人により差が出てくるかもしれない。

　　(a)　juristische Einbahnstraße　　法律上の一方通行路
　　(b)　juristischer Schachzug　　　法律上の一手
　　(c)　juristisches Schlupfloch　　 法律の抜け穴

辞書ではSchachzugとSchlupflochには比喩的な，つまり，チェスや物理的な穴に限らない一般的な意味が載っているのに対して，Einbahnstraßeには「一方通行路」のみが載っている（独和大辞典（小学館，第2版））。辞書の記載に従えば，(a)はメタファー修飾，(b), (c)は通常修飾ということになるが，これらの表現に初めて出会ったドイツ語学習者がどれもメタファー修飾だと考えることはありうることである。メタファー修飾か通常修飾かの区別は，当該の表現の意味の解釈に影響しなければ大した問題ではない。この区別が重要になるのは，それが意味解釈の違いにつながる場合である。

たとえば，次の例に見られるようにmenschliche Bombeという表現にはメタファー修飾と通常修飾の両方がある。

(1) Der stellvertretende israelische Ministerpräsident Shimon Peres warf dem iranischen Präsidenten Mahmud Ahmadinedschad am

Mittwoch vor, eine „menschliche Bombe" zu sein. (http://www.focus.de/politik/ausland/iran/iran_nid_36764.html)
イスラエル副首相シモン・ペレスは水曜日，イランの大統領マフード・アフマニネジャドを「人間爆弾」だと非難した。

　この用例では Bombe の「爆発の元になる火薬などの爆薬」という意義素が打ち消され，Bombe がメタファーとして使われている。一方，次の Bombe では，この語を形成する主な意義素は保持されていて，通常修飾である。

(2) Bei der angestrengten Suche nach immer surrealeren Terrorszenarien wurde nun aber auch eine menschliche Bombe entdeckt, die es im wahrsten Sinne des Wortes in sich hat. (http://www.tor.at/resources/focus/telepolis/container/heise.de/tp/deutsch/inhalt/co/11114/1.html)
ますます異様になっていくテロのあり方を必死に調べていくうちに今回最も文字通りの意味での人間爆弾が発見された。

3. メタファー修飾の前面に出てくる意義素

　同じ〈修飾部＋被修飾部〉の組み合わせでも，被修飾部に含まれている意義素のうちの，前面に出てくる意義素および打ち消される意義素が異なれば，違った意味になりうる。例えば，künstliche Nase または Kunstnase がそうである。「鼻」の形が前面に出れば，顔の一部として装着するマスクの鼻や，俳優の顔に施すメーキャップの鼻を指すこともあれば，医者が美容や再生のために整形する鼻を指すこともある。「鼻」の機能の「匂いを嗅ぎ分ける」という意義素が前面に出てくれば，これまで犬の嗅覚に頼っていた麻薬や爆発物の検知を機械で行う，そういう機能を持った装置を指すこともある。あるいはまた，「鼻」の機能の，外から入ってくる空気から不純物を取り除き，適切な温度にして肺に届けるフィルター機能が前面に出てくれば，そういう機能を持った医療器具を呼ぶ名称にもなる。

　この点はメタファー修飾の注意すべき特徴の１つである。前面に出てくる意義素，および，打ち消される意義素が何であるかによって，表現の意味が変わってしまうとすれば，ドイツ語学習者が意味を解釈する際の落とし穴になる可能性がある。

　Bombe のように，前面に出てくる意義素がわかりやすい，言い換えれば，ドイツ語と日本語であまり違いがないものは，〈修飾部＋被修飾部〉の修飾部

として用いられても，また，単独で比喩的に用いられても，外国語としてドイツ語を学ぶ私たちも難なく理解できる。しかし，そうはいかない語もある。

3.1. Fenster

独和大辞典（小学館，第 2 版）で -fenster で終わる見出し語を調べると，48 語ある。その内の 46 語は訳語や説明に「窓」という言葉があり，合成語の意味と，一般に私たちが「窓」という訳語で理解している Fenster という語との関係が理解できる。残る 2 つは，Fliegenfenster と Startfenster である。Fliegenfenster は「（ハエよけの）網戸」という説明の中に「窓」はないものの，Fenster の一種であることに納得がいく。Startfenster はどうだろう。「（ロケットなどの）発射にいちばん条件のよい時点〈期間〉」と説明されていて，Start の関与部分（「発射」）はわかっても，Fenster の語が使われていることの納得が難しい。Fenster のこのような使われ方を普通は知らないし，辞書の Fenster の項を見ても関連する記述がないからである。

ちなみに Fenster のこの用法は英語の window にもある。例えばジーニアス英和大辞典（大修館書店）の window の項に，10 番目の語義として「（限定された）期間；（予定表の）空白時間」とあり，「a window of opportunity 瞬時の好機 launch window（ロケット・人工衛星などの）打上げ可能時間帯」の用例が挙がっている。

Fenster には，「あることをするための限られた時間」という語義が認められる。そして，Startfenster 以外にも，Zeitfenster, Sprachenfenster, Wetterfenster などの表現で Fenster のこの語義が用いられている。

(3) Die Politik sollte dieses *Zeitfenster* jetzt nutzen. (www.uni-protokolle.de/nachrichten/id/33319/)
政治はこの好機を今こそ利用すべきだ。

(4) An der Universität Basel versucht die Neuroanatomin Cordula Nitsch derzeit herauszufinden, wann genau sich das *Sprachenfenster* schließt. (Der Spiegel 18/2004)
バーゼル大学の神経解剖学者のコルドゥラ・ニッチュがこの言語習得可能期間が正確にはいつ終了するのかを突き止めようとしている。

(5) Ob ihnen beim Warten auf das notwendige *Wetterfenster* für den Gipfelsturm nicht auch mal langweilig werde, ... (www.dw-world.de/dw/aricle/0,1564,1593304,00.html)

登頂アタックが可能となる気象条件の時を待っている間，彼らが退屈になることもあるのかどうか…

　これら3つの語の意味が容易には理解できないとしても，それをこれらの合成語が辞書に載っていないことのせいにはできない。合成語を網羅することはもとより不可能である。また，仮に見出し語として記載されても，もし，その合成語の主な意味がすべて網羅されないで一部の意味だけが記述されていたら，それは功罪相半ばすることになる。たとえば，Wetterfenster が見出し語として載り，「天候上の好機」とだけ語義説明があるとしたら，他のありうる意味，例えば，「（ディスプレイ画面の）気象情報を伝えるウィンドウ」の意味にたどり着くのには邪魔となるだろう。
　しかし，Fenster の語義として「あることをするための限られた時間」が記載されるとすれば，それは望ましいことである。Fenster の「壁面の空いた部分」から「空いた部分」が前面に出て，空間でなく時間に適用された語義であるが，このような発想は，日本語の「窓」からは普通出てこないからである。

3.2. Zoo
　Zoo を被修飾部とするメタファー修飾の用例を検討する。
　最初に，menschlicher Zoo を見る。これに「人間動物園」という日本語を当てれば，動物園にふつう動物がいるところを，ここでは動物の代わりに人間がいるイメージとなる。実際，次の用例はそのように理解できる。

(6) Ob man diesem als *menschlichem Zoo* oder als anschaulicher Demonstration der Tradition der Buschmänner gegenübersteht, muss jeder selber entscheiden. (www.kapstadt.net/umgebung/kaggakamma.htm)
　これを人間動物園と見るか，それともブッシュマンの伝統のわかりやすいデモンストレーションと見るかは，各々が自分で判断しなければならない。

　動物園では観客が動物を見るように，ここでは「人間（ブッシュマン）を観光客が見るところ」を意味している。また，次の用例では，職場を，「同じ性質をもった人間のいる部署の集まり」と捉え，それを menschlicher Zoo と表現している。

(7) Der Arbeitsplatz ist wie ein *menschlicher Zoo*, mit ausgeprägten

Abteilungs-Gruppierungen, die sich in bestimmter Weise ähnlich wie ihre Kollegen verhalten. (www.pressetext.at/pte.mc?pte=050623017)
職場は人間動物園みたいなもので，部署ごとに同僚同士が一定の似た行動を取るような明確なグループを形成している。

同じく Zoo を被修飾部とする次の Kulturzoo はどうだろうか。

(8) ... ein eidgenössischer *Kulturzoo* ist keine Garantie für eine schweizerische Kunst. (www.granix.ch/liechti/texte/text1.htm)
スイスの文化をたくさん集めたからと言ってスイスの芸術を保証することにならない。

「文化の動物園」という日本語では，何のことか理解できないのが普通の反応であろう。ここでの Zoo は「たくさんの種類」という意義素が前面に出ている。同様のメタファー修飾の用例として chemischer Zoo, Gerätezoo を挙げておく：

(9) In allen Masken wurde ein regelrechter *chemischer Zoo* entdeckt. (www.bild.t-online.de/BTO/tipps-trends/geld-job/bams/2007/02/04/tuev-test/karnevalsmasken.html)
（カーニバル用の）仮面すべてにおびただしい数の（有害）化学物質が見つかった。

(10) Damit will der Hersteller etwas Ordnung in seinen *Gerätezoo* bringen ... (www.channelpartner.de/news/605910/index.html)
これによりこのメーカーはおびただしい数の機種をいくぶんか系統立てようとしている。

次の Kulturzoo は，しかし，同じように「たくさんの種類」だけでは解釈できないものである：

(11) Man verwahre sich gegen einen „europäischen *Kulturzoo*", hieß es damals, und wolle sich „nicht dazu verGATTern lassen, europäische Quotenfilme zu spielen". (die Tageszeitung, 8.6.1994)
「ヨーロッパ文化保護政策」には断固反対しよう，そして，無理矢理一定割合のヨーロッパ映画を上映させられたりしない，と当時叫ばれた。

この用例では，「保護されている」という意義素が前面に出ていると考えられる。

Zoo は「いろいろな種類の動物がある場所に集められ保護されていて，観客の見物に供される，その場所」という意味であるが，メタファー修飾の

中では，さまざまな意義素が前面に出てくるのである。chemischer Zoo, Gerätezoo は，「いろいろな種類の化学物質が集まっている」「いろいろな機種の製品が集まっている」こと。menschlicher Zoo では，「人間がある場所に集められて観客の見物に供される」こと。また，「いろいろな種類の人間がある場所に集まっている」こと。Kulturzoo は，「文化とされるものがたくさん，ある場所に集められている」こと。また，「ある文化（マイノリティーの文化）を保護する」こと。

　上で見た用例ではこのような意味で使われているものの，それぞれの表現は他の用例を調べたなら，前面に出てくる意義素が違うことも予想される。実際，インターネット検索により個々の表現を調べていくと，どの用例でも同じ意味で使われているという場合の方が少ないくらいであった。〈修飾部＋被修飾部〉が，語の組み合わせの場合はもとより，複合語の場合も，辞書的意味のみならず，シンタクス的意味を持つことの表れである。語を構成する要素と要素が相互に関連しながら意味を規定していくのである。

4.　おわりに

　〈修飾部＋被修飾部〉の表現で，被修飾部の持つ意義素の一部が前面に出て他の意義素が後退する修飾パターンを検討した。前面に出る意義素が何であるかが表現の意味を大きく決定する要素であり，外国語として学ぶ私たちには解釈が困難な表現に出くわす場合も多い。そのような例として，Fenster および Zoo の用例を紹介した。「はじめに」で挙げた表現の Kultursuppe と ethnische Suppe も，Suppe のイメージが日本語の「スープ」や「汁」と異なり，どういった意義素が前面に出てくるのかわかりにくいのだと考えられる。Suppe はいろいろなものが入っていてその個々のものが区別できないような形で融合している，というようなイメージであろう。Kultursuppe は「様々な文化が混沌とした状態」を，ethnische Suppe は「民族が入り混じっていて渾然一体となっている状態」を指している。

　メタファー修飾で前面に出てくる意義素がどのようなものであるかは，被修飾部となる語の辞書的知識（レキシコン）に含まれるものであると考えられるから，辞書の記述にこういう情報が盛り込まれているのが理想であろう。

25. 辞書記述・構成の将来的可能性の一考察

中 村 哲 夫

1. 始めに

外国語の学習では，文法と語彙が中心を占める。もちろん，語彙・文法は，各々が相互に離れて存在している訳ではない。相互に関連・依存しつつ機能を果たしている。本章では「外国語学習」の観点から，意味記述の方法を考察し，それを具現する媒体としての電子媒体の将来性を含めて「辞書記述・構成についての可能性」を考察する。

2. 辞書の構成

新辞書編纂では，先行する辞書を凌駕すべき要請から，意味記述が参照されるのは当然として，更に多くの点が考慮される。いわく，①対象者層，②見出し語，③記述の順番・質・量等，④営業的条件（価格・販売形態，セールスポイント，他の競合辞書との関係など）⑤その他（伝統，時間的条件）など。国内ドイツ語現行辞典類（以下「現行分」[1]）の記載を調べると，ABC順見出語・発音・語源・品詞・文体情報（stilistische Angaben）・文法情報・意味記述（語法的指示／語義／用例）など多様な内容が，固有の組み合わせで含まれている。それに拠って当該の辞書の特徴が生ずるのであろうが，本稿では，その内「意味記述」を中心に扱い，更にその表現形式にも言及する。

3. 意味記述

3.1. 記述の順序

記述の順序には，歴史的（意味の変遷順に記載），頻度別（多量文献中，出現度合が高い順に記述が優先される），中心的意味記述（語の意味を，平面的拡がりに記述する想定の許，多くの訳語に共通する要素であれば有る程，中心的意味とする方法）などの原則がある。意味記述量が膨大であればある程，利

---

[1] 書名は個別に挙げないが，三修社，小学館，研究社，同学社，三省堂，白水社刊の現行独和辞典を指す。

用者が意味を探し当てることは，より困難となろう。訳読演習中，日本語訳が尋常では無かったので,「どういう意味か」を尋ねると,「判りません」と答える。察するに，記載の最初の意味をつなぎ合わせ日本語訳とし，本人ですら，実の処，理解できていない。いっそのこと「中心的・本来的意味」を冒頭に記載し，次第に末端へと向かって副次・派生的な意味を記述する方法を，もっと考慮すべきでないだろうか。

頻度順とは，出現する頻度が高い意味区分で，当該の文中その意味で使われている可能性の大きさを必ずしも意味しない。つまり，その意味での使用が多ければ，一般化された時の出現頻度は高くなるが，個別のテキスト内でも，その意味で使用されているか，否かは別なのである。利用者の要求は多種多様であろうが，独和辞典に限定すると，最大の利用者は，学生で，かつ初心者であるだろう。豊富な意味記述から「適訳」を選べなかったり，訳文で「文の意味」が成立するか，コンテクストに調和するか否か検討しない・出来ないとするならば，[2] 何らかの手段を講じなくばなるまい。本来「判らないから辞書を引く」のだが,「判らないと辞書は引けない」,「文法理解無しでは辞書利用困難」とも言える。初級文法中，実例を用い，辞書利用の方法論についての導入も必要であろう。

3.2. 記述の質・量

出版上の制約から，見出し語の語数・その記述量（質）が勘案される。基礎語彙の重要性に鑑み，現行分では，見出語の色別表示・記載・例文増強等，各社各様において工夫がある。岩崎他 (1993:5) によれば，日常的テキストでは，基礎 1000 語が 80%，2000 語が 90%，4000 語が 95% を，各々，カバーすると言う。現行分で，基礎語が重要視される所以でもある。4.1. の「将来構想」で記述するが，対象層別辞書編成では，この特別扱いが少なくても済むだろう。

3.3. 記載上の問題点

独和辞典では，ドイツ語表現（語・句・文）の意味を日本語で記述する為，双方の表現内容が完全に一致することは無い（野入 1982: 42ff.）。否，単一語辞書でも，対象物（アナログ的）を，その言語固有の仕方で截分した結果とし

---

[2] 誤解された実例の一端：Ich warte einen Bus.「×バスを待つ / ○バスを整備する」, Er mag deutsche Küche gern. 「×ドイツの台所が好きだ / ○ドイツ料理が好きだ」, Er weiß nicht. 「×彼は白人ではない / ○彼は知らない」など。

て記述する以上，記述はデジタル的とも言える。つまり，結果から，元の対象を再構築できるとは限らない。また，母語の截分条件では，別言語の截分には不可欠な見方が棄却されている場合もある。一例を挙げると，日本語では，通常対象の「数」は認識されない。日本語表現を外国語にて表現したい際，「本」，「樹木」など名詞そのものから，単複の再現は出来ない。それが必須の言語にて，同内容を表現する場合，数に於いて原文と訳文の対応が取れているか不明なことが多い。ひとつの観点ですらこの有様だから，一致は無理である（中尾 1993: 132ff.）。更に，外延・内包の差，文化的差，下位分類切り方の差なども相違を拡大する。この差は「翻訳の際にも，しばしば誤訳・不適訳を生む可能性」を温存する（鈴木 1985: 1, 16, 17, 48, 99, 122）。

3.3.1. 連語か・理解か

コトバが外界を截分する際，文化の影響も，また大である。となれば，個別事例の列挙だけでは，学習者の理解には遠いだろう。つまり，根ざしている文化面，それを統括する弁別的特徴記述があれば，納得し，理解できることだろう。名詞単独，また連語においても「共通の規則性」を可能な限り抽出し，記載すべきである。数例対応すると思われている訳語と共に挙げる：die Nase「鼻」，die Schnauze「犬・狐・狸など動物の鼻面」，der Rüssel「象・豚・アリクイなどの鼻，又蝶や昆虫の吸口」，der Mund「（人間の）口」，das Maul「ロバ・牛・蛙など，動物の口」，die Schnauze「（動物の）鼻口部」等は，「鼻」や「口」という訳語のみでは不充分である。本来は，使用条件を規定する弁別的特徴が挙げられれば，最上であろうが，ドイツ語母語使用者達も，外示的説明が困難らしい。辞書記述としては，前述のように類例として，適用される動物なり，適用の特徴を併記すべきであろう。そうすれば *Die Nase des Elefanten ist lang.（象の鼻は長い）が何故，許容されないか判る。また，「Suppe（スープ）は essen（食べる）か trinken（飲む）か」を，「日本語では『スープを飲む』だが，独語では „Suppe essen" だ」とするのは，不十分である。「現行分」で確認した中では，プログレスやマイスターの様に「摂取様態に依り essen/trinken が選択される」という記述が良い。「異文化は黙って覚えよ」には与しない。語の組み合せの時も同様。「鼻が高い」は *Die Nase ist hoch. ではない。Die Nase ist x [adj]. で，形容詞を母語使用者に尋ねると，x: krumm, platt, klein, groß, dick, gebogen, schmal などが，又 Der Rüssel ist y [adj]. では，y: lang, kurz, dick, dünn, beweglich, biegsam などが各々挙がる。*Die Nase ist hoch. という例文は，

hochnäsig（高慢な）という形容詞があるにも拘わらず許容されない。少なくとも名詞には，特定の形容詞と共起できぬ組み合せがあり，意味組成上の齟齬以外に，截分時の条件を考慮して解明したいと希っている。他にも「値段が高価だ」は *Der Preis ist teuer. ではなく Der Preis ist hoch.（値段が高い）となることなど。相当語と目される語でも，言語に拠り意味的な制限・主体・対象が異なり，誤りの訳語は多数ある。[3] 母語での記述ですら「みな誤解されるように書いている」（山本 1985: 21）という指摘がある。

3.3.2. 核心的意味の記述

　基本的語彙は，辞書記述が一般的に豊富かつ詳細である。その為「語義が沢山で，どれが適合するか不明」と学生は嘆く。二か国語辞書では，訳語が多数掲げられている。例えば Arbeit, gut, Schloss, Gericht では訳語が多数あり，どれが適合するか迷う。形容詞 gut などにあっては，比率基準を持つ場合，被修飾語に依存した記載がみられる。曰く「（人について）有能な，優秀な」等々，「（事物について）よく使える，適当な，客用の，豊富な」等々。訳語選択基準は明記されず実例で示される場合が多い。成程「用例の宝庫こそ辞書のもっとも望ましい姿」（橋本郁雄 1973: 52ff.）とコンテクスト付情報を重用する主張もある。その場合，核になる意味[4]を示せば，あとの実例対応の訳は，利用者が考えても良いのでは無いだろうか？形容詞 gut で「その本質において優れる・良好」が核の意味とするならば，ein guter Mann は「善良な男」，ein guter Student は「（学生の本質・本分を考えると）優秀な学生」，gut verbrennen は「良く燃える」，gut schmecken は「おいしい<良い味が

---

[3] ライズィ／鈴木訳 (1977: 95ff.) には，以下のような語結合の制限の例が挙げてある。主語的制限の例：「食べる」の主体として essen は「人間」，fressen は「動物」，weiden は「家畜」，äsen は「野獣」など。対象の制限：「撒く」という意味中心の単語で，sprinkle（英）は「液体を」，spritzen は「液体を（吹き付ける）」，gießen は「液体・金属の液体を」など，また「壊す・傷をつける」という動詞で，beschädigen は「物体を」，verwunden は「人間・心を」，damage（英）は「物を」など。さらに，erlauben（許す）は生物のみが対象、　英語の allow（許す）には，その様な制限はない。同例から日本語に関して考察すると，これらの偏差は，日本語との比較においても多数見られる。schießen（射る）は Hasen（兎），Rehe（鹿），Füchse（狐）などを目的語とし得るが，Menschen（人間），seinen Gegner（自分の敵）などとは共起しえない。schießen が「射る」に対応すると想定するならば，将［人］を射る，ウサギを射る，馬を射るなど，日本語では，これら制限がないことに気がつく。

[4] 柴田武他 (1991) の前書きにある「基礎になる重い部分」。ひとつの単語に注目し，その意味を考え，基礎になる重い部分を想定する。

する」と各々導き出せる。Der Apfel schmeckt gut. が「このリンゴはおいしい」，Er spielt gut Tennis/Klavier. が「彼はテニスが巧い／ピアノを上手く弾く」など，「おいしい」「巧い・上手く」と訳し分けるのは，本質的性質の具象面での整合に拠るのであるから，これで十分とする立場である。同様にarbeitenは，核部分が「本分を尽くす」ならば，派生語義は（多数の羅列無しに）導き出せる。erklärenは「klarにさせる」すなわち「説明・宣告する」と成るなど自明である。Kriegserklärung（宣戦布告）は，戦争する「意図を」宣告するのであるから，日本語の「宣戦布告」という表現に一致すると理解できる。「細かく追求して行けば，多義はいくらでも数を増す」（国廣1998: 175ff.）ならば，むしろ核的意味を中心にした丁寧な語義記述が合目的である。文意は個々の単語の意味的集合ではない，否，文意が判って初めて，構成要素である単語の意味が判ると極論できる。

その意味でも「場に即し分類された個別意味の羅列」は，紙面制約下得策では無い。又，語形変化表（動詞・名詞）を見出語の許に配置する辞書が多数ある。初学者には便利だろうが，利用者の無知を促進しないか？文法的導入を適切にし，共通項目を理解してもらった上で，個別事象の記載は省いた方が学習には，却って良いのではないか。

3.3.3. 語義が統語論に依存する場合

(1) Ich warte ein Flugzeug/auf ein Flugzeug.　飛行機を整備する／待っている
(2) Ich fahre den ganzen Tag *einen* Honda/*eine* Honda.
　　一日中ホンダの自動車を／オートバイを乗り回す
(3) Er besteht auf das Mitgehen.　彼は一緒に行くと言い張っている
(4) Das Wasser besteht aus Wasser- und Sauerstoff.
　　水は水素と酸素から成る

これらは現行分でも概ね適切に，前置詞関連で述べられている。不足している観点は，「事象の内部の時間，動作様態とアスペクト」であろう（金子1996: 38）。一例を挙げる。

(5) A: „Möchten Sie noch ein Stück Fleisch, Herr N?"
　　　もう一切れ肉を召上がりませんか，Nさん？
　　N: „Danke sehr!"　直訳：ありがとうございます

日本人Ｎ氏は „Danke sehr!" で「頂戴します，ありがとう」を意図し，一方ドイツ語使用者Ａの方では „Danke sehr!" を「いいえ結構です」と理解する公算大である。筆者の仮説によれば，動詞 danken には，用法に「事後性」の素性がある。つまり jm für etwas danken（ある人にある事を感謝する）の etwas（ある事）は「既に為されてしまっている性質」を有する。だからこそ „Danke sehr!"（ありがとう）は，これから配られる肉に対するお礼とは把握され得ない。もっとも im Voraus danken（前もってお礼を言います）がある。将来に向かっての原則逸脱的用法なので，im Voraus（前もって）が省けない，そのために，筆者の仮定が逆に裏書される。„Nein, danke!" は「結構です」に相当するなどの機械的説明では，単独事象の記載に留る。統合する規則性の記述こそ，積極的に求められる。danken（感謝する）の後事性記述は，現行分中には無い。行為の完了を含意する動詞群（telefonieren（電話で話をする；anrufen は掛けるだけで通話が成立するか否かは不問），ertrinken（溺死する），erschossen werden（撃ち殺される））等は，「後事性の素性」とは異なり，広く知られている所為か，多くの辞書に記載されている。

3.3.4. 反意語・対極性の記述

groß（大きい）— klein（小さい），reich（豊かな）— arm（乏しい），weiß（白い）— schwarz（黒い）などは，対語・反意関係が一義的である。それに対して，gesund（健康な）には ungesund（体に悪い）と krank（病の）の対応があり，意味構造が二元的である。記述にこれら対比を含めると意味の二元性が把握され，正しい理解を促すだろう。3.3.3. とも相俟った内容記述が必要である。

4. 将来あるべき辞書の形態

「大は小を兼ねる」ので，要望の総和を内容とする辞書データベースを想定し構築する。[5] 自由度・転用・複製可能性の故に，電子版とする。実際の辞書作成（紙・電子媒体又，ネット版など）用に，要求に応じた必要項目が引出せる構造をもたせる。つまり，見出語・文体・語層・領域・使用頻度・反意・活用・時間・歴史等，考え得る限りの属性を考慮し，単独・複合の鍵語に依る検索を可能ならしめる構造とする。発音は音標文字，カナ・簡易・精密表記，母

---

[5] Lexikon Data Base を LDB と，データベースは DB と略す。

語使用者音声データ[6]も備える。意味分類・記載では 3.1. で述べた歴史的・頻度別・中心的意味別を表す記述用のマーカーを記述に含ませ，要求次第で意味記述順序が，「見かけ上必要とされる順序」にて，瞬時に出力できる。横断検索可能な為，例文は LDB の内部ならば，場所が限定されない。構成要素を鍵語として全体から検索可能であるので，配置の自由度が増す。

4.1. 将来構想

　法的・営業的問題（著作権問題など）は棚上げ，構造の概要の観点から考察する。編集企画の許，出版社が独自に原稿作成する（現行方式）のではなく，LDB 構築に参加し，その共同利用を図る（紀田 2002 所収「紙辞書から Web 辞書へ」参照）。LDB に現行分の原稿を投入する他，Projekt Gutenberg・各種出版物 DB（新聞，Spiegel-on-line, Monitor, FAZ, Taz, Fakt.de 等）を広範囲に DB とリンクせしめる。世界の Text DB を可能な限り統合する仕組みとする。コトバに関する巨大な DB 群では，例文検索にも，作者（群）指定・専門語指定・語層等々の指定など可能になり，用途に整合した資料が出力され得る。外来語の観点から，単一言語辞典もリンクさせる。コトバにより，文化により外界截分が異なることは，前に陳べた。ゲルマニステンは，この巨大 LDB にも，研究の成果を反映させられるだろう。前述の danken（感謝する）の前時性の特徴など，新たに判明した結果をもこの LDB に追加する。截分・文化の相違に基く相違など，外示的に確定されれば，それを記述し，LDB に追加する。研究の題材も LDB は十分に提供してくれるだろう。他の言語の，否，学際的に，種々研究分野から可能なものは，すべて LDB に帰還させ得れば猶良い。

5. まとめ

　良くも悪くも PC 利用は拡大する。多元的・リンク的辞書記述は PC 上では可能だが，紙などの媒体では実現困難である。この小論では PC に依る LDB の構築の原案を示した。独和・和独に限らず，すべての外国語資料（内外の辞書・新聞・文学作品・報告書・オンラインのサイトなど，機械可読資料を対象）を，再利用可能な形式で収容（実際には集中的サーバー化は不要で，各地分散式で良い。それに拠り，各々の単位が独立し改定・発展・新資料の追加などが可能となる）。紙媒体出版は，編集・営業方針を決め，それを反映す

---

[6] その語に音声データを埋め込んでおき，クリックすると「標準的発音」が音声として再生されるなど。

る抽出メニュー（つまり検索抽出の為の，鍵語を含めた「抽出法セット」）が作成されればLDB資料から出力させることは，容易なことである。最大長所は，抽出基準を任意に定めることが可能で，分野別・学習レベル別・音声重点を置いたモノ・写真中心のモノなど，抽出基準に準拠した辞書作成が容易になることである。母語と外国語間の意味記述でも，漸次，法則性が解明・蓄積されていくことにより，理解しやすい形で提供されよう。短所は，辞書のユニークさ・個性など個別化が貧弱になることだ。内容の大部分が鍵語に依って抽出し得れば，編集方針（紙辞書の規模・対象層・分野・大きさ・価格など）次第で，大同小異になる虞が存在する。もっとも，他の要素で出版が競われるだろう。付加価値を如何に付与するか，それが出版社の腕の振るい処になるかも知れない。紙出版でない出版形態，つまり，電子辞書的形態・オンライン利用形態などではLDB利用は当然on-line的にも可能で，LDBの進化（新語採用・意味論‐文化論的新しい知見など）も，リアルタイムで利用出来よう。そうすれば利用媒体として，より多彩な可能性を有する。それだけに，入力すべき個別資料の見直しと改善，特に，統一的構造が重要である。最初は，人間に拠らざるを得まい。その意味で，本項では3点，具体的提案をした。① dankenを例に「事象内部の時間・動作様態とアスペクト」観点からの記述を増大せしめ，②個別事象の網羅ではなく，統合的・弁別的特徴を外示的に記述し，③末節的表象の記述よりも「核の意味」記述を心掛ける。これらは，即，実行できる。一方，LDB構築は，著作権問題，利害関係の調整など，記述以外の諸問題を解決しながらでないと，実現が困難であろう。

参考文献

岩崎英二郎他編（1993）『ドイツ基本語5000辞典』白水社．
金子　亨（1996）「時間の文法表現」月刊『言語』25巻5号「特集 ことばを捉える16の視点」大修館．
紀田順一郎（2002）『デジタル書斎活用術』東京堂出版．
国廣哲弥（1998）『理想の国語辞典』第四版．大修館書店．
柴田　武他（1991）『ことばの意味Ⅰ』平凡社選書47．
鈴木孝夫（1985）『ことばと文化』（岩波新書C98）岩波書店．
中尾啓介（1993）『辞書学論考』研究社．
野入逸彦（1982）「二か国語辞典における語義の対照的記述について」日本独文学会ドイツ語教育部会『ドイツ語教育部会会報』21，4-8．

橋本文夫（1973）「ドイツ語の辞書について」小林英夫編（1973）『私の辞書』丸善，52-58.
山本夏彦（1985）『美しければすべてよし』（新潮文庫 5086）
E. ライズィ（鈴木孝夫訳 1977）『意味と構造』研究社.

26. 日本で日本人にドイツ語を教えるために

田 中 一 嘉

序

　小学校における英語教育の導入が義務化されつつある。そこには「国際理解教育」の名の下、英語を母語としない人たちの言語文化をも含めた、「異文化理解」という観点も織り込まれている。一方で英語教育(EFL)[1]においては、言語普遍論に傾倒するあまり、どこで誰に教えても同様に有効な英語教育の方法論が、過剰に志向されているようにも思われる。

　翻ってドイツ語教育においては、依然としてその主な現場である大学(教養)教育が岐路に立ち、英語中心の国際化の中で、その存在意義が大きく問われている。ドイツ語教育の方法論についても、「教養か実用か」という問いかけがもはや旧態化しつつあり、「文法訳読 vs コミュニケーション」という単純すぎる対比も、スリム化する一方のカリキュラムと、様々な情報がお手軽に手に入るインターネット社会の中では、必ずしも有効な論点になりえていない。

　以下ではこのような状況を背景に、現在の日本で、日本語を母語とし、義務教育において第1外国語として英語を学習する日本人に対して、ドイツ語を教える、ということについて、その可能性と有効な手立てを、ドイツ語学・言語学研究の知見を基に模索する。

1. 聞きとる・発音する——音韻構造

　ドイツ語の発音は一般に日本人には易しいと言われる。英語に比べて母音の発音が日本語とよく似ているうえ、つづりと発音の乖離も少ないため、いわゆる「ローマ字どおりの発音」が有効に機能し、日本人のドイツ語学習においてもっともスムーズに運ぶ部分であろう。しかし問題もある。それは音韻構造における大きな違いである。

　日本語の音韻構造はきわめて単純で、単音節の構造は基本的に、母音のみと、子音＋母音の2種類しかない。したがって母音で終わる開音節構造が基本

---

[1] English as a foreign language

となり，しかも母音の前に子音が2つ以上連続することはない。
　ところがドイツ語は，子音で終わる閉音節構造が一般的で，子音も母音の前には3個，後ろには5個も連鎖することができる。日・独語の単音節構造の可能性を，子音をK (Konsonant)，母音をV (Vokal)で列挙すると，理論的には以下のようになる。

日 本 語 ：V (胃)，KV (蚊)
ドイツ語[2]：　V (Ei)，VK (in)，VKK (Art)，VKKK (Obst)，VKKKK (Ernst)，
　　　　　　VKKKKK (impfst)，KV (da)，KVK (Tor)，KVKK (Bild)，
　　　　　　KVKKK (Furcht)，KVKKKK (Herbst)，KVKKKKK (kämpfst)，
　　　　　　KKV (Schnee)，KKVK (Brot)，KKVKK (Schrank)，
　　　　　　KKVKKK (Brunst)，KKVKKKK (schrumpft)，
　　　　　　KKVKKKKK (schrumpfst)，KKKV (Stroh)，KKKVK (stramm)，
　　　　　　KKKVKK (Strand)，KKKVKKK (Strumpf)，
　　　　　　KKKVKKKK (pfropfst)，KKKVKKKKK (strumpfst)

　このことは日本語における言語音の単位が，モーラ (Mora) に基づいていることと深く関係する。モーラとは，子音音素と短母音音素が結合したもの，あるいはそれと等しい長さの音素ないしは音素が結合したもののことである。以下のように日本語のモーラを列挙すると，それがほぼ「50音」に相当し，我々はこれを言語音の単位としている。[3]

/	a	ɪ	u	e	o	ja	ju	jo	wa	/
/	ka	ki	ku	ke	ko	kja	kju	kjo		/
/	ga	gi	gu	ge	go	gja	gju	gjo		/
/	sa	si	su	se	so	sja	sju	sjo		/
/	za	zi	zu	ze	zo	zja	zju	zjo		/
/	ta	ɩi	tu	te	to	tja	tju	tjo		/
/	da			de	do					/
/	na	ni	nu	ne	no	nja	nju	njo		/
/	ha	hi	hu	he	ho	hja	hju	hjo		/

---

[2]　最後の例 strumpfst 以外は，三省堂『言語学大辞典』(1989:1194) による。
[3]　成美堂『現代言語学辞典』(1988:401) による。/j/ はわたり音で母音に近く半母音とも呼ばれる。

/	ba	bi	bu	be	bo	bja	bju	bjo	/
/	pa	pi	pu	pe	po	pja	pju	pjo	/
/	ma	mi	mu	me	mo	mja	mju	mjo	/
/	ra	ri	ru	re	ro	rja	rju	rjo	/
/	ŋa	ŋi	ŋu	ŋe	ŋo	ŋja	ŋju	ŋjo	/
(/	ca			ce	co				/)
/	N	Q	/	(/N/はははねる音「ん」/Q/はつまる音「っ」)					

このように日本語には，純粋に子音のみから成り立つ言語音の単位がない。日本語では一般的にカ行以下を「子音」と呼ぶが，それらは子音だけではなく，必ず後続する母音を含んでいる。そのため，日本語には子音連鎖が生じにくくなり，結果として日本人は，連鎖子音の発音・聞き取りが困難になっている。

たとえば Schmidt は，ドイツ語では /ʃmɪt/ であるが，日本人はしばしば /ʃumɪtto/ と，/ʃ/ と /t/ の後にそれぞれ母音 /u/ と /o/ を付加して発音する。子音だけの音の単位がないため，/ʃ/ や /t/ のみを発音するのが難しいからである。一見些細なことだが，このことはアクセントにも影響を与える。上例の場合，日本人は /u/ にアクセントを置くので，単に母音が加わるだけでなく，元のドイツ語にはなかった音節が現れた上，そこにアクセントが置かれるため，格段に通じにくくなる。これは聞き取るときにも同様で，連鎖する子音を正しく分離できず，分節に支障をきたす。[4]

一方英語では，例えば u という母音が /juː/ という文字名でありながら，cut では /ʌ/，busy では /ɪ/，put では /u/，bury では /e/ と発音されるように，ドイツ語に比べてつづりと発音の乖離が非常に大きく，初学者はそこに規則性を見出すことがむずかしい。そのため，学習初期においてはもっぱらこの隔たりを埋めることに注意が注がれるので，このような問題があまり顕在化しない。

しかし，子音連鎖や音節を認識しにくいモーラを基礎とした音韻構造を持つ日本語を母語とする者にとって，ドイツ語や英語のような音節言語を学ぶ際にこの問題はきわめて大きい。ドイツ語のように，つづりと発音の規則性が高く，英語のように発音学習に手間をかけずにすむ言語において，学習の初期段階でこのような音韻構造の本質的な問題を取り扱うことは，ドイツ語や英語な

---

[4] 日本語・ドイツ語・英語の音韻構造の比較については，田中 (2003) を参照。

どの音節言語の音声伝達能力を向上させるだけではなく，母語の音韻構造の特徴ををよく知ること，言語の構造を知的に分析することにも少なからず貢献するだろう。

2. 単語をおぼえる——語彙体系
2.1. ドイツ語の語彙体系

　語彙学習は英語と比較した場合，有利・不利が相半ばするところである。有利な点は，第1節でも触れた，つづりと発音の間の規則性が高いことで，一通りの規則を学んでいれば，知らない語でも発音し，つづることができる。英語しか外国語を学んだことのない人は，このことが表音文字を使う多くの言語で通常であり，英語がむしろ異例であることをあまり知らない。

　また，ドイツ語では造語 (Wortbildung) が発達しており，前綴りなどの接辞 (Affix) が豊富なうえ，語と語を組み合わせて作る合成語 (Kompositum) も多いので，基礎語彙の汎用性が高い。田中他 (2007) では，独和・仏和・英和辞典の見出し語数を調査したが，その結果は以下のようにまとめられる。[5]

	ドイツ語	フランス語	英　　語
大辞典	約16万語 小学館独和大	約12万語 ロベール仏和大	約36万語 グランドコンサイス英和大
中辞典	約6〜11万語 郁文堂独和 新現代独和 クラウン独和	約4.7〜6.5万語 新スタンダード仏和 クラウン仏和	約10〜18万語 リーダーズ英和中 プログレッシブ英和中 新英和中
学習辞典	約2〜5.5万語 新アポロン独和 新α独和 エクセル独和	約0.5〜3.8万語 プチロワイヤル仏和 パスポート初級仏和	約1.2〜6.6万語 スーパーアンカー英和 ベーシックジーニアス英和 ジュニアアンカー英和

　もちろん独和・仏和・英和辞典の見出し語数のみで多くを断じることはできないが，英和辞典ほど辞書が大きくなるにつれ語彙数が急増する傾向にあると言えよう。実際，英語は独・仏語と比べ，初級段階で習得した語彙が中・上級であまり汎用できず，学習が進んでも語彙習得が軽減されにくいということを，多くの英語学習者が経験的に知っている。中・上級段階での英語語彙の習

---

[5] 田中・髙橋・鎌田・三原 (2007: 245f.)

得には，英語の基礎語彙よりもむしろフランス語やラテン語に関わる歴史的知識が功を奏するのである。

逆にドイツ語は，フランス語と並んで，基礎的な語彙学習が相対的に重要な役割を果たす。したがって最初に学ぶべき基礎語彙の設定は，洗練されたものである必要がある。またそれらを拡張してゆく造語の取り上げ方も，同様に注意深く体系的であるべきだ。

2.2. 使える単語

また基礎語彙設定には，今述べたドイツ語の語彙体系の特徴という，言語内的な観点のみならず，実際にコミュニケーションする上での必要性という，言語の外側を見渡す視線も必要なことはいうまでもない。その際，本稿の主題でもある「日本で日本人がドイツ語を学ぶ」ということに留意した語彙設定は重要である。日本人がドイツ語を学ぶ理由は様々だが，コミュニケーションという観点からみると，現実的に学習者が最も要求されるのは，以下の2つの能力であろう。

(1) ドイツ語でドイツ語圏の文化・情報・主張などを理解する能力
(2) ドイツ語で日本の文化・情報・主張などを伝達する能力

これら2つの能力を高めるためには，聞く・読む練習においてはドイツ語圏の情報を伝える語彙を，話す・書く練習においては日本の情報を伝える語彙を中心に配置するのが効率的だ。しかし，現在このような点 — 特に後者 — に充分留意して作られたと思われる教材はとても少ない。[6]

ドイツ語の語彙学習が英語に比べて不利なのは，英単語が現在の日本人の日常生活の中にあふれているのに対し，ドイツ語の単語はそうではないという点である。これは英語以外の多くの言語に共通することだが，色，数字，親族名称などの基礎的な語彙をまったく新たに，しかもほぼすべてを机上で習得しなければならない。このことはドイツ語の基礎語彙設定をますます重要なものにする。残念なことだが，時間と労力を惜しむばかりの「お手軽」な外国語学習が跋扈する昨今では，学習者の期待に応えるためには，効率的な学習方法もやはり模索されなければならない。特に応用言語学分野で比較的研究が遅れている語彙習得においてはなおさらである。使用頻度の分析においては，コーパスの活用も重要である。

---

[6] 田中 (2007: 173f.)

3. 文法を身につける——統語構造
3.1. ドイツ語の統語構造

　一般的に「ドイツ語は文法が難しい」といわれる。その主な理由は，初級段階で身につけなければならない語形変化等の文法規則が，英語に比べて極めて多いからである。現代の英語では，ラテン語に由来する屈折語尾がほとんど消滅しているが，ドイツ語は名詞系統を中心に，フランス語は動詞系統を中心に，それらを現在も受け継いでいる。英語では名詞の統語機能が主として語順によって示されるが，ドイツ語では屈折語尾で示される。その結果ドイツ語では語順が比較的自由になり，語順はむしろ文の情報構造をになう。このことは助詞が名詞の統語機能を表す日本語とよく似ている。

　また，英語が目的語の前に動詞が現れる VO 言語なのに対して，ドイツ語は目的語の後ろに動詞が現れる構造を基本とする OV 言語であるという点でも，日本語と共通している。しかしこれらのことを，英語を既習し「外国語といえば英語」と思い込みがちな学習者に理解させるのは，必ずしも容易ではない。系統的にも英語にごく近く，一見したところ英語によく似ているドイツ語が，統語的にはむしろ母語である日本語に近い構造を持つことを自覚させ，かつその理解を実践に役立つよう身につけさせるには，このようなドイツ語の統語的特徴を明確にした文法説明を，初級段階から一貫して採用し続けることが肝要である。その点で，ins Kino gehen（映画館に行く），das Buch gelesen haben（その本を読んだ）のような，ドイツ語の OV 言語としての特徴がつかみやすい不定詞句による説明は，ドイツ語の統語構造の全体像を理解するための一手段として，依然として有効だと思う。

　ところが，現在の初学者用の文法教材の中で，不定詞句を採用しているものは非常に少ない。[7] これはかつての「文法訳読偏重」に対する反省から，文法説明を過度に簡略化しようとする傾向の反映と思われる。しかし，上述のような統語構造を持つドイツ語においては，初級段階での文法学習が，英語よりも重要な意味を持つ。屈折がほぼ消失している英語では，具体的な形態によってではなく，語順や文型という，より抽象的な手段で文構造を把握しなければならない。そのため文法規則自体が曖昧になりがちで，学習が進むにつれ様々な「規則に当てはまらない表現」との格闘になる。当初の文法知識は必ずしも簡単に活用できない。

　逆にドイツ語は，初級で学ぶ文法規則は具体的で例外が少なく，中・上級に

---

[7] 特に大学の教養教育の教科書においてはその傾向が顕著である。

移ってからも一貫して明示的に機能する。新たに学ばなければならない文法項目も少ない。したがって，既習の文法知識を繰り返し復習し身につけることで，比較的スムーズに中・上級へと移行することができる。学習初期の成果が持続するという点では，第2節で述べた語彙習得に共通し，基礎語彙の設定同様，初級文法のシラバスは洗練されたものである必要があろう。

3.2. 使える文法

　文法学習は今日まで「文法訳読」の名の下，しばしば訳読とのみ結び付けられてきた。そのため文法は受容的な解読の手段でしかなく，実際のコミュニケーションでは役に立たないという誤解を生んでいる。しかし文法を，文を構成する語句を正しく結合・配列するための規則の集合体，と捉えるなら，それは当然，「話す・書く」という発信的能力を育むためにも有効な手段であるはずだ。今後は「話すため・書くための文法」という，文法を実践に生かす・役立てるという発想が教育現場にもっと必要であろう。特にドイツ語の場合，文法の知識無しではごく簡単な文をも正確に組み立てることができないうえ，その文法知識が学習が進んでからも有効に機能し続けるので，実践的な観点からもまさに「使える文法」と言いうるのである。

4. 日本で日本人にドイツ語を教えるために──言語研究の役割

　日本で日本人がドイツ語を学ぶ理由や目標は様々である。昨今は音声によるコミュニケーション能力が求められる傾向が強いが，インターネットにおける文字情報の氾濫により，読解力も再び見直されている。しかし教える側としては，特にその初級教育においては，「読む・書く・聞く・話す」の4技能をバランスよく育む能力を持っておかねばなるまい。そのためにはまず，目標言語であるドイツ語の構造を体系的に見通す必要がある。この点でドイツ語学研究は直接的な役割を果たす。同時に，母語である日本語と，義務教育で学ぶ英語についての知見もある程度備えていなければならない。ここには言語類型論などの一般言語学の成果が，有意義に関わるだろう。

　外国語教育では，言語の普遍性に基づく目標言語のユニバーサルな教授法の探求も重要だが，そればかりではなく個々の学習状況の個別性もまた省みられねばならない。「日本人は外国語が苦手」とされて久しいが，なぜそのようなことが言われ，どうしたらそれが改善されるのか，あるいはそもそも本当に苦手なのか，ということについて，我々を取り巻く固有の状況や言語・文化的背

景を考慮した上での，詳細な分析・研究がされたかどうか疑問である。[8]

　ドイツ語教育においても，日本の文化や教育環境の中で，我々にとって何が有効な方法なのか，我々独自の立場から追い求める努力が一層必要なのではないだろうか。そしてそのような努力の中から異文化理解が生まれるとすれば，それは具体的かつ体系的である言語を拠りどころとするがゆえに，経験に基づく感覚的なものとはまた違った，より本質的で核心に迫るものになりはしないだろうか。

参考文献
亀井　孝・河野六郎・千野栄一編（1989）『言語学大辞典』三省堂．
田中一嘉（2003）「日本人は外国語が苦手なのか？」『群馬大学教育実践研究』第20号，259-271.
田中一嘉（2007）「知的ドイツ語学習のススメ　大学教養教育におけるドイツ語教育の現状と今後――文法学習の再構築を目指して――」『群馬大学教育学部紀要　人文・社会科学編』第56巻，161-176.
田中一嘉／高橋　洸／鎌田忠男／三原智子（2007）「初習外国語教育の諸問題――L2としての中学校英語とL3としての大学教養ドイツ語・フランス語――」『群馬大学教育実践研究』第24号，229-260.
田中春美監修（1988）『現代言語学辞典』成美堂．
ビアリストク，エレン／ハクタ，ケンジ（重野純訳 2000）『外国語はなぜなかなか身につかないか――第二言語学習の謎を解く』新曜社．
山内　進編著（2003）『言語教育学入門――応用言語学を言語教育に活かす――』大修館．
吉島　茂／境　一三（2003）『ドイツ語教授法――科学的基盤作りと実践に向けての課題』三修社．

---

[8] 第2言語学習全般については，ビアリストク他／重野純訳(2000)，山内進編著(2003)などを，ドイツ語に関しては，吉島・境(2003)を参照．

執筆者一覧

板山眞由美	いたやま まゆみ	流通科学大学商学部教授
井口　靖	いのくち やすし	三重大学人文学部教授
大薗正彦	おおぞの まさひこ	島根大学外国語教育センター准教授
大矢俊明	おおや としあき	筑波大学大学院人文社会科学研究科准教授
小川暁夫	おがわ あきお	関西学院大学文学部教授
荻野蔵平	おぎの くらへい	熊本大学文学部教授
カン・ミンギョン	かん みんぎょん	東京芸術大学音楽学部非常勤講師
黒田　廉	くろだ きよし	富山大学人文学部准教授
在間　進	ざいま すすむ	東京外国語大学外国語学部教授
島　憲男	しま のりお	京都産業大学外国語学部准教授
末松淑美	すえまつ よしみ	国立音楽大学音楽学部専任講師
鈴村直樹	すずむら なおき	慶應義塾大学経済学部教授
清野智昭	せいの ともあき	千葉大学言語教育センター准教授
瀬川真由美	せがわ まゆみ	麗澤大学外国語学部准教授
田中一嘉	たなか かずよし	群馬大学教育学部准教授
田中　愼	たなか しん	千葉大学言語教育センター准教授
時田伊津子	ときた いつこ	中央大学法学部非常勤講師
中村哲夫	なかむら てつお	大分大学医学部准教授
納谷昌宏	なや まさひろ	三重中京大学現代法経学部教授
成田　節	なりた たかし	東京外国語大学外国語学部教授
藤縄康弘	ふじなわ やすひろ	愛媛大学法文学部准教授
堀口里志	ほりぐち さとし	福岡教育大学教育学部教授
三瓶裕文	みかめ ひろふみ	一橋大学大学院法学研究科教授
三宅洋子	みやけ ようこ	ポツダム大学哲学部博士課程在籍
湯淺英男	ゆあさ ひでお	神戸大学大学院国際文化学研究科教授
渡辺伸治	わたなべ しんじ	大阪大学大学院言語文化研究科准教授

ドイツ語を考える
──ことばについての小論集──

2008年3月10日　第1刷発行

編　者　三瓶裕文／成田　節
発行者　前田俊秀
発行所　株式会社 三修社
　　　　〒150-0001　東京都渋谷区神宮前2-2-22
　　　　電話 03-3405-4511　FAX 03-3405-4522
　　　　http://www.sanshusha.co.jp
　　　　振替口座　00190-9-72758
　　　　編集担当　菊池　暁
印刷所　萩原印刷株式会社
製本所　牧製本印刷株式会社

©Hirofumi Mikame, Takashi Narita 2008 Printed in Japan
ISBN978-4-384-01229-3 C1084

® 〈日本著作権センター委託出版物〉
本書の全部または一部を無断で複写（コピー）することは，著作権法上での例外を除き，禁じられています。本書からの複写を希望される場合は，日本著作権センター（Tel.03-3401-2382）にご連絡ください。

編集協力　編集工房 kyonsight
装　　幀　土橋公政